LANGENSCHEIDTS
PRAKTISCHE LEHRBÜCHER

LANGENSCHEIDTS

PRAKTISCHES LEHRBUCH UNGARISCH

Ein Standardwerk für Anfänger

Neubearbeitung 1998

von
Dr. Haik Wenzel

LANGENSCHEIDT

BERLIN · MÜNCHEN · WIEN · ZÜRICH · NEW YORK

Langenscheidts Praktisches Lehrbuch Ungarisch
Ein Standardwerk für Anfänger
Neubearbeitung 1998
von Dr. Haik Wenzel

Zeichnungen: Elina Deberdeeva
Karten: Mathias Weis
Fotos: Dr. Haik Wenzel

Ein Schlüssel zu den Übungen mit dem alphabetischen Wörterverzeichnis ist gesondert lieferbar.
Wir empfehlen Ihnen, zu diesem Lehrbuch die beiden Begleitcassetten zu verwenden. Sie enthalten ungarische Beispielwörter, sämtliche Lektionstexte sowie ausgewählte Übungen. Schlüssel (Best.-Nr. 26386) u. Begleitcassetten (Best.-Nr. 80439) sind im Buchhandel erhältlich.

Für die Wörterbucharbeit empfehlen wir Ihnen unser Universalwörterbuch Ungarisch (Best.-Nr. 3-468-18382-8).

Für ergänzende Hinweise sind wir jederzeit dankbar.
Unsere Anschrift: Langenscheidt Verlag, Postfach 40 11 20, 80711 München

Texte der Lektionen 5, 17, 19 und 23, Gedichte der Lektionen 5 und 21, Märchen der Lektion 19 mit freundlicher Genehmigung von artisjus, Budapest;
Abdruck der deutschen Übersetzung von Martin Remané zu: Sándor Petőfi, „Erik a gabona" aus Sándor Petőfi: „Gedichte" mit freundlicher Genehmigung des Aufbau Verlags, Berlin

Umschlagfoto:
Jens Funke

Das Werk und seine Teile sind urheberrechtlich geschützt. Jede Verwertung in anderen als den gesetzlich zugelassenen Fällen bedarf deshalb der vorherigen schriftlichen Einwilligung des Verlages.

Auflage:	4.	3.	2.	Letzte Zahlen
Jahr:	2001	2000	1999	maßgeblich

© 1998 Langenscheidt KG, Berlin und München
Druck: Druckhaus Langenscheidt, Berlin-Schöneberg
Printed in Germany / ISBN 3-468-26381-3

Vorwort

Die Neubearbeitung des Praktischen Lehrbuchs bietet eine umfassende Einführung in die ungarische Standardsprache. Das Buch ist sowohl für das Selbststudium als auch für den Unterricht in der Gruppe geeignet.

Die *Lektionstexte* bestehen anfangs vorwiegend aus einfachen Sätzen, wie sie in Alltagssituationen verwendet werden. Ab Lektion neun werden Sie dann schrittweise an anspruchsvollere Texte herangeführt. Besonderes Gewicht haben wir dabei auf die Vermittlung von landeskundlichen Informationen gelegt. Zahlreiche Illustrationen veranschaulichen die Texte und Situationen und sorgen für Spaß beim Lernen.

Die für deutschsprachige Lerner nicht immer einfache *Grammatik* des Ungarischen wird Ihnen mit präzisen, ausführlichen Erläuterungen und vielen Beispielen vermittelt. Im Abschnitt *Sprachgebrauch* werden wichtige Vokabeln und Redewendungen besonders vertieft.

Am Ende jeder Lektion stehen *Übungen* zu Grammatik und Wortschatz. Soweit es sich nicht um freie Zusatzübungen für den Unterricht mit Lehrer handelt, finden Sie die Lösungen im Schlüssel (Best.-Nr. 26386). Dieses Beiheft enthält auch tabellarische Zusammenfassungen zur Grammatik sowie das alphabetische Wörterverzeichnis und ein Sachregister.

Zum Üben der Aussprache empfehlen wir die beiden *Begleitcassetten* (Best.-Nr. 80438). Sie enthalten neben sämtlichen Lektionstexten ausgewählte Übungen zur Aussprache und zum Hörverstehen.

AUTORIN UND VERLAG

Inhaltsverzeichnis

Hinweise für den Benutzer. 11
Grammatische Fachausdrücke und Abkürzungen 12
Einleitung. 14
I. Aus der ungarischen Sprachgeschichte 14
II. Aussprache, Betonung und Satzmelodie 15
III. Besonderheiten des ungarischen Sprachbaus 17
Lektionen 1–24 21

Nr.	Lesetext	Grammatikschwerpunkte
1	Anyu, mi ez itt, anyu, mi az ott, ...? 21	Best. und unbest. Artikel (B1–2) 23 Nähe und Ferne (B3) 23 Nominales Prädikat (B4) 24 Verneinung (B5) 24
2	Házibuli 29	Adjektivbildung mit -i (B1) 32 Plural (B2) 32 Kongruenz (B4, B8) 33 Unbest. Konjug. Präsens ik-loser Verben (B6–7) 34 *auch, auch nicht* (B9–10) 35 Relativsätze (B11) 36 Zahlen bis 10 (C1) 37 Länder- und Völkernamen (C5) 39
3	Mit főzünk? 42	Akkusativ (B1–2) 44 Adverbien (B3) 46 Unbest. Konjug. Präsens ik-loser Verben auf Zischlaut (B4) 47 Wünsche (C2) 48 Obst- und Gemüsesorten (C4) 49 Farben (C5) 50
4	A hétköznapok 54	Konjug. Präsens von *kommen* und *gehen* (B1) 56 Unbest. Konjug. Präsens der ik-Verben (B2–3) 56 Infinitiv (B4–5) 57 Verbalpräfixe (B6) 58 Temporalbestimmung **-kor** (B7) 59

Inhaltsverzeichnis

5	A híres magyar halászlé 64	Akkusativ der Personalpronomen (B1) 66 Best. Konjug. Präsens (B2–5) 66 Postpositionen Teil I (B6) 68 Bitte und Ablehnung (C3–4) 70
6	Minden bajom van 74	Genitiv-Dativ (B1) 75 Besitzer und Besitztum (B2–4) 76 *haben* (B5) 79 Besitztum im Akkusativ (B6) 80 Infinitiv und Possessivsuffix (B7) 80 Reflexivpronomen (B8) 81 Körperteile (C1) 81
7	Családom 85	Ordnungszahlen (B1) 87 Datumsangabe (B2) 87 Zeitspanne (B3) 87 Possessivkonstruktion mit -é (B4–5) 88 Suffix -ék (B6) 89 Futur (B7) 90 Familienmitglieder (C1) 91 Personennamen in Ungarn (C2–3) 92 Zahlen ab 11 (C6) 94 Die Monatsnamen (C7) 95
8	Kati megmutatja a lakását 98	Lokalsuffixe (B1–2) 99 Mehrfache Suffigierung (B3) 103
9	Magyar népszokások 108	Instrumentalsuffix -val/vel (B1–2) 110 Relativsätze (B3) 112 Temporalbestimmungen (B4) 112 *Mann* und *Frau* (C1) 113 Verkehrsmittel (C5) 115
10	Ferenc keresi a kulcsát 118	Postpositionen Teil II (B1–3) 120 Komparation (B4) 122 Vergleich mit **mint** (B5) 123 Wegbeschreibung (C8) 126
11	Magyarország földrajza 129	Personalpronomen + Kasussuffix (B1) 132 Personalpronomen + Postposition (B2) 133 Postposition + -i (B3) 134

Inhaltsverzeichnis

		Adverbialbest. *von ... bis* (B4) und *für* (B5) 134
		Himmelsrichtungen (C2) 139
		Die Wochentage (C3) 139
12	Olvasóinkhoz 142	Bedeutungsverändernde Suffixe am Verb (B1–3) 143
		Partizip Präsens (B4) 146
		Duzen und Siezen (C3) 148
		Im Restaurant (C4) 150
13	Honnan származnak a magyarok? 154	Unbest. Konjug. Präteritum (B1–3) 156
14	Magyarországról származó tudósok és feltalálók 165	Best. Konjug. Präteritum (B1) 167
		Partizip Präteritum (B2) 168
		Konstruktionen mit Adverbialbest. und Partizip (B3) 169
15	Önéletrajz 177	Präteritum von **szokik** *etwas zu tun pflegen* (B1) 178
		Das Suffix **-ként** (B2) 179
		Adjektivbildung mit **-s** (B3) 180
		Reihenfolge der Suffixe (B4) 180
		heiraten (C3) 183
16	Mit nézzünk meg Budapesten? 188	Unbest. Konjug. Imperativ (B1–2, B4–5, C1) 191
		Verneinung des Imperativs (B3) 195
		Erkundigung nach dem Weg (C4) 198
17	Felszólító mód gyerekeknek 201	Best. Konjug. Imperativ (B1, C1) 204
		Der Finalsatz (B2) 206
		Die Funktionen des Imperativs (Zusammenfassung) (B3) 206
		Das Suffix **-szor/szer/ször** (B4) 206
		Sich an- und auskleiden (C3) 208
18	A Hortobágyi Nemzeti Park 213	Bildung von Antonymen mit **-tlan/tlen/talan/telen** (B1) 215
		nélkül *ohne* (B2) 217
		Das adjektivbildende Suffix **-ú/ű/jú/jű** (B3) 217
		Das Suffix **-szerte** (B4) 218
		Transitive und intransitive Verben (B5) 218

Inhaltsverzeichnis

19 Ha én felnőtt volnék 223
Konjunktiv Präsens (B1, C1) 227
Konjunktiv Präteritum (B2) 228
Das Suffix **-ért** (B3) 229
Das Suffix **-stul/stül** (B4) 230
Hunger und Durst (C7) 232

20 A magyar tenger 235
Das Suffix **-vá/vé** (B1) 238
Das Suffix **-va/ve** (B2) 238
Postpositionen (Zusammenfassung) (B3) 239
Über die Liebe (C4) 241
Der Briefumschlag (C6) 242

21 Milyen lesz az időjárás? 244
Das Suffix **-lag/leg** (B1) 246
Die Suffixe **-nként, -nta/nte** und **-képp(en)** (B2) 246
Fragepartikeln (B3) 247
Wetter (C1) 248
Zeitadverbien (Zusammenfassung) (C6) 250

22 Két euópai rangú magyar szobrász 254
Partizip Futur (B1) 257
Partizip Präteritum mit Personalsuffix (B2) 257
Partizipien (Zusammenfassung) (B3) 258
Einladung (C1) 259

23 A magyar történelem és a borok 264
Wortbildungssuffixe der Substantive (B) 268
Ankunft und Abfahrt (C1) 269
Empfehlungen (C7) 271
Bei Tisch (C8) 272

24 Szecessziós építészet Magyarországon 277
Das Suffix **-ul/ül** (B1) 279
Das Hervorhebungszeichen **-ik** (B2) 279
Die Verbalpräfixe (Zusammenfassung) (B3) 279
Die Wortstellung (Zusammenfassung) (B4) 281
Anfang und *Ende* (C6) 283

Hinweise für den Benutzer

Das praktische Lehrbuch Ungarisch wendet sich an Erwachsene und Jugendliche, die entweder als Autodidakten oder mit einem Lehrer Ungarisch lesen, sprechen, verstehen und schreiben lernen wollen. Es setzt keinerlei Vorkenntnisse voraus, sondern behandelt sämtliche gebräuchliche Formen der ungarischen Grammatik.

Da das Ungarische nicht zu den indogermanischen Sprachen gehört, werden Sie zunächst einmal relativ viele grammatische Regeln erlernen müssen, bis Sie einfache Sachverhalte verstehen und formulieren können. Damit sich die ersten Erfolgserlebnisse recht bald einstellen, bekommen Sie in den ersten 11 Lektionen sehr viel Grammatik vermittelt. Nehmen Sie sich viel Zeit dafür und üben Sie die Formen nach Kräften. Ab Lektion 12 werden Sie mit unterhaltsam-informativen Texten und weitaus weniger anstrengenden Grammatikabschnitten für Ihre Mühe belohnt. Sie sind dann in der Lage, einfache Texte über Geschichte, Geographie, Kunst und Kultur Ungarns, ja sogar Auszüge aus einem Kinderbuch und ein Volksmärchen zu verstehen. In den letzten Lektionen kommen u.a. einige Suffixe vor, die Sie nur verstehen, nicht aber aktiv zu beherrschen brauchen. Diese werden dann im Übungsteil nicht oder nur in Form von Umformungsübungen vertieft.

Jede Lektion besteht aus vier Teilen. Teil A bringt den Lektionstext mit dem dazugehörigen Wörterverzeichnis. Die Texte beruhen zum einen auf Alltagssituationen, zum anderen behandeln sie aber auch landeskundliche Themen. Das Wörterverzeichnis gibt – soweit im Grammatikteil schon behandelt – bei Substantiven die Formen Plural, Akkusativ und Possessivsuffix der 3. Pers. Sg., bei Adjektiven den Plural, bei Verben die Formen Präteritum, Imperativ und Konjunktiv, jeweils in der 3. Pers. Sg. der unbestimmten Konjugation (unbest. Konjug.) an.

Nach dem Grammatikteil (B) finden Sie den Abschnitt Sprachgebrauch (C). Er soll Ihnen helfen, sich Vokabeln in Form von Zusammenfassungen, Antonymen und Wortfamilien leichter einzuprägen und Rektionen wichtiger Verben sowie Redewendungen zu erlernen. Darüber hinaus finden Sie dort Realien, wie Aufschriften, Volkslieder, Witze und Zungenbrecher sowie Hinweise auf Besonderheiten des Lebens in Ungarn mit dem dazugehörigen Wortschatz.

Im Übungsteil (D) soll vor allem das in B und C vermittelte Wissen anhand des bereits bekannten Wortschatzes gefestigt werden. Im allgemeinen hat jede Übung eine eindeutige Lösung, die im „Schlüssel" (Best.-Nr. 26386) nachzulesen ist. Einige, mit ✲ gekennzeichnete, freie Übungen sollen zum gemeinsamen Arbeiten in der Gruppe anregen. Für sie gibt es jeweils mehrere Lösungsmöglichkeiten und deshalb keinen „Schlüssel".

Zu diesem Lehrbuch sind zwei Cassetten (Best.-Nr. 80438) erschienen. Sie enthalten sämtliche Lektionstexte. Einzelne Punkte der Abschnitte C und D sind ebenfalls auf Cassette gesprochen. Alle auf Cassette befindlichen Textstellen sind im Lehrbuch mit 🎧 gekennzeichnet. Erarbeiten Sie die Hör- und Sprechübungen zunächst unter Zuhilfenahme des Lehrbuchs und danach ohne Textvorlage.

Grammatische Fachausdrücke und Abkürzungen

Ableitungssuffix	bedeutungsveränderndes, wortbildendes Suffix
Adj.	Adjektiv
Adjektiv	Eigenschaftswort
Adv.	Adverb
Adverb	Umstandswort
Adverbialbestimmung	Umstandsbestimmung
adverbiales Partizip	adverbial gebrauchtes Partizip, z.B.: ung.: áll stehen – állva stehend
Akkusativ	im Dt.: 4. Fall
Apposition	nachgestelltes Attribut
arch.	archaisch, veraltet
Attribut	Beifügung
best. Konjug.	bestimmte Konjugation
Dativ	im Dt.: 3. Fall
Demonstrativpronomen	hinweisendes Fürwort
Dempron.	Demonstrativpronomen
Diphthong	Doppellaut, Zwielaut, z.B.: dt.: *au, eu, ei*
dt.	deutsch
Endsuffix	Suffix mit rein syntaktischer Funktion, steht fast immer an letzter Stelle am Wortstamm
Finalsatz	Nebensatz, der ein Ziel beschreibt
Futur	Zukunft
Genitiv	im Dt.: 2. Fall
Grundsuffix	Suffix, das die Wortbedeutung modifiziert und gleichzeitig syntaktische Relationen ausdrückt
illabial gebildeter Laut	mit nicht gerundeten Lippen gebildet, z.B.: *i*
Imperativ	Befehlsform des Verbs
Indikativ	Wirklichkeitsform des Verbs
Infinitiv	im Dt.: Nennform des Verbs
intransitiv	Verben, denen im Satz kein Objekt untergeordnet ist, z.B. dt.: *gehen, schlafen*
intrs.	intransitiv
jmd.	jemand (Nominativ)
jmdm.	jemandem (Dativ)
jmdn.	jemanden (Akkusativ)
Kasus	Fall
Komparation	Steigerung der Adjektive
Komparativ	1. Steigerungsstufe der Adjektive
Konj.	Konjunktion
Konjunktion	Bindewort
Konjunktiv	Möglichkeitsform des Verbs

Konsonant	Mitlaut
labial gebildeter Laut	mit gerundeten Lippen gebildet, z. B.: *o*
Lokalsuffix	Suffix einer Ortsbestimmung
Mehrstämmigkeit	Veränderung des Wortstammes bei der Beugung, z. B. dt.: *laufen – lief*
Nominativ	im Dt.: 1. Fall
Partizip	Mittelwort, z. B. dt.: *schwimmend, geschwommen*
Pers.	Person
Pl.	Plural
Plural	Mehrzahl
Positiv	Grundstufe des Adjektivs
Possessivsuffix	besitzanzeigendes Suffix
Postpos.	Postposition
Postposition	nachgestelltes Verhältniswort
Präfix	Vorsilbe
Präsens	Gegenwart
Präteritum	Vergangenheit
Reflexivpronomen	rückbezügliches Fürwort
Rektion	ein übergeordnetes, „regierendes" Wort (meist Verb) bestimmt die Form (den Kasus) eines untergeordneten Wortes
Sg.	Singular
Singular	Einzahl
Subst.	Substantiv
Substantiv	Dingwort, Hauptwort
Suffix	Endung
Superlativ	2. Steigerungsstufe der Adjektive
temp.	temporal
temporal	zeitbezogen
transitiv	Verben, denen im Satz ein Objekt zugeordnet ist, z. B. dt.: *Hausaufgaben machen*
trs.	transitiv
unbest. Konjug.	unbestimmte Konjugation
Verb	Tätigkeitswort
Verbalpräfix	Vorsilbe am Verb
vgl.	vergleiche
Vokal	Selbstlaut
volkst.	volkstümlich
wörtl.	wörtlich

Einleitung

I. Aus der ungarischen Sprachgeschichte

Abweichend von der Mehrzahl der in Europa gesprochenen Sprachen gehört das Ungarische nicht zur indoeuropäischen, sondern zur uralischen Sprachfamilie, genauer gesagt zur Gruppe der finnisch-ugrischen Sprachen. Die Struktur dieser Sprachen, deren bekannteste Vertreter neben dem Ungarischen das Finnische und Estnische sind, weicht entscheidend von der Struktur der indoeuropäischen ab. Sprachgenetisch am engsten mit den Ungarn verwandt sind zwei kleine Völker westlich bzw. östlich des Urals, die Wogulen und die Ostjaken. Die Urheimat der finnisch-ugrischen Völker mag im südlichen Uralgebiet gelegen haben. Im Wortschatz der heutigen ungarischen Sprache sind noch zahlreiche finnisch-ugrische Elemente enthalten, wie z.B. **ház** *Haus*, **él** *leben* und **fa** *Baum, Holz*. Die Verwandtschaft zwischen Ungarisch und Finnisch ist heute freilich nur dem Sprachhistoriker offenbar; wenige Beispiele veranschaulichen auch dem Laien die gemeinsame Sprachvergangenheit, z.B.: finnisch **veri** ~ ungarisch **vér** *Blut*, finnisch **elää** ~ ungarisch **él** *leben*, finnisch **neljä** ~ ungarisch **négy** *vier*, finnisch **voi** ~ ungarisch **vaj** *Butter*.

Ab ca. 500 v.u.Z. begann die Wanderung der finnisch-ugrischen Nomadenvölker in Richtung Westen; die Vorfahren der Ungarn ließen sich im 9. Jahrhundert u.Z. schließlich im Karpatenbecken nieder. Durch die Begegnung mit den dort lebenden Slawen kamen zahlreiche slawische Lehnwörter ins Ungarische, wie z.B. **péntek** *Freitag*, **vacsora** *Abendessen*, **uzsonna** *Vesper* und **asztal** *Tisch*.

Die von 1526 bis zum Ende des 17. Jahrhunderts andauernde Türkenherrschaft und schon frühere Berührungen mit Turkvölkern machen sich im heutigen Wortschatz an Elementen wie **idő** *Zeit*, **kis, kicsi** *klein* und **kávé** *Kaffee* bemerkbar. Der Einfluß der deutschen Sprache begann mit der Übernahme des Christentums im 11. Jahrhundert und setzte nach der Vertreibung der Türken mit der Machtausdehnung der Habsburger massiv ein. Deutsche Lehnwörter im heutigen Ungarisch sind z.B. **herceg** *Herzog*, **pék** *Bäcker*, **tánc** *Tanz*, **cukor** *Zucker*, **sál** *Schal*, **pucol** *putzen* und **muszáj** *es muß sein*. Das Deutsche war zeitweise so dominant, daß das Überleben der ungarischen Sprache und Kultur gefährdet war. Gebremst wurde diese Entwicklung erst durch eine bewußte Spracherneuerung während der Zeit der Aufklärung im 18. Jahrhundert.

Offizielle Amtssprache und Sprache der Theologie, Wissenschaft und Kunst war bis 1844 das Lateinische, während Ungarisch die Sprache des einfachen Volkes blieb. Lateinische Lehnwörter sind z.B. **iskola** *Schule*, **citrom** *Zitrone*, **templom** *Kirche* und die Monatsnamen.

Erst im 18. Jahrhundert wurde die ungarische Sprache als Pflichtfach an Universitäten und Schulen eingeführt; seit 1844 ist sie offizielle Amtssprache. Die Spracherneuerer waren vor allem bestrebt, den Wortschatz des Ungarischen zu erweitern. Dazu wurden Dialektwörter herangezogen und veraltete Wörter neu belebt. Zur Zeit der Aufklärung entstand eine einheitliche ungarische Literatursprache.

Einleitung

II. Aussprache, Betonung und Satzmelodie

1. Das Ungarische Alphabet (a magyar ábécé)

Buchstabe	Benennung	Transkription	gesprochen wie	Beispiel
a, A	a	[ɔ]	Washington	magyar *Ungar, ungarisch*
á, Á	á	[aː]	Vater	lámpa *Lampe*
b, B	bé	[b]	bald	boldog *glücklich*
c, C	cé	[t͡s]	Zitrone	citrom *Zitrone*
cs, Cs	csé	[t͡ʃ]	tschechisch	cseh *Tscheche, tschechisch*
d, D	dé	[d]	Donau	Duna *Donau*
dz, Dz	dzé	[d͡z]		madzag *Bindfaden*
dzs, Dzs	dzsé	[d͡ʒ]	Juice	dzsúsz *Juice*
e, E	e	[ɛ]	Männer	ember *Mensch*
é, É	é	[eː]	Hefe	él *leben*
f, F	ef	[f]	Finger	félelem *Angst*
g, G	gé	[g]	gehen	mag *Kern*
gy, Gy	gyé	[ɟ]	adieu	György *Georg*
h, H	há	[h]	Haus [auch im Auslaut mit Hauch]	ház *Haus* méh *Biene*
i, I	i	[i]	Mitte	irodalom *Literatur*
í, Í	í	[iː]	Fliege	ír *schreiben*
j, J	jé	[j]	jeder	haj *Haar*
k, K	ká	[k]	Katharina	Katalin
l, L	el	[l]	Lampe	lámpa
ly, Ly	ellipszilon	[j]	jeder	folyó *Fluß*
m, M	em	[m]	Mut	magyar

Einleitung

Buchstabe	Benennung	Transkription	gesprochen wie	Beispiel
n, N	en	[n]	**n**eu	né**m**et *Deutscher, deutsch*
ny, Ny	eny	[ɲ]	Bolog**n**a	a**ny**a *Mutter*
o, O	o	[o]	fl**o**tt	**o**rosz *Russe, russisch*
ó, Ó	ó	[oː]	**O**fen	j**ó** *gut*
ö, Ö	ö	[ø]	**ö**ffnen	**ö**reg *alt*
ő, Ő	ő	[øː]	R**ö**hre	n**ő** *Frau*
p, P	pé	[p]	**P**apier	**p**apír
r, R	er	[r]	[Zungen-R]	**r**égi *alt*
s, S	es	[ʃ]	**Sch**nee	**s**ó *Salz*
sz, Sz	esz	[s]	Ma**ß**	**sz**em *Auge*
t, T	té	[t]	**T**afel	**t**ábla *Tafel*
ty, Ty	tyé	[t̪]	**Tj**umen	**ty**úk *Henne*
u, U	u	[u]	**U**ngarn	fal**u** *Dorf*
ú, Ú	ú	[uː]	P**u**te	**ú**r *Herr*
ü, Ü	ü	[y]	H**ü**lle	s**ü**t *backen*
ű, Ű	ű	[yː]	M**ü**hle	h**ű** *treu*
v, V	vé	[v]	**w**arten	**v**ár *warten*
w, W	dupla vé	[v]	**w**arten	**W**eöres Sándor
x, X	iksz	[ks͜] oder [gz͜]	Me**x**iko	Me**x**iko
y, Y	ipszilon	[i]	M**i**tte	Batth**y**ány (Endung von Adelsnamen)
z, Z	zé	[z]	**S**onne	há**z** *Haus*
zs, Zs	zsé	[ʒ]	**J**ournal	**Zs**uzsanna

Neben den im Alphabet aufgeführten langen Vokalen (á, é, í, ó, ő, ú, ű) gibt es auch lange Konsonanten. Sie werden etwa doppelt so lang wie die kurzen gesprochen. Im Schriftbild wird der erste Buchstabe des Zeichens verdoppelt, z.B.: vall**á**s *Religion*, ho**ssz**ú *lang*, me**gy** *Sauerkirsche*, me**nny**i? *wieviel?* und ha**tty**ú *Schwan*.

Im Ungarischen gibt es keine Diphthonge; alle Vokale werden sauber ausgesprochen, ohne miteinander zu verschmelzen, z.B. auch in Fremdwörtern und Eigennamen wie **Európa** [ɛuroːpɑ].
Hat man sich die ungarische Aussprache erst einmal eingeprägt, kann man alles nahezu fehlerfrei aussprechen; denn bis auf die Lautverschmelzung z.B. beim Imperativ (vgl. Lek. 16) und wenige Ausnahmen bei Eigennamen und Fremdwörtern folgt die ungarische Aussprache immer obigen Regeln.
Achten Sie bei Ihrer Aussprache besonders auf das ungarische Zungen-R, denn das deutsche Gaumen-R gilt im Ungarischen als Sprachfehler. Üben Sie das Zungen-R gegebenenfalls in der Lautverbindung „brrrr...".

2. Die Wortbetonung

Der Hauptakzent liegt immer auf der ersten Silbe des Wortes, z.B. **magyar**. Für den Anfänger ist das zunächst ungewohnt, besonders wenn die erste Silbe einen kurzen Vokal aufweist und unbetonte Silben lange Vokale enthalten, z.B.: **civilizáció**, **televízió**, **segítség** *Hilfe*.

3. Die Satzmelodie

Hört man ungarischen Muttersprachlern zu, fällt sofort die dynamische Satzmelodie auf. Je nachdem, ob es sich um eine Aussage, einen Ausruf, eine Aufforderung, Frage usw. handelt, gibt es verschiedene Satzmelodie-Muster. Zwei davon sollte man sich unbedingt einprägen, denn die Satzmelodie ändert hier die Bedeutung des Satzes:

Einfacher Aussagesatz:

Te is ma-gyar vagy. *Du bist auch Ungar.*

Entscheidungsfrage (ohne Fragewort): die Wortfolge ist dieselbe wie beim Aussagesatz, die Satzmelodie schnellt jedoch mit der vorletzten Silbe nach oben und fällt mit der letzten Silbe wieder ab:

Te is ma-gyar vagy? *Bist du auch Ungar?*

Einleitung

III. Besonderheiten des ungarischen Sprachbaus

Die finnisch-ugrischen Sprachen, so auch das Ungarische, unterscheiden sich von anderen Sprachen vor allem durch den vorwiegend synthetischen Sprachbau; das heißt, viele grammatische Funktionen werden von Suffixen übernommen, z.B.:

das Haus	=	**a ház**
im Haus	=	**a ház-ban**
mein Haus	=	**a ház-am**
in meinem Haus	=	**a ház-am-ban**

Synthetische Sprachen weisen deshalb eine starke Kompaktheit auf, folgende Sätze machen das deutlich:

Látlak. *Ich sehe dich.*
Mehetnékem van. *Mir ist nach gehen zumute.*

Anstelle der uns vertrauten Präpositionen hat das Ungarische Postpositionen, z.B.:

das Haus	=	**a ház**
vor dem Haus	=	**a ház előtt**
hinter dem Haus	=	**a ház mögött**
neben dem Haus	=	**a ház mellett**

Ein weiteres herausragendes Merkmal des Ungarischen ist die Vokalharmonie. Die Vokale bilden zwei Gruppen:

dunkle (velare) Vokale, im hinteren Gaumenbereich gebildet: **a, á, o, ó, u, ú** und

helle (palatale) Vokale, im vorderen Gaumenbereich gebildet: **e, é, i, í, ö, ő, ü, ű**.

Ein Wort hat in der Regel nur dunkle oder nur helle Vokale, z.B. **forgalom** *Verkehr*, **repülő** *Flugzeug*. Viele Suffixe bilden eine dunkle und eine helle Variante, z.B. das Suffix **-ban/ben**: **forgalomban** *im Verkehr*, **repülőben** *im Flugzeug*. Bei konsonantischen Suffixen wie **-k** (Pluralsuffix) und **-t** (Akkusativsuffix) wird unter bestimmten Bedingungen ein Bindevokal eingefügt, der ebenfalls der Vokalharmonie folgt, z.B. ház-**a**-k *Häuser*, magyar-**o**-k *Ungarn*, német-**e**-k *Deutsche*. (Ob der dunkle Vokal **a** oder **o** verwendet wird, läßt sich dabei nur sprachhistorisch erklären.)

Auch bei der Vokalharmonie gibt es Ausnahmen, besonders die Laute **i** und **í** kommen häufig sowohl mit hellen als auch mit dunklen Vokalen zusammen vor, z.B. **iker** *Zwilling*, **mozi** *Kino*. Außerdem weisen viele Fremdwörter gemischte Vokale auf. Suffigiert man gemischtvokalische Wörter, so entscheidet der letzte Vokal, ob die helle oder dunkle Suffixvariante, bzw. ein heller oder dunkler Bindevokal verwendet wird, z.B. **televízióban** *im Fernsehen*, **parlamentben** *im Parlament*, wobei **i** und **í** zur dunklen Variante tendieren: **moziban** *im Kino*.

Bei den Bindevokalen und manchen Suffixen unterscheidet man nicht nur zwischen hellem und dunklem Vokal, sondern darüber hinaus auch noch innerhalb der hellen Vokale

Einleitung

zwischen illabialen, mit gespreizten Lippen gebildeten (**e, é, i, í**), und labialen, mit gerundeten Lippen gebildeten (**ö, ő, ü, ű**), z.B.:

    német-e-k   *Deutsche,*   török-ö-k   *Türken*
    szék-e-n   *auf dem Stuhl,*   könyv-ö-n   *auf dem Buch.*

Zur besseren Übersicht seien die Vokale noch einmal zusammengefaßt:

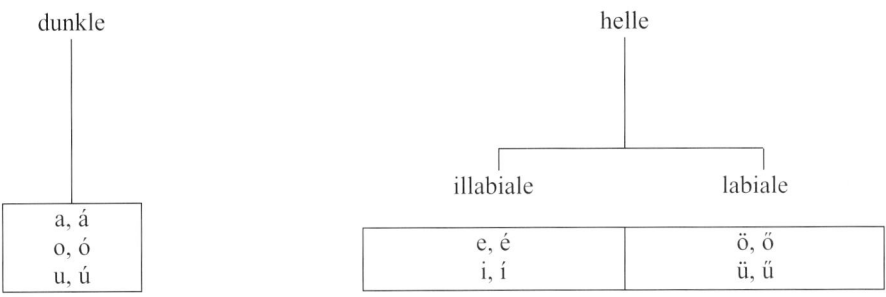

Das Ungarische kennt kein grammatisches Geschlecht. Daher gibt es nur je einen bestimmten (**a, az**) und einen unbestimmten Artikel (**egy**). Auch das Personalpronomen der 3. Pers. Sg. (**ő**) sagt nichts über das Geschlecht aus; es bedeutet also *er, sie* oder *es*.

Die Grundform des Verbs, die man im Wörterbuch findet, ist nicht wie im Deutschen der Infinitiv, sondern die Form der 3. Pers. Sg.: **van** *ist,* **tanul** *lernt,* **ül** *sitzt,* usw. In den Wörterbüchern, wie auch in unseren Wörterverzeichnissen ist die deutsche Entsprechung im gewohnten Infinitiv angegeben, also: *sein, lernen, sitzen,* usw.

Wichtig ist die Unterscheidung zwischen intransitiven Verben (ohne Objekt, wie *gehen, springen, schlafen*) und transitiven (mit Objekt, wie */etwas/ machen, /etwas/ schreiben, /etwas/ sehen*). Transitive Verben haben zwei Konjugationen: die unbestimmte (bei unbestimmten Objekten) und die bestimmte (bei bestimmten Objekten).

Beispiel für unbestimmtes Objekt und unbestimmte Konjugation:

    Házat látok.   *Ich sehe ein Haus.*

Beispiel für bestimmtes Objekt und bestimmte Konjugation:

    Látom a házat.   *Ich sehe das Haus.*

Die Wortfolge im ungarischen Satz ist relativ frei. Doch gibt es eine wichtige Regel: Das meistbetonte Satzglied steht direkt vor dem Verb.

1A

1A Text (Szöveg)

Anyu, mi ez itt, anyu, mi az ott, ...?

Ki ez?    Ez Kati, ő az édesanya.

Ki ez?    Ez Emese, ő a lány.

Ki ez?    Ez Laci, ő a fiú.

Emese: Anyu, mi ez itt?
Kati: Ez pad, új pad. És milyen színű ez a pad?
Emese: Kék.
Kati: Kék? Az ég kék, de ez a pad nem kék, hanem zöld.
Emese: Miért zöld?
Kati: Nem tudom.
Emese: És mi az ott?

1A

Kati: Az virág.
Emese: Milyen szép!
Kati: Igen, szép. Szerintem minden virág szép.
Laci: Kár, hogy itt nincs tó.
Kati: De van tó, ott van.
Laci: Jaj, de jó!
Kati: Ott van egy repülő!
Emese: Hol van?
Laci: Ott fent!
Emese: Igen, ott van. De nagyon kicsi az a repülő!
Kati: Azért kicsi, mert messze van. Igazában elég nagy az a repülő.

anyu	*Mutti*	hogy	*daß*
anya	*Mutter* (neutrale Form)	nincs, nincsen (3. Pers. Sg.)	*es gibt/ist nicht*
mi?	*was?*	tó	*See*
ez; az	*diese(r/s) (hier); jene(r/s) (dort)*	de	*aber, doch*
itt	*hier*	van (3. Pers. Sg.)	*es gibt; ist*
ki?	*wer?*	jaj!	*oh!*
ő	*er, sie, es (Sg.)*	jó	*gut*
a, az	*der, die, das*	egy	*ein, eine, ein*
édesanya	*Mutter* (familiäre Form), wörtlich: *süße (= leibliche) Mutter*	repülő	*Flugzeug*
		hol?	*wo?*
		fent, fönt	*oben*
lány	*Mädchen; Tochter*	nagyon	*sehr*
fiú	*Junge; Sohn*	kicsi, kis	*klein*
pad	*(Sitz-)Bank*	azért, ezért (Dempron.)	*deshalb*
új	*neu*	mert	*weil*
és	*und*	messze	*weit (entfernt)*
milyen?	*wie?* (Frage nach Eigenschaften)	igazában	*in Wirklichkeit*
		elég	*genug*
szín	*Farbe*	nagy	*groß*
Milyen színű a(z) ...?	*Welche Farbe hat der/die/das ...?*	elég nagy	*ganz schön groß*
kék	*blau*	ház	*Haus*
ég	*Himmel*	asztal	*Tisch*
nem	*nicht; kein*	régi	*alt (nicht in Bezug auf Menschen und Tiere)*
hanem	*sondern*		
zöld	*grün*	ajtó	*Tür*
miért?	*warum?*	szék	*Stuhl*
Nem tudom.	*Ich weiß nicht.*	lent	*unten*
ott	*dort*	közel	*nah*
virág	*Blume*	rossz	*schlecht*
szép	*schön*	csúnya	*häßlich*
igen	*ja*	apa	*Vater* (neutrale Form)
szerintem	*meines Erachtens*	édesapa	*Vater* (familiäre Form)
minden	*jede(r/s), alle*		
kár	*schade; Schaden*	apu	*Vati*

1B Grammatik (Nyelvtan)

1. Der bestimmte Artikel

Sowohl im Singular *(der, die, das)* als auch im Plural *(die)* lautet der bestimmte Artikel **a** vor Konsonant im Anlaut und **az** vor Vokal im Anlaut. Für die Aussprache ist wichtig, daß die einzelnen Wörter gebunden werden.

Konsonant im Anlaut:	Vokal im Anlaut:
a ház *das Haus*	**az** asztal *der Tisch*
a régi ház *das alte Haus*	az új ház *das neue Haus*

2. Der unbestimmte Artikel

Die Unbestimmtheit eines Substantivs wird **ohne Artikel** oder im Singular durch den unbestimmten Artikel **egy** *(ein, eine, ein)* ausgedrückt:

(egy) asztal *ein Tisch*	asztalok *Tische*
Ez (egy) asztal. *Das ist ein Tisch.*	Ezek asztalok. *Das sind Tische.*

3. Nähe und Ferne

Im Ungarischen ist die relative Nähe bzw. Ferne der Gesprächspartner in Bezug zum Gesprächsthema wichtig.

Dempron.:	ez – az *dieser* (Nähe) – *jener* (Ferne)
Adverbien:	itt – ott *hier* (Nähe) – *dort* (Ferne)
	itthon – otthon *(hier – dort) zu Hause*

ez a ház   *dieses Haus (hier)*
az a ház   *jenes Haus (dort)*

Ez az asztal itt van.   *Dieser Tisch ist hier.*
Az az asztal ott van.   *Jener Tisch ist dort.*

1B

Der Unterschied zwischen itthon und otthon wird z.B. bei folgendem Abschnitt aus einem Telefongespräch deutlich:

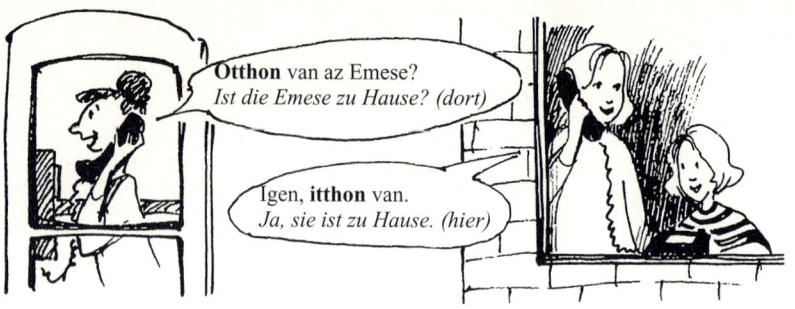

Otthon van az Emese?
Ist die Emese zu Hause? (dort)

Igen, **itthon** van.
Ja, sie ist zu Hause. (hier)

4. Nominales Prädikat (Satz ohne Verb)

Steht das Subjekt eines Satzes in der 3. Person und wird das Prädikat von einem Substantiv oder Adjektiv im Nominativ gebildet, so entfällt das Verb **van** *(sein)*.

Az asztal	Ø	zöld.
Der Tisch	*ist*	*grün.*

Milyen ez az asztal?   *Wie ist dieser Tisch?*
Emese lány.   *Emese ist ein Mädchen.*
Ez Emese, az Laci.
Das (hier) ist Emese, das (dort) ist Laci.

In allen anderen Fällen steht eine Form des Verbs **van** für *sein*:

A repülő fent **van**.   *Das Flugzeug ist oben.*
Emese itthon **van**.   *Emese ist zu Hause.*
Ott **van** egy szék.   *Dort ist ein Stuhl.*
Hol **van** az ajtó?   *Wo ist die Tür?*

5. Die Verneinung

Nem *nein, kein* steht unmittelbar vor dem zu verneinenden Satzglied:

Az ég kék.   *Der Himmel ist blau.*
A pad **nem** kék, **hanem** zöld.   *Die Bank ist nicht blau, sondern grün.*
Nem a pad kék, **hanem** az ég.   *Nicht die Bank ist blau, sondern der Himmel.*

Das Verb **van** *ist* wird mit **nincs** *ist nicht* verneint:

A repülő ott **van**.   *Das Flugzeug ist dort.*
A repülő **nincs** ott.   *Das Flugzeug ist nicht dort.*

1C Sprachgebrauch (Nyelvhasználat)

1. Wortschatz

Prägen Sie sich folgende Vokabeln paarweise ein:

ez – az	lány – fiú	jó – rossz
itt – ott	anya – apa	kicsi, kis – nagy
itthon – otthon	édesanya – édesapa	szép – csúnya
lent – fent	anyu – apu	új – régi
közel – messze		
igen – nem		

2. **Kicsi – kis**

Das Adjektiv **kis** kann nicht dekliniert werden. Es ist ausschließlich als Attribut gebräuchlich. Wird das Wort dekliniert, als Prädikat verwendet oder soll es hervorgehoben werden, verwendet man **kicsi**:

> A ház **kicsi**. *Das Haus ist klein.*
> A házak **kicsik**. *Die Häuser sind klein.*
> Az **kis** ház./Az **kicsi** ház. *Das ist ein kleines Haus.*

3. Aus ungarischen Zeitungen und Zeitschriften

Lesen Sie folgende Internationalismen und erschließen Sie ihre Bedeutung. Hören Sie sich die richtige Aussprache der Wörter auf der Cassette an und sprechen Sie nach. Nehmen Sie für Ihre Ausspracheübungen auch die Liste der ungarischen Laute in der Einleitung Punkt II. 1. zu Hilfe.

1D Übungen (Gyakorlatok)

1. *Setzen Sie den bestimmten Artikel vor die folgenden Wörter und Wortgruppen und sprechen Sie laut. Beachten Sie, daß im Ungarischen über die Wortgrenze hinübergebunden wird:* **az asztal**. *Korrigieren sie Ihre Aussprache mit Hilfe der Cassette!*

   fiú, pad, szín, kék ég, szép virág, nagy tó, repülő, új ház, zöld ajtó, jó szék

2. *Bilden Sie Sätze mit den folgenden Substantiven und zeigen sie dazu, daß sich der jeweilige Gegenstand in relativer Nähe bzw. Ferne zu Ihnen befindet:*

   Muster: **Ez az asztal itt van.**
   Az az asztal ott van.

   ház, ajtó, szék, pad, virág, tó

3. *Füllen Sie die Sprechblasen mit der Frage aus:*
   Ist Peter zu Hause?

4. *Setzen Sie die fehlenden Wörter ein!*

   Mi ez? ... virág. – Mi az? ... pad. – Milyen ez a virág? ... szép. – Hol van a repülő? ... fent ...

5. *Setzen Sie die fehlenden Fragewörter ein!*

   ... ez? Ez virág. – ... ez? Ez Emese. – ... az ég? Az ég kék. – ... a repülő? A repülő nagy. – ... van Laci? Laci otthon van.

6. *Verneinen Sie die Fragen und geben Sie die richtigen Antworten!*

Ez fiú?   Ez lány?

Ez szék?   Ez ajtó?

7. *Bilden Sie verneinte Sätze!*

   Muster: A pad kék. – A pad nem kék.

   Az ég zöld. A virág csúnya. Itt van az asztal. Ott van szék. Laci otthon van. Itthon van az Emese?

8. *Behaupten Sie das Gegenteil!*

   Muster: A virág zöld. – **A virág nem zöld, hanem kék.**

   A lány kicsi. Ez szép szín. A tó közel van. A ház kicsi. Ez rossz szék. Az asztal fent van.

1D

9. *In welche beiden Lücken ist* **van** *einzusetzen?*

   Ez   Emese   . Ő   lány   .
   Emese   otthon   . Laci   fiú   . Ő   nincs otthon   .
   Ott   fent   egy   repülő. A   repülő   nagyon kicsi   .

10. *Setzen Sie* **kicsi** *oder* **kis** *ein:*

    A fiú elég ... Ott van egy ... pad. Milyen színű ez a ... virág? Jaj, de jó, hogy van itt egy ... tó! A repülő nem ..., hanem nagy. A ház ..., de szép.

※ 11. *Bilden Sie mit* **asztal** *und* **virág** *jeweils zwei Sätze; drücken Sie erstens eine Eigenschaft und zweitens den Standort aus.*

   Muster: Az asztal régi.
   Az asztal itt van.

※ 12. *Verneinen Sie Ihre Sätze aus Übung 11., mit denen Sie eine Eigenschaft von* **asztal** *und* **virág** *ausgedrückt haben.*

※ 13. *Verneinen Sie Ihre Sätze aus Übung 11., mit denen Sie einen Standort von* **asztal** *und* **virág** *ausgedrückt haben.*

2A Text (Szöveg)

Házibuli

Ma este sok vendég van. Ott ülnek vagy állnak. Mindenki beszélget.

Szervusztok!
Szabó Ferenc vagyok.
Ti kik vagytok?
Én tanár vagyok.
Általában szorgalmasak, de néha lusták is.
Milyenek az egyetemi tanárok?

Tulajdonképpen olyan, mint mi vagyunk. Ha jók a tanárok és ügyesek a diákok, jó az iskola is. Ha rosszak a tanárok, rossz az egész iskola.

Az vagyok, és ti?

Szervusz!

Egyetemi hallgatók vagyunk.
Milyenek a diákok?

Szigorúak, de általában kedvesek.
Csak néhány tanár nem elég kedves.
És milyen az iskola?

Ez tény és való.
Budapesti vagy?
Mi nem budapestiek, hanem veszprémiek vagyunk.

2A

Kezét csókolom.
Szabó Ferenc vagyok.
Ön ki?

Örülök.
Horváth Ilona vagyok.
Orvosnő vagyok.
És ön mi?

Tanár vagyok.
Ki az ott?
Az Molnár Péter.
Ő mérnök, gépészmérnök.
Ez viszont Fodor László.
Ő autószerelő.
Az ott Júlia, ugye?
Az ő, Fekete Júlia.
Ő titkárnő.
De ki az a fiatalember?

Az Fodor Pista.
Ő pincér.

házibuli (-k)	Hausparty	egyetem (-ek)	Universität
ma	heute	hallgató (-k)	Hörer
este (´-k)	Abend; am Abend, abends	tanár (-ok)	Lehrer
sok	viele, viel	diák (-ok)	Schüler; Student
vendég (-ek)	Gast	általában	im allgemeinen
ül	sitzen	szorgalmas (-ak)	fleißig
vagy	oder	néha	manchmal
áll	stehen	lusta (´-k)	faul
mindenki	jeder	is	auch
beszélget	sich unterhalten	szigorú (-ak)	streng
Szervusz! (Sg.)	Servus!	kedves (-ek)	lieb, nett
Szervusztok! (Pl.)	Servus (miteinander)!	néhány	einige
egyetemi hallgató	Student (an der Universität)	iskola (´-k)	Schule
		tulajdonképpen	eigentlich
		ügyes (-ek)	geschickt

2A

egész (-ek) (Adj.)	ganz	beszél	sprechen
tény (-ek)	Tatsache, Faktum	tanít	lehren, unterrichten
való	wirklich, wahrhaftig; Wirklichkeit	kezd	beginnen
		most	jetzt
Ez tény és való.	Das ist wirklich wahr.	holnap	morgen
Kezét csókolom!	Küß' die Hand!	is ... is ...	sowohl ... als auch
örül	sich freuen	nemcsak	nicht nur
orvosnő (-k)	Ärztin	sem	auch nicht
orvos (-ok)	Arzt	sincs, sincsen (sincsenek) (3. Pers.)	ist/sind auch nicht
nő (-k)	Frau		
gépészmérnök	Maschinenbau-Ingenieur	amely/amelyik (-ek) (Konj.)	welcher, welche, welches
mérnök (-ök)	Ingenieur	ami (-k) (Konj. bei Dingen)	der, die, das
viszont	wiederum, jedoch		
autószerelő (-k)	Automechaniker	aki (-k) (Konj. bei Personen)	der, die, das
autó (-k)	Auto		
titkárnő (-k)	Sekretärin	ott ..., ahol ...	dort ..., wo ...
fiatalember	junger Mann	olyan (-ok) ..., mint ...	so, solch ein/e ..., wie ...
fiatal (-ok)	jung		
ember (-ek)	Mensch		
pincér (-ek)	Kellner	nulla	Null
		kettő, két	zwei
bor (-ok)	Wein	három	drei
házi feladat	Hausaufgabe	négy	vier
feladat (-ok)	Aufgabe	öt	fünf
függöny (-ök)	Vorhang, Gardine	hat	sechs
irodalom (irodalmak)	Literatur	hét	sieben
férfi (-ak)	Mann	hét (hetek)	Woche
föld (-ek)	Feld, Erde	nyolc	acht
száz (-ak)	hundert	kilenc	neun
több (-ek)	mehr	tíz	zehn
a többi (-ek)	die anderen	ezer (ezrek)	tausend
kevés (kevesek)	wenig	bent	drinnen
hány?	wie viele?	kint	draußen
én	ich	elöl	vorn
te	du	hátul	hinten
ön	Sie (Sg.)	lámpa (´-k)	Lampe
maga	Sie (Sg., weniger höflich)	táska (´-k)	Tasche
		fa (´-k)	Baum; Holz
mi	wir	madár (madarak)	Vogel
ti	ihr	óra (´-k)	Uhr; Stunde
ők	sie (Pl.)	kép (-ek)	Bild
önök	Sie (Pl.)	öreg (-ek)	alt (Lebensalter von Menschen und Tieren)
maguk	Sie (Pl., weniger höflich)		
tanul	lernen		

2B Grammatik (Nyelvtan)

1. Die Endung -i bildet aus Substantiven Adjektive.

Budapest	–	budapesti fiú *Budapester Junge*
		budapesti *Budapester*
ház	–	házi *Haus-*
		házi bor *Hauswein*
		házi feladat *Hausaufgabe*

Das mit **-i** gebildete Adjektiv wird immer klein geschrieben.

2. Pluralzeichen ist das Suffix -k.

Bei Vokal im Auslaut ohne Bindevokal:

fiú *Junge*	–	fiú**k** *Jungen*	
ki? *wer?* (Sg.)	–	ki**k**? *wer?* (Pl.)	
mi? *was?* (Sg.)	–	mi**k**? *was?* (Pl.)	
repülő *Flugzeug*	–	repülő**k** *Flugzeuge*	
ő *er, sie, es*	–	ő**k** *sie* (Pl.)	

-a und **-e** werden vor dem Pluralzeichen zu **-á-** und **-é-** gedehnt:

lusta *faul* (Sg.)	–	lust**á**k *faul* (Pl.)
anya	–	any**á**k
csúnya	–	csúny**á**k

Bei Konsonant im Auslaut wird ein Bindevokal eingefügt (Vokalharmonie!):

asztal	–	asztal**o**k	szék	–	szék**e**k	
az	–	az**o**k	ez	–	ez**e**k	
lány	–	lány**o**k	kék	–	kék**e**k	
pad	–	pad**o**k	milyen?	–	milyen**e**k?	
virág	–	virág**o**k	szín	–	szín**e**k	
			szép	–	szép**e**k	
ház	–	ház**a**k	nincs, nincsen	–	nincsen**e**k	
szorgalmas	–	szorgalmas**a**k				
igaz	–	igaz**a**k	függöny *Vorhang*	–	függöny**ö**k *Vorhänge*	
új	–	új**a**k				

2B

Bei Adjektiven und Zahlwörtern kommen als Bindevokale vorwiegend -a- und -e- vor, während bei Substantiven sowohl -a- und -e- als auch -o- und -ö- zu finden sind.

● Ausnahmen:

ég	–	egek
irod**alom** *Literatur*	–	irod**almak** *Literaturen*
soproni	–	sopron**iak**
pécsi	–	pécs**iek**
férfi *Mann*	–	férfi**ak** *Männer*
milyen színű?	–	milyen szín**űek**?
szigorú	–	szigorú**ak**
föld *Feld*	–	föld**ek** *Felder*

In der Wortliste wird ab sofort in Klammern die Pluralform der Substantive und Adjektive angegeben.

3. Nach Zahlen- und Mengenangaben steht das Substantiv im Singular:

egy vendég	ein Gast	a többi vendég	die anderen Gäste
száz vendég	hundert Gäste	kevés vendég	wenig Gäste
sok vendég	viele Gäste	néhány vendég	einige Gäste
több vendég	mehr Gäste	hány vendég?	wie viele Gäste?

4. Die Kongruenz

Subjekt und Prädikat stimmen im Numerus überein.

Subjekt Singular: → Prädikat Singular:
A virág szép.
Die Blume . ist schön.

Subjekt Plural: → Prädikat Plural:
A virág**ok** szép**ek**.
Die Blumen sind schön.

33

2B

Singular:
Mi ez?
Ez repülő.
Ki ez?
Ez lány.
Ő debreceni.
Milyen a szék?
Milyen színű a pad?
A fiú nincs itthon.

Plural:
Mik ezek?
Ezek repülők.
Kik ezek?
Ezek lányok.
Ők debreceniek.
Milyenek a székek?
Milyen színűek a padok?
A fiúk nincsenek itthon.

5. Attribut und Artikel werden nicht mitdekliniert.

a szép lány	–	**a szép** lányok
das schöne Mädchen	–	*die schönen Mädchen*

6. Konjugation von van *sein*:

(én) vagyok	*ich bin*
(te) vagy	*du bist*
(ő, ön) van	*er/sie/es ist/Sie sind* (Sg.)
(mi) vagyunk	*wir sind*
(ti) vagytok	*ihr seid*
(ők, önök) vannak	*sie/Sie sind* (Pl.)

7. Konjugation ik-loser Verben (3. Pers. Sg. endungslos):

	tanul *lernen*	beszél *sprechen*	ül *sitzen*
(én)	tanul**ok**	beszél**ek**	ül**ök**
(te)	tanul**sz**	beszél**sz**	ül**sz**
(ő, ön)	tanul	beszél	ül
(mi)	tanul**unk**	beszél**ünk**	ül**ünk**
(ti)	tanul**tok**	beszél**tek**	ül**tök**
(ők, önök)	tanul**nak**	beszél**nek**	ül**nek**

Verben, die auf zwei Konsonanten enden, wie z.B. **kezd** *beginnen*, oder auf **-ít**, wie z.B. **tanít** *lehren*, erhalten auch in der 2. Pers. Sg. und in der 3. Pers. Pl. meist einen Bindevokal: **kezd_e_sz** *du beginnst*, **kezd_e_nek** *sie beginnen*, **tanít(a)sz** *du lehrst*, **tanít_a_nak** *sie lehren*.

8. Kongruenz bei zusammengesetztem Subjekt

Achten Sie auf Person und Zahl bei Subjekt und Prädikat:

Péter és Pál tanul   *oder:*   Péter és Pál tanulnak.
Péter és a lány**ok** tanul**nak**.
Én és te tanulunk.
Én és Péter tanulunk.
Te és Péter tanultok.

9. **is** *auch*
   is, ... is *sowohl ... als auch*
   nemcsak ..., hanem ... is *nicht nur ..., sondern auch ...*

Is *auch* steht direkt hinter dem Wort, auf das es sich bezieht:

Itt van egy szék.   *Hier ist ein Stuhl.*
Ott **is** van egy szék.   *Auch dort ist ein Stuhl.*
Ott **asztal is** van.   *Auch ein Tisch ist dort.*

Ott van az asztal. Ott van a szék.
Az asztal **is**, a szék **is** ott van.
Sowohl der Tisch als auch der Stuhl sind dort.

Ott **nemcsak** asztal van, **hanem** szék **is**.
Dort ist nicht nur ein Tisch, sondern auch ein Stuhl.

10. Verneinung + **is**

nem	+ is	→	**sem**
nincs, nincsen	+ is	→	**sincs, sincsen**
nincsenek	+ is	→	**sincsenek**
nem	+ is ... is	→	**(nincs) se ... se**

2B

Itt nincs asztal.   *Hier ist kein Tisch.*
Ott **sincs** asztal.   *Auch dort ist kein Tisch.*
Itt nincsenek székek.   *Hier sind keine Stühle.*
Ott **sincsenek** székek.   *Auch dort sind keine Stühle.*
Ott **(nincs) se** asztal, **se** szék.   *Dort sind weder Tisch noch Stuhl.*

11. Relativsätze

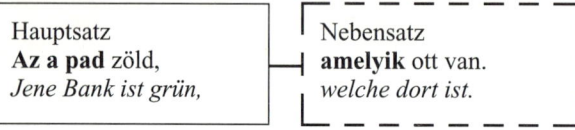

Hauptsatz	Nebensatz
Az a pad zöld, *Jene Bank ist grün,*	**amelyik** ott van. *welche dort ist.*

Demonstrativpronomen:	Konjunktionen:
az, azok	**ami/amely/amelyik,** **amik/amelyek/amelyikek,** **aki, akik** (Personenbezug)
ott	**ahol**
olyan, olyanok	**mint**

Beispiele: Az a pad zöld. Az a pad ott van.
Az a pad zöld, **ami/amelyik** ott van.
Jene Bank ist grün, die/welche dort ist.

Azok a padok zöldek. Azok a padok ott vannak.
Azok a padok zöldek, **amik/amelyikek** ott vannak.

A lány szorgalmas. A lány tanul.
Az a lány szorgalmas, **aki** tanul.

A lányok szorgalmasak. A lányok tanulnak.
Azok a lányok szorgalmasak, **akik** tanulnak.

Kati otthon van. Emese otthon van.
Ott van Kati, **ahol** Emese (van).
Kati ist dort, wo Emese ist.

Az asztal kék. A szék kék.
Olyan az asztal, **mint** a szék.
Der Tisch ist so wie der Stuhl.

Az asztalok kékek. A székek kékek.
Olyanok az asztalok, **mint** a székek.
Die Tische sind so wie die Stühle.

2C Sprachgebrauch (Nyelvhasználat)

1. Zahlwörter

0	nulla	5	öt	10	tíz
1	egy	6	hat	100	száz
2	kettő, két	7	hét	1000	ezer
3	három	8	nyolc		
4	négy	9	kilenc		

két kann (mit Ausnahme der Endung **-szer/szor/ször** *-mal*, siehe 17B4) keine Suffixe erhalten. Es ist ausschließlich als Attribut gebräuchlich. Wird das Zahlwort dekliniert, als Prädikat gebraucht oder soll es hervorgehoben werden, verwendet man **kettő**:

    Itt **két (kettő)** virág van.   *Hier sind zwei Blumen.*
    Hány virág van? **Kettő.**   *Wieviel Blumen sind es? Zwei.*

2. Lokaladverbien

Prägen Sie sich die folgenden Lokaladverbien paarweise ein und beschreiben Sie, wo sich die Dinge im und um das Haus herum befinden:

fent, fönt   –   lent
bent   *drinnen*   –   kint   *draußen*
elöl   *vorn*   –   hátul   *hinten*

2C

3. **Vagy ... vagy**   *entweder ... oder*

> A vendégek ott ülnek **vagy** állnak.
> *Dort stehen oder sitzen die Gäste.*
>
> A vendégek **vagy** ülnek **vagy** állnak.
> *Entweder die Gäste sitzen oder sie stehen.*
>
> A diákok **vagy** beszélgetnek **vagy** tanulnak.
> *Entweder die Schüler unterhalten sich oder sie lernen.*

4. Neu ≠ alt; jung ≠ alt

új — *régi*

fiatal — *öreg*

5. Die Länder Europas (siehe Karte Seite 39)

EURÓPA
(EURÓPAI)

0 200 400 600 800 km

- IZLAND (IZLANDI)
- NORVÉGIA
- SVÉDORSZÁG
- FINNORSZÁG
- OROSZORSZÁG
- ÉSZTORSZÁG
- LETTORSZÁG
- LITVÁNIA
- BELORUSSZIA (FEHÉROROSZ)
- DÁNIA
- NAGYBRITANNIA
- ÍRORSZÁG
- ANGLIA (ANGOL)
- HOLLANDIA
- NÉMETORSZÁG
- BELGIUM (BELGA)
- LUXEMBURG (LUXEMBURGI)
- LENGYELORSZÁG
- UKRAJNA (UKRÁN)
- CSEHORSZÁG
- SZLOVÁKIA
- MOLDÁVIA
- FRANCIAORSZÁG
- SVÁJC (SVÁJCI)
- AUSZTRIA (OSZTRÁK)
- MAGYARORSZÁG
- ROMÁNIA
- SZLOVÉNIA
- HORVÁTORSZÁG
- OLASZORSZÁG
- BOSZNIA (BOSZNIAI)
- SZERBIA
- BULGÁRIA (BOLGÁR)
- TÖRÖKORSZÁG
- PORTUGÁLIA
- SPANYOLORSZÁG
- MACEDÓNIA
- ALBÁNIA
- GÖRÖGORSZÁG
- CIPRUS (CIPRUSI)

2D

2D Übungen (Gyakorlatok)

※ 1. *Sagen Sie mit Hilfe der Landkarte, welcher Nation Sie und weitere Personen angehören! Die Völkernamen sind innerhalb der Ländernamen unterstrichen oder in Klammern angegeben.*

> Muster: (Én) német vagyok.
> John angol.
> (Ti) magyarok vagytok.
> Ők dánok.

2. *Verwenden Sie die Städtenamen* **Sopron, Miskolc, Pécs** *sowie* **Köln, Hamburg, Lipcse** *(Leipzig),* **Drezda** *(Dresden),* **Bécs** *(Wien) und bilden Sie Sätze nach folgendem Muster:*

> Muster: Károly budapesti.

3. *Schließen Sie anhand der Städtenamen auf jeweils einen bekannten Begriff:*

   kölnivíz, bécsi szelet, egri bikavér (Eger), ementáli sajt, Római Birodalom, nápolyi (Nápoly *Neapel*)

※ 4. *Nennen Sie Ihren Herkunftsort und den anderer Personen in der 1. und 2. Pers. Sg. und Pl.*

> Muster: Én lützeni vagyok. Te dabasi vagy.
> Mi stuttgartiak vagyunk. Ti váciak vagytok.

5. *Setzen Sie die Zahlen von eins bis zehn vor* **diák** *und* **tanár**. *Versuchen Sie dabei, die Zahlwörter auswendig zu lernen.*

6. *Setzen Sie alles in den Plural:*

   A fiú otthon van. Mi ez? A diák szorgalmas. Ő az orvos. Ez ház. Az egyetemi hallgató lusta. A háziburli jó. Az asztal kék. Milyen a szék? Itt nincs függöny. Ő müncheni. A férfi kedves. A magyar bor jó.

7. *Setzen Sie alles in den Singular:*

   A lányok beszélnek. A tanárok ülnek. A székek nagyok. Itt nincsenek iskolák. A tanárok általában kedvesek. A diákok néha tanulnak. A fiúk ügyesek. A tények igazak.

8. *Setzen Sie die fehlenden Wörter in der richtigen Form ein.*

   Ott két ... *(Lehrer)* és tíz ... *(Schüler)* van. A tanárok ... *(unterrichten)*, a diákok ... *(lernen)*. Csak három diák ... *(faul)*, a többi ... *(fleißig)*. Ilona és Ferenc ... *(Budapester)*, a többiek ... *(Veszprémer)*.

9. *Setzen Sie die richtige Form des Verbs* **van** *ein:*

   Én lipcsei ... Te hamburgi ... Ön erfurti.
   Mi müncheniek ... Ti is müncheniek ...? Önök neubrandenburgiak.
   Hol ... a hannoveri fiú? Hol ... a göttingai egyetemisták?

10. *Bilden Sie Sätze mit den Verben* **áll, beszélget** *und* **tanít** *in der 1., 2. und 3. Pers. Sg. und Pl. Vergleichen Sie die verwendeten Verbformen im Schlüssel.*

11. *Sagen Sie, daß Sie* auch *hier sind,* auch *Lehrer sind, usw.*

    ■ **Muster:** **Itt van Emese. – Én is itt vagyok.**

    Laci tanár. Emese szorgalmas. Ön egyetemi tanár. Kati tanít. A diákok tanulnak. Az édesanya szigorú. A hallgatók kedvesek.

12. *Sagen Sie, daß Miklós* auch nicht *hier ist,* auch kein *Lehrer ist, usw.*

    ■ **Muster:** **Emese nincs itt. – Miklós sincs itt.**

    Laci nem tanár. Emese nem szorgalmas. Ön nem egyetemi tanár. Kati nem tanít. A diákok nem tanulnak. Az édesanya nem szigorú. A hallgatók nem kedvesek.

13. *Bilden Sie aus zwei Hauptsätzen einen Relativsatz.*

    ■ **Muster:** **A férfi a tanár. A férfi ott ül.**
    Az a férfi a tanár, aki ott ül.

    A bor jó. A bor magyar.
    A diákok lusták. A diákok nem tanulnak.
    A függönyök szépek. A függönyök zöldek.

14. *Nennen Sie die folgenden Sätze in allen Personen im Singular und Plural:*

    Most én beszélek.
    Ma tanulok.
    Itt ülök.
    Holnap tanítok.

15. *Sagen Sie den berühmten Satz „Ich bin ein Berliner" auf Ungarisch.*

3A

3A Text (Szöveg)

Mit főzünk?

Ma vendégeket várunk. Még nem tudom, mit főzünk. Mit szeretnek a vendégek? Magyar ételt biztos szeretnek. Tehát csontlevest vagy húslevest főzök, valami jó húst sütök, galuskát készítek és salátát csinálok. Ha már magyarosan ebédelünk, akkor kávét is főzök. De milyen süteményt szeretnek, tortát vagy rétest? A torta talán túl édes. Inkább rétest sütök, almás rétest. Ez biztos jó lesz.

Tehát mit veszek?	húst
	zöldséget
	lisztet
	tojást
	fejes salátát
	kávét
	almát
	vajat
	tejet
Mennyit veszek?	egy kiló húst
	két kiló lisztet
	fél kiló kávét
	másfél kiló almát
	egy liter tejet
Hány tojást veszek?	tíz tojást
Hány fejes salátát?	két fejes salátát
Hány vajat?	egy vajat

Na, most megvan minden? Nem, kenyeret is veszek, két kiló kenyeret. És bort is, egy üveg fehér bort és egy üveg vörös bort veszek, valamint egy liter szőlőlét.

főz	*kochen*	magyar (-ok, -t)	*ungarisch; Ungar(in)*
vár	*warten*	étel (-ek, -t)	*Speise*
még	*noch*	biztos (-ak)	*sicher(lich)*
szeret	*lieben, mögen*	tehát	*also*

3A

csontleves	Brühe (wörtl.: Knochensuppe)	szőlőlé (-k, -t)	Traubensaft
csont (-ok, -ot)	Knochen	lát	sehen
leves (-ek, -t)	Suppe	hogyan?	wie?, auf welche Weise?
valami (-k, -t), vmi	(irgend)etwas, irgendein	ír	schreiben
valaki (-k, -t), vki	(irgend)jemand	egyedül	allein
húsleves	Fleischsuppe	nyelv (-ek, -et)	Sprache; Zunge
hús (-ok, -t)	Fleisch	francia (ʹk, ʹt)	französisch; Franzose/Französin
süt	braten, backen	görög (-ök, -öt)	griechisch; Grieche/Griechin
galuska (ʹk, ʹt)	Nockerln, Spätzle		
készít	anfertigen	angol (-ok, -t)	englisch; Engländer(in)
saláta (ʹk, ʹt)	Salat		
csinál	machen	olasz (-ok, -t)	italienisch; Italiener(in)
ha (Konj.)	wenn		
már	schon	német (-ek, -et)	deutsch; Deutsche(r)
magyarosan (Adv.)	nach ungarischer Art	spanyol (-ok, -t)	spanisch; Spanier(in)
		orosz (-ok, -t)	russisch, Russe/Russin
ebédel	zu Mittag essen		
akkor, ekkor (Dempron.)	dann	kér	bitten
		bocsánat (-ot)	Entschuldigung, Verzeihung
kávé (-k, -t)	Kaffee		
sütemény (-ek, -t)	Gebäck	elnézés (-t)	Nachsicht, Verzeihung
torta (ʹk, ʹt)	Torte		
rétes (-ek, -t)	Strudel	üdítő (-k, -t)	Erfrischung
talán	vielleicht	ásványvíz	Mineralwasser
túl	zu (sehr)	ásvány (-ok, -t)	Mineral
édes (-ek)	süß	víz (vizek, vizet)	Wasser
inkább	lieber, eher, vielmehr	narancs (-ok, -ot)	Orange
almás rétes	Apfelstrudel	őszibarack (-ok, -ot)	Pfirsich
lesz	wird (Futur)	körte (ʹk, ʹt)	Birne
vesz	kaufen; nehmen	rostos (-ak)	naturtrüb
zöldség (-ek, -et)	Gemüse	jeges tea	Eistee
liszt (-ek, -et)	Mehl	jeges (-ek)	Eis-
tojás (-ok, -t)	Ei	jég (jeget)	Eis
fejes saláta	Kopfsalat	tea (ʹk, ʹt)	Tee
alma (ʹk, ʹt)	Apfel	kíván	wünschen
vaj (-ak, -at)	Butter	reggel (-ek, -t)	Morgen; morgens
tej (-ek, -et)	Milch	nap (-ok, -ot)	Tag; Sonne
mennyi (-t)	wieviel? (Menge)	éjszaka (ʹk, ʹt)	Nacht; nachts
kiló (-k, -t)	Kilo	jobbulás (-t)	Besserung
(gebräuchliche Kurzform von ‚kilogramm')		boldog (-ok)	glücklich
fél (felek, felet)	halb; Hälfte	esztendő (-k, -t)	Jahr (gehoben)
másfél	eineinhalb	áldott (-ak)	gesegnet
liter (-ek, -t)	Liter	karácsony (-ok, -t)	Weihnachten
na	na, nun	kellemes (-ek)	angenehm
Megvan minden?	Haben wir alles?	húsvét (-ok, -ot)	Ostern
megvan	(wieder) da sein	ünnep (-ek, -et)	Fest
kenyér (kenyerek, kenyeret)	Brot	áldásos (-ak)	segensreich
		család (-ok, -ot)	Familie
üveg (-ek, -et)	Flasche; Glas (Material)	krumpli (-k, -t)	Kartoffel
		gyümölcs (-ök, -öt)	Obst
fehér (-ek)	weiß	hagyma (ʹk, ʹt)	Zwiebel
vörös (-ek)	rot, purpur	borsó (-k, -t)	Erbse
valamint	sowie	dió (-k, -t)	Nuß
		citrom (-ɵk, -ot)	Zitrone

3A/3B

sárgarépa (´-k, ´-t)	Möhre, gelbe Rübe	sárga (´-k)	gelb
paprika (´-k, ´-t)	Paprika	fekete (´-k)	schwarz
karfiol (-ok, -t)	Blumenkohl	barna (´-k)	braun
paradicsom (-ok, -ot)	Tomate; Paradies	szürke (´-k)	grau
szőlő (´-k, -t)	Wein(trauben)	csak	nur
bab (-ok, -ot)	Bohne	zászló (-k, -t)	Fahne
újhagyma (´-k, ´-t)	Frühlingszwiebel	haj (-ak, -at)	Haar
dinnye (´-k, ´-t)	Melone	kabát (-ok, -ot)	Mantel
tök (-ök, -öt)	Kürbis	Vöröskereszt	Rotes Kreuz
uborka (´-k, ´-t)	Gurke	kereszt (-ek, -et)	Kreuz
piros (-ak)	rot	szűcs (-ök, -öt)	Kürschner

3B Grammatik (Nyelvtan)

1. Das Akkusativsuffix -t

> Mit látok? *Was sehe ich?* – Asztalt látok. *Ich sehe einen Tisch.*
> Kit látok? *Wen sehe ich?* – Tanárt látok. *Ich sehe einen Lehrer.*

Adjektive und Zahlwörter stehen nur dann im Akkusativ, wenn sie substantivisch als Objekt oder als Apposition gebraucht werden:

> Milyen bort veszek? – Fehéret. *Was für Wein kaufe ich? – Weißen.*
> Veszek bort, fehéret. *Ich kaufe Wein, weißen.*
> Aber: Fehér bort veszek. *Ich kaufe Weißwein.*

Nach Vokal im Auslaut steht kein Bindevokal; -a und -e werden zu -á und -é gedehnt, vgl. mit der Pluralform in Klammern:

nő	–	nőt	(nők)	mi?	–	mit?	(mik?)
fiú	–	fiút	(fiúk)	ki?	–	kit?	(kik?)
ajtó	–	ajtót	(ajtók)	ami	–	amit	(amik)
kettő	–	kettőt		aki	–	akit	(akik)
jó	–	jót	(jók)	kicsi	–	kicsit	(kicsik)
szigorú	–	szigorút	(szigorúak)	iskola	–	iskolát	(iskolák)
férfi	–	férfit	(férfiak)	fa	–	fát	(fák)
berlini	–	berlinit	(berliniek)	este	–	estét	(esték)
anyu	–	anyut	(anyuk)	lusta	–	lustát	(lusták)

Nach konsonantisch auslautenden Stämmen steht vor der Akkusativendung -t in der Regel der gleiche Bindevokal wie vor der Pluralendung -k:

3B

vaj	– vajat	(vajak)	föld	– földet	(földek)
új	– újat	(újak)	zöld	– zöldet	(zöldek)
nyolc	– nyolcat	(nyolcak)	egy	– egyet	
pad	– padot	(padok)	több	– többet	(többek)
virág	– virágot	(virágok)	mérnök	– mérnököt	(mérnökök)
szék	– széket	(székek)	öt	– ötöt	
vendég	– vendéget	(vendégek)			

● Achtung: Nach den Endkonsonanten **-l, -ly, -n, -ny, -r** sowie **-s, -sz, -z** und **-zs** steht im Unterschied zur Pluralform meist kein Bindevokal:

lány	– lányt	(lányok)	ember	– embert	(emerek)
szín	– színt	(színek)	pincér	– pincért	(pincérek)
asztal	– asztalt	(asztalok)	bor	– bort	(borok)
tanár	– tanárt	(tanárok)	függöny	– függönyt	(függönyök)
tény	– tényt	(tények)	ez/az	– ezt/azt	(ezek/azok)
orvos	– orvost	(orvosok)			

Aber:	ház	– házat	(házak)
	rossz	– rosszat	(rosszak)
	szorgalmas	– szorgalmas(a)t	(szorgalmasak)
	néhány	– néhányat	
	száz	– százat	(százak)
	hány?	– hányat?	
	kedves	– kedves(e)t	(kedvesek)
	ügyes	– ügyes(e)t	(ügyesek)
	egész	– egészet	
	amely	– amelyet	(amelyek)
	tíz	– tízet	(tízek)

Die Lautveränderungen im Stamm sind bei den Akkusativformen die gleichen wie bei den Pluralformen:

ég	– eget	(egek)	kenyér	– kenyeret	(kenyerek)
elég	– eleget		tó	– tavat	(tavak)
kevés	– keveset	(kevesek)	irodalom	– irodalmat	(irodalmak)
hét	– hetet	(hetek *Wochen*)	három	– hármat	
madár	– madarat	(madarak)	ezer	– ezret	(ezrek)
fél	– felet	(felek)			

In der Wortliste wird ab sofort neben der Pluralform auch die Akkusativform der Substantive angegeben.

3B

2. Akkusativ Plural:
   Wortstamm (– Bindevokal) – k – Bindevokal a/e – t

Als Bindevokal zwischen der Plural-
endung -k und der Akkusativendung
-t werden nur -a- oder -e- verwendet:

> Miket látok?
> Fákat, ajtókat, házakat, virágokat, székeket.
> Kiket látok?
> Férfiakat, tanárokat, fiúkat, mérnököket.

3. Adverbialer Gebrauch von Adjektiven und Zahlwörtern:

Die meisten adverbial gebrauchten Adjektive und Zahlwörter erhalten die Endung -n. Als Bindevokal werden wie bei der jeweiligen Pluralform -a- oder -e- verwendet:

> **Hogyan** tanulsz?   *Wie lernst du?* – **Szorgalmasan.**   *Fleißig.*
> Emese **szépen** ír.   *Emese schreibt schön.*
> Én **csúnyán** írok.   *Ich schreibe häßlich.*
> A tanár **szigorúan** tanít.   *Der Lehrer unterrichtet streng.*

> **Hányan** vagytok.   *Zu wievielt seid ihr?* – **Négyen.**   *Zu viert.*
> **Ketten** vagyunk.   *Wir sind zu zweit.*
> **Hárman** vagytok.   *Ihr seid zu dritt.*
> **Öten** vannak.   *Sie sind zu fünft.*
> **Sokan** vagyunk.   *Wir sind viele.*
> **Egyedül** vagyok.   *Ich bin allein.*

● Achtung: Die Adjektive **jó** und **rossz** sowie die Völkernamen erhalten die Endung
   -l/ul/ül:

> Hogy vagy? – **Jól** vagyok.
> *Wie geht es dir? – Mir geht es gut.*
> Péter **rosszul** van.
> *Peter ist schlecht/übel. Peter geht es schlecht.*

> Milyen nyelvet tanulsz? – **Németül.**
> *Was für eine Sprache lernst du? – Deutsch.*
> Tanulok **magyarul, franciaul, görögül, angolul, olaszul, spanyolul, oroszul.**

> Aber: Magyarosan, németesen, franciásan, ... főzünk.
>   *Wir kochen auf ungarische, ... Art.*

3B/3C

4. Konjugation ik-loser Verben mit -s, -sz oder -z im Stammauslaut:

	olvas *lesen*	lesz *werden*	főz *kochen*
(én)	olvasok	leszek	főzök
(te)	olvasol	leszel	főzöl
(ő, ön)	olvas	lesz	főz
(mi)	olvasunk	leszünk	főzünk
(ti)	olvastok	lesztek	főztök
(ők, önök)	olvasnak	lesznek	főznek

Vergleichen Sie das Konjugationsschema mit dem unter 2B7. Beachten Sie den Unterschied in der 2. Pers. Sg.!

3C Sprachgebrauch (Nyelvhasználat)

1. Kér, das Verb für Bestellungen und Bitten:

Im Restaurant: Egy kávét kérek.   *Einen Kaffee bitte.*
Beim Einkaufen: Egy vajat kérek.   *Ein Stück Butter bitte.*
                  (wörtlich: *Ich erbitte einen Kaffee/eine Butter.*)
Bitte um Entschuldigung: Bocsánat(ot) kérek). Elnézést (kérek).

Bestellen Sie sich etwas aus der Getränkekarte des Künstlercafés:

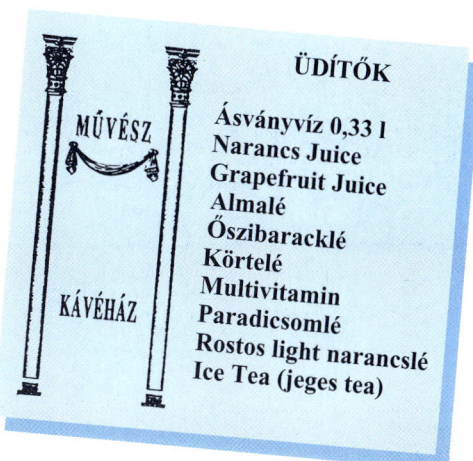

MŰVÉSZ KÁVÉHÁZ

ÜDÍTŐK

Ásványvíz 0,33 l
Narancs Juice
Grapefruit Juice
Almalé
Őszibaracklé
Körtelé
Multivitamin
Paradicsomlé
Rostos light narancslé
Ice Tea (jeges tea)

3C

2. Kíván, das Verb für Grüße und Wünsche:

Guten Morgen!	Jó reggelt (kívánok)!	
Guten Tag!	Jó napot (kívánok)!	neutraler
Guten Abend!	Jó estét (kívánok)!	Stil
Gute Nacht!	Jó éjszakát (kívánok)!	

Personen, die sich duzen, grüßen sich mit **Szervusz!** (Sg.) und **Szervusztok!** (Pl.), junge Leute sagen einander **Szia!** (Sg.) und **Sziasztok!** (Pl.).

Ein Herr grüßt eine Dame, die er siezt, mit **(Kezét) csókolom!** Junge Leute duzen sich in der Regel. Bei großem Altersunterschied grüßt auch die jüngere Dame die ältere mit **Csókolom!**

Kinder und Jugendliche grüßen Erwachsene mit **Csókolom!**

Alles Gute!	Minden jót (kívánok)!
Gute Besserung!	Jobbulást kívánok!
Glückliches neues Jahr!	Boldog új esztendőt (kívánok)!
	(abgekürzt auch: BUÉK!)
Gesegnete Weihnachten!	Áldott karácsonyt!

Frohe Ostern!   *Frohe Weihnachten und ein segensreiches neues Jahr!*

3C

3. Hány oder mennyi?

Frage nach einer Stückzahl:

Hány almát kér? – Három almát kérek.
Wieviele Äpfel möchten Sie? – Ich möchte drei Äpfel.
Hányat kér? – Hármat.
Wieviele möchten Sie? – Drei.

Frage nach einer Menge:

Mennyi almát kér? – Egy kiló almát kérek.
Wieviel Äpfel möchten Sie? – Ich möchte ein Kilo Äpfel.
Mennyit kér? – Egy kilót.
Wieviel möchten Sie? – Ein Kilo.

Beachten Sie die Verwendung der Singularform im Gegensatz zum Deutschen:

Almát veszek.   *Ich kaufe Äpfel.*
Galuskát csinálok.   *Ich mache Spätzle.*
Félkiló szőlőt kérek.   *Ein Pfund Trauben bitte.*
Krumplit főzök.   *Ich koche Kartoffeln.*

4. Zöldségek és gyümölcsök

Verlangen Sie Obst und Gemüse auf dem Markt:

5. Farben

piros	rot / vörös	purpur	–	zöld	grün
sárga	gelb		–	kék	blau
barna	braun		–	szürke	grau
fekete	schwarz		–	fehér	weiß

Minő különbség

„**A piros még csak szín, a vörös már ideológia.**"

Kvári Sinkó Zoltán,
veszprémi humorista
Napló, szeptember 22.

Beispiele für **vörös** und **piros**:

vörös bor
vörös zászló *(Fahne)*
vörös haj *(Haar)*
Vöröskereszt *(Rotes Kreuz)*

piros paprika
piros táska
piros kabát *(Mantel)*
Piroska (Rotkäppchen)

6. Zungenbrecher

Mit sütsz, kis szűcs? – Mit sütsz, kis szűcs? – Mit ...

7. Valami und valaki

Für grammatische Erläuterungen werden die Abkürzungen vmi (valami) *etwas* und vki (valaki) *jmd. (jemand)* mit den eventuellen Suffixen verwendet, z.B.:

vki csinál vmit   *jmd. macht etwas*

Das Schema zeigt an, daß das Verb **csinál** mit dem Akkusativ (vmit) steht.

3D Übungen (Gyakorlatok)

1. Mit vesz?

    Muster: **Lisztet veszek.**

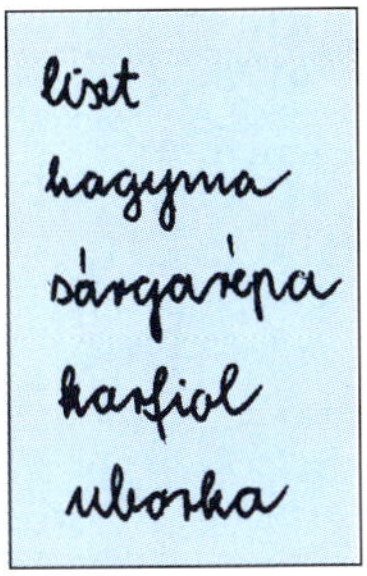

    liszt
    hagyma
    sárgarépa
    karfiol
    uborka

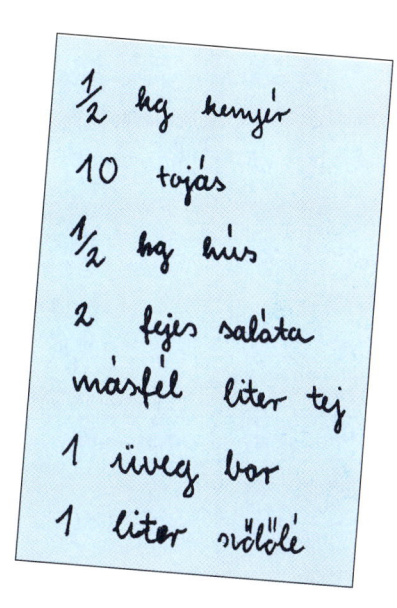

    ½ kg kenyér
    10 tojás
    ½ kg hús
    2 fejes saláta
    másfél liter tej
    1 üveg bor
    1 liter szőlőlé

2. Mennyi kenyeret kér?
   Hány tojást kér?
   Mennyi húst kér?
   Hány fejes salátát kér?
   Mennyi tejet kér?
   Hány üveg bort kér?
   Mennyi szőlőlét kér?

3. Mit lát lent, fent, bent, kint, elöl, hátul?

    Muster: **Lent táskát látok.**

3D

4. Miket lát lent, fent, bent, kint, elöl, hátul?

   Muster: Lent táskákat látok.

5. **Muster:** Hány almát kér? (3)
   Hármat, három almát kérek.

   Hány levest kérnek? (4)
   Hány fiút lát? (10)
   Hány kávét csinálsz? (2)
   Hány tojást veszünk? (8)
   Hány vajat kér? (1)
   Hány üveg szőlőlét veszel? (5)
   Hány kabátot látsz? (7)

6. *Setzen Sie die fehlenden Wörter ein:*

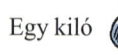

   Egy kiló ⬚ kérek és fél kiló ⬚. Zöldséget is kérek: két ⬚, három kiló ⬚ és öt kiló ⬚. A piros ⬚ is nagyon szép, kérek egy kilót.

7. Milyen színű a citrom, a paradicsom, a krumpli, a fejes saláta, a karfiol, a dió?

   Muster: A citrom sárga.

8. *Setzen Sie die fehlenden Endungen in die Dialoge ein:*

   Mit vesz... (te) ma? – Zöldséget és gyümölcsöt vesz...
   Mit szeret... a vendégek? – Magyar ételt szeret...
   Rétest csinál... (én). – Mi is rétest csinál...
   Milyen bort kér... (ti)? – Magyar bort kér...
   Mennyi húst süt... (ön). – Másfél kiló húst süt...
   Hányan ebédel... (ti) otthon? – Négyen ebédel...

52

9. *Nennen Sie das Subjekt der Sätze:*

   Muster: Krumplit veszek.
   Krumplit veszek (én).

   Ügyes fiúk vagytok. Szorgalmasak vagyunk. Sokan állnak és ülnek. Ma lusta vagyok. Sokat beszélgetünk. Igen kedves vagy. Mit tanultok? Milyen könyvet olvasol?

10. *Bilden Sie aus folgenden Adverbien das Adjektiv im Singular und Plural.*

    Muster: sorgalmasan – szorgalmas – szorgalmasak

    szépen, rosszul, csúnyán, szigorúan, ügyesen, édesen, kellemesen

11. *Sagen Sie, daß Sie Englisch, Russisch und Spanisch lernen.*

4A

🎧 4A Text (Szöveg)

A hétköznapok

Kati hétköznap fél hétkor kel.
Megmosakodik, fogat mos, felöltözik, megfésülködik, reggelizik.

Általában csak egy zsemlét eszik és megiszik egy teát. Mindig siet.
A gyerekek negyed nyolckor indulnak el, Kati fél nyolckor. Nyolc órakor kezd dolgozni.

Fél egykor ebédszünet van. Néha meleget, néha hideget ebédel. A szünet jólesik, mert hosszú a munkanap.
Délután Kati gyorsan bevásárol. Majdnem minden nap kell valamit venni: ennivalót, innivalót, háztartási cikket, stb.

Hazamegy és pihen egy kicsit.
Amikor az egész család otthon van, vacsoráznak.

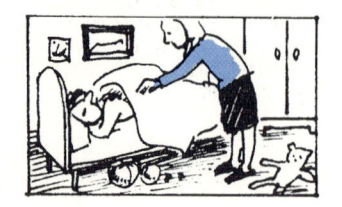

Este még a háztartási munkát kell csinálni.
Jó, hogy mindenki segít.
Nyolc órakor lefekszenek a gyerekek. Mindig gyorsan elalszanak.

4A

Általában Kati is fáradt, de szeret még egy kicsit olvasni, zenét hallgatni, tévét nézni vagy rádiót hallgatni.
Éjfélkor ő is lefekszik és alszik.

hétköznap (-ok, -ot)	Alltag; alltags	(haza-)megy (menni)	(nach Hause) gehen
(fel-)kel	aufstehen; aufgehen (Himmelskörper)	haza (Adv.)	nach Hause
		haza (´-k, ´-t)	Heimat
(meg-)mosakodik	sich waschen	pihen	ausruhen
fog (-ak, -at)	Zahn	amikor (temp. Konj.)	wenn
mos	waschen	vacsorázik	zu Abend essen
(fel-)öltözik	sich anziehen	segít (segíteni)	helfen
(meg-)fésülködik	sich kämmen	lefekszik	sich hinlegen, schlafen gehen
reggelizik	frühstücken		
zsemle (´-k, ´-t)	Brötchen, Semmel	fekszik (feküdni)	liegen
(meg-)eszik (enni)	(auf-)essen	elalszik	einschlafen
(meg-)iszik (inni)	(aus-)trinken	alszik (aludni)	schlafen
mindig	immer	fáradt (-ak)	müde (erschöpft)
siet	eilen, in Eile sein	zene (´-t)	Musik
gyerek (-ek, -et)	Kind	hallgat	hören; schweigen
gyermek (-ek, -et) (ge-hoben)	Kind	tévé (´-k, -t), TV	Fernsehen; Fernseher
		néz	schauen, sehen
negyed (-ek, -et)	Viertel; viertel	rádió (-k, -t)	Radio
(el-)indul	losgehen	éjfél (-t)	Mitternacht
dolgozik	arbeiten		
ebédszünet	Mittagspause	jön	kommen
ebéd (-ek, -et)	Mittagessen	megy (menni)	gehen
szünet (-ek, -et)	Pause	szabad	dürfen
meleg (-ek)	warm	szabad (-ok, -ot)	frei; das Freie, freie Natur
hideg (-ek)	kalt		
jólesik	guttun	tud	können; wissen
esik	fallen	akar	wollen
hosszú (-ak)	lang	tilos (-ak)	verboten
munkanap (-ok, -ot)	Arbeitstag	muszáj	es muß sein
munka (´-k, ´-t)	Arbeit	mikor?	wann?
délután (-ok, -t)	Nachmittag; nachmittags	háromnegyed	dreiviertel
		perc (-ek, -et)	Minute
gyors (-ak)	schnell		
(be-)vásárol	(ein-)kaufen	rövid (-ek)	kurz
majdnem	fast	álmos (-ak)	müde (schläfrig)
kell (kelleni)	müssen	kerékpározik	Fahrrad fahren
ennivaló (-k, -t)	Essen	labdázik	Ball spielen
innivaló (-k, -t)	Trinken	gyalogosforgalom	Fußgängerverkehr
háztartás (-ok, -t)	Haushalt	gyalogos (-ok, -t)	Fußgänger
cikk (-ek, -et)	Artikel (Ware); Zeitungsartikel	gyalog	zu Fuß
		forgalom (forgalmat)	Verkehr
stb.	usw.		

55

4B

4B Grammatik (Nyelvtan)

1. Die Konjugation von jön *kommen* und megy *gehen*

Beachten Sie die Lautveränderungen im Stamm:

	jön	megy
(én)	jövök	megyek
(te)	jössz	mész
(ő, ön)	jön	megy
(mi)	jövünk	megyünk
(ti)	jöttök	mentek
(ők, önök)	jönnek	mennek

2. Die Konjugation der ik-Verben

Eszik *essen*, **iszik** *trinken*, **fésülködik** *sich kämmen* usw. sind in der 3. Pers. Sg. nicht endungslos wie die bisher behandelten Verben, sondern haben dort die Endung **-ik**. Die Stämme lauten also: **esz-, isz-, fésülköd-**. Die Konjugation der ik-Verben weist nur geringe Unterschiede zu den bereits bekannten auf. Achten Sie besonders auf die 1. und 2. Pers. Sg. und vergleichen Sie mit 3B4:

	eszik	iszik	fésülködik
(én)	eszem	iszom	fésülködöm
(te)	eszel	iszol	fésülködöl
(ő, ön)	eszik	iszik	fésülködik
(mi)	eszünk	iszunk	fésülködünk
(ti)	esztek	isztok	fésülködtök
(ők, önök)	esznek	isznak	fésülködnek

3. ik-Verben mit Lautveränderung im Stamm

Bei den Verben vom Typ **alszik** *schlafen* existieren zwei Stammvarianten, die in der 2. und 3. Pers. Pl. auch beide gebräuchlich sind: **alszotok ≈ alusztok, alszanak ≈ alusznak**. Es genügt jedoch, wenn Sie die erste Form aktiv beherrschen:

	alszik	fekszik *liegen*
(én)	alszom	fekszem
(te)	alszol	fekszel
(ő, ön)	alszik	fekszik
(mi)	alszunk	fekszünk
(ők, önök)	alszotok	feksze tek
	alszanak	fekszenek

4. Der Infinitiv

Der Infinitiv kann aus allen Verben gebildet werden. Die Endung lautet ausnahmslos **-ni**. Die Infinitivform trägt – wie im Deutschen – die Bedeutung des entsprechenden Verbstamms ohne Personenbezug:

Tanul**ni** mindig jó.   *Lernen ist immer gut.*

In den meisten Fällen steht zwischen Verbstamm und Endung **-ni** kein Bindevokal:

ülni, beszélni, beszélgetni, tanulni, kívánni, fésülködni

Endet der Stamm jedoch auf **-ít** oder zwei Konsonanten, treten **-a-** oder **-e-** dazwischen:

kezd**e**ni   *beginnen,*   tanít**a**ni, készít**e**ni

● Ausnahme: állni

Lautveränderung bei einsilbigen Verbstämmen mit -sz im Auslaut:	vesz	→	venni
	eszik	→	enni
	lesz	→	lenni

Beim Verbtyp **alszik** tritt folgende Lautveränderung ein: **-sz-** → **-u/ü-d-**	alszik	→	aludni
	fekszik	→	feküdni

Unregelmäßige Infinitivbildung:	van/lesz	→	lenni (!)
	megy	→	menni

Bei regelmäßigen Verben kann von der Infinitivform auf die Konjugationsformen geschlossen werden:

kezd-**e**-ni   – (te) kezd-**e**-sz, (ők, önök) kezd-**e**-nek
tanít-**a**-ni   – (te) tanít-(**a**)-sz, (ők, önök) tanít-**a**-nak

Ab sofort wird die Infinitivform in der Wortliste genannt, sofern sie nicht regelmäßig aus Wortstamm + **-ni** gebildet wird.

5. Infinitivkonstruktionen

Die Wörter **kell** *müssen,* **szabad** *dürfen,* **szeret** *mögen,* **tud** *können,* **akar** *wollen,* **tilos** *verboten sein,* **muszáj** *es ist ein Muß* u.a. stehen oft mit Infinitivformen:

Kell tanulni.	*Man muß lernen.*
Szabad tanulni.	*Man darf lernen.*
Szeretek tanulni.	*Ich lerne gern.*
Tudok tanulni.	*Ich kann lernen.*
Akarok tanulni.	*Ich will lernen.*
Tanulni tilos.	*Es ist verboten zu lernen.*
Muszáj tanulni.	*Lernen ist ein Muß.*

6. Einige Verbalpräfixe

fel-	*(hin)auf-*	**le-**	*hinunter, nieder-*
be-	*hinein-*	**ki-**	*hinaus-*
össze-	*zusammen-*		
vissza-	*zurück-*		
el-	*weg-* (oft bedeutungsleer)		
meg-	(fast immer bedeutungsleer)		

Bedeutungsleere Verbalpräfixe sind Träger grammatischer oder wortbildender Funktionen, vergleichbar etwa mit dt. *er-, ver-* usw. **Meg-** verändert die Bedeutung des Verbs oft nicht, sondern drückt aus, daß die Handlung ein konkreter und abgeschlossener Akt ist, z.B.:

> Szeretek teát **inni**.   *Ich trinke gern Tee.*
> (allgemeine Aussage)
>
> Minden reggel **megiszom** egy teát.
> *Jeden Morgen trinke ich einen Tee (vollkommen aus).*
> (konkreter Akt)
>
> A gyerek nem szeret **mosakodni**, de minden reggel **megmosakodik**.
> *Das Kind wäscht sich nicht gern, aber es wäscht sich jeden Morgen.*

Lexikalisch verschmelzen Verbalpräfix und Verbstamm zu einem Wort, im Satz aber bleibt das Präfix relativ selbständig. Ist ein präfigiertes Verb das Prädikat im Satz, z.B.:

> A gyerekek elindulnak.   *Die Kinder gehen los.*

und soll ein anderes Satzglied besonders hervorgehoben werden, dann gehört dieses Satzglied unmittelbar vor das Verb; das Präfix muß in diesem Falle die Position für das meistbetonte Satzglied (im folgenden Beispiel fett gedruckt) freimachen und steht deshalb hinter dem Verb:

> **Kik** indulnak el? – **A gyerekek** indulnak el.

Infinitivkonstruktionen mit präfigiertem Verb:

Fel kell jönni. *Man muß hinaufkommen.*
Le szabad ülni? *Darf man sich hinsetzen?*
Be szeretünk menni. *Wir möchten hineingehen.*
Ki tudnak jönni. *Sie können herauskommen.*
Össze akarunk jönni. *Wir wollen zusammenkommen.*
Vissza szeretnek jönni. *Sie möchten zurückkommen.*
El kell alduni. *Man muß einschlafen.*
Meg szeretek mosakodni. *Ich möchte mich waschen.*

Aber: Bemenni tilos. *Es ist verboten hineinzugehen.*
Muszáj elindulni. *Man muß losgehen/abfahren.*

Das meistbetonte Satzglied steht immer direkt vor dem Hilfsverb, so z.B. **nem** bei der Verneinung und das Fragewort im Fragesatz; Präfix und Verb stehen dann wieder zusammen:

Nem kell feljönni.	Miért kell feljönni?
Nem szabad leülni?	Miért szabad leülni?
Nem szeretünk bemenni.	Miért szerettek bemenni?
Nem tudnak kijönni.	Hol tudnak kijönni?
Nem akarunk összejönni.	Miért akartok összejönni?
Nem szeretnek visszajönni.	Miért szeretnek visszajönni?
Nem kell elaludni.	Miért kell elaludni?
Nem szeretek megmosakodni.	Miért szeretnek megmosakodni?

Steht ein präfigiertes Verb in einer Entscheidungsfrage, genügt allein das Präfix, um zu bejahen, z.B.:

Eljössz ma este? – El. *Ja.*
Összejöttök holnap? – Össze. *Ja.*

7. Die Temporalbestimmung mit der Endung -kor

Die Endung **-kor** wird verwendet, um einen Zeitpunkt, vornehmlich eine Uhrzeit auszudrücken. Sie wird ohne Bindevokal an Zahlwörter und einige Substantive angefügt.

Mikor?	*Wann?*			
Egykor.	*Um eins.*	–	Egy órakor.	*Um ein Uhr.*
Kettőkor.		–	Két órakor.	
Háromkor.		–	Három órakor.	
Négykor.		–	Négy órakor.	

4B/4C

Ötkor.	–	Öt órakor.
Hatkor.	–	Hat órakor.
Hétkor.	–	Hét órakor.
Nyolckor.	–	Nyolc órakor.
Kilenckor.	–	Kilenc órakor.
Tízkor.	–	Tíz órakor.

Mikor?	Negyed nyolckor.	*Viertel acht.*
	Fél nyolckor.	*Halb acht.*
	Háromnegyed nyolckor.	*Dreiviertel acht.*
	Egy óra tíz perckor.	*Um ein Uhr zehn.*

4C Sprachgebrauch (Nyelvhasználat)

1. Antonyme

hideg ≠ meleg
hosszú ≠ rövid *kurz*

Auch die Verben **jön** und **megy** können als Antonyme aufgefaßt werden; ähnlich wie bei **itthon** und **otthon** (1B3) schließen sie die Perspektive des Sprechers ein, z.B.:

> **Jössz** ma este? – Igen, **megyek**.
> *Kommst du heute abend? – Ja, ich komme (wörtl.: ich gehe).*

2. Lose Wortzusammensetzungen
   jön-megy und összevissza

Jön-megy drückt Betriebsamkeit aus; mit **összevissza** wird gern ein Durcheinander bezeichnet, z.B.:

Jönnek-mennek. *Es ist ein Kommen und Gehen.*
Minden **összevissza** van. *Alles ist durcheinander.*
Péter összevissza beszél. *Peter redet wirr.*

3. Fáradt vagy álmos?   *Müde oder schläfrig?*

Fáradt vagyok, tehát pihenni kell.
Álmos vagyok, tehát aludni kell.

4. Hallgat, *hören* und *schweigen*

Este szeretek zenét **hallgatni**.   *Abends höre ich gern Musik.*
Anna beszél, de Péter csak **hallgat**.   *Anna redet, doch Peter schweigt nur.*

5. Stb. *usw.*

(é)s a többi → satöbbi → **stb.**
(Bedeutung)   (Aussprache)   (Schreibweise)

6. Falsche Freunde

tej   *Milch*   tea [tɛɔ]   *Tee*

A gyerekek tejet isznak.   Kati teát iszik.

7. Verbote

4D Übungen (Gyakorlatok)

1. *Setzen Sie in folgendem Dialog die fehlenden Endungen ein:*

   Muster: Mikor kel**sz** reggel? – Fél hétkor kel**ek**.

   Mit csinál... reggel? – Felkel..., megmosakod..., felöltöz... és reggeliz...
   Mit reggeliz...? – Általában keveset esz..., de egy kávét mindig megisz...
   Mikor kezd... dolgozni? – Nyolc órákor.
   Mikor ebédel...? – Fél egykor ebédel...
   Mit csinál... délután? – Általában bevásárol..., néha egy kicsit pihen... is.
   Este meleget vacsoráz...? – Nem, este nem főz...
   Sok a háztartási munka? – Elég sok, de a gyerekek segít...
   Mikor feksz... le? – Tízórakor feksz... le.

2. *Setzen Sie die fehlenden Infinitivendungen ein:*

   Le szabad ül...? Akarsz valamit (eszik)? Mit szabad (iszik) ...? Holnap kell tanít...? Igen, kell, de én szeretek (dolgozik). Főz... is szeretsz? Holnap este galuskát akarok készít..., tudsz segít...? Mikor akarsz kezd...? Nyolc órákor jönnek a vendégek, tehát hétkor kezdünk főz...

3. *Sagen Sie auf Ungarisch:*

   Darf man sich setzen? Man muß sich beeilen. Magst du morgens Kaffee trinken? Mögen Sie morgens Tee trinken? Kannst du backen? Können Sie englisch lesen?

4. *Setzen Sie die fehlenden Verbalpräfixe ein:*

   Anna reggel ...kel, gyorsan ...mosakodik és ...öltözik. ...eszik egy zsemlét es ... iszik egy teát. Nyolc órákor ...indul. A gyerekek ...vásárolnak. Este mindig fáradtak és gyorsan ... alszanak. Éjfélkor mi is ...fekszünk.

5. *Lesen Sie den Text unter 4A noch einmal und beantworten Sie dann folgende Fragen möglichst ohne zurückzublättern:*

   Mikor kel Kati? Mit reggelizik? Mikor indul el dolgozni? Milyen a munkanap? Általában mit kell bevásárolni? Mikor vacsoráznak? Milyen munkát csinálnak otthon? Mit szeret Kati este csinálni?

6. *Beantworten Sie die Fragen entsprechend der angezeigten Uhrzeit:*

    Mikor jönnek a vendégek?
    Mikor indulunk bevásárolni?
    Mikor kezdünk főzni?
    Mikor öltözünk fel?
    Mikor kezdünk vacsorázni?
    Mikor fekszünk le?

    19:15 16:45 17:30
    18:45 19:30 00:00

7. *Setzen Sie **fáradt** oder **álmos** ein:*

    ... vagy, le akarsz feküdni? – Nem vagyok ..., csak egy kicsit ..., pihenni akarok. Biztos ... vagy, nem akarsz egy kicsit pihenni? De igen. Le akarok feküdni, mert ... is vagyok.

8. *Nennen Sie die jeweilige Bedeutung des Verbs **hallgat**:*

    Amikor a tanár beszél, a diákok hallgatnak. Mindenki beszélget, csak Péter hallgat. Minden este hallgatok egy kis zenét. Nem szeretek tévét nézni, inkább rádiót hallgatok.

9. *Konjugieren Sie die Verben **reggelizik** (frühstücken) und **vacsorázik** (zu Abend essen).*

10. *Bilden Sie den Infinitiv von **örül, vár, kér, iszik** und **segít**.*

5A

🎧 5A Text (Szöveg)

A híres magyar halászlé

(Forrás: Magyarország gyerekeknek, Forma-Art Budapest)

Hozzávalók: 1,5kg ponty
1 kg apró hal
2 nagy fej vöröshagyma
2–3 kávéskanál pirospaprika
1 zöldpaprika
1 nagy paradicsom
1 közepes burgonya
1 fehérrépa
1 sárgarépa
ízlés szerint bors, cseresznyepaprika és só

A halakat megtisztítjuk, a pontyot felszeleteljük, besózzuk és félretesszük. Az apró halakat, a hagymát és a répát feldaraboljuk és feltesszük. Annyi vizet használunk, hogy a haldarabok „úsznak" benne. Nagyon lassan főzzük az egészet. Kb. két óra után leszűrjük és átpasszírozzuk.

A paradicsomot és a paprikát feldaraboljuk és beletesszük. Most belerakjuk a pontyszeleteket és továbbfőzzük. Ahol feljön a halzsír, ott pirospaprikát szórunk rá. Ízlés szerint borsot, cseresznyepaprikát keverünk bele. Megsózzuk és kb. 20–25 perc után tálaljuk.

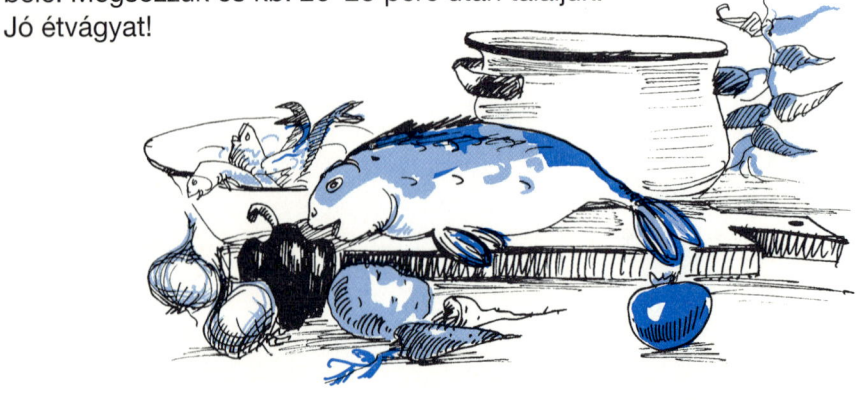

Jó étvágyat!

5A

híres (-ek)	berühmt	leszűr	abseien
halászlé (-k, -t)	Fischsuppe	szűr	sieben, filtern
hozzávaló (-k, -t)	Zutaten	átpasszíroz	durchpassieren
ponty (-ok, -ot)	Karpfen	beletesz	hineintun
apró (-k)	klein, winzig	belerak	hineintun
hal (-ak, -at)	Fisch	rak	legen; laden
fej (-ek, -et)	Kopf, hier: Stück	tovább	weiter
kávéskanál	Kaffeelöffel	zsír (-ok, -t)	Fett
kanál (kanalak, kanalat)	Löffel	(rá-)szór	(darauf-)streuen
közepes (-ek)	mittlerer; mittelgroß	belekever	hineinrühren
burgonya (ˊ-k, ˊ-t)	Kartoffel	kever	rühren, mischen
fehérrépa (ˊ-k, ˊ-t)	Petersilienwurzel	tálal	servieren
ízlés (-ek, -t)	Geschmack	Jó étvágyat!	Guten Appetit!
szerint (Postpos.)	nach, entsprechend	étvágy (ˊ-at)	Appetit
bors (-ok, -ot)	Pfeffer		
cseresznyepaprika (ˊ-k, ˊ-t)	Kirschpaprika	olvas	lesen
		egymás (-t)	einander
cseresznye (ˊ-k, ˊ-t)	Süßkirsche		
só (-k, -t)	Salz	csokoládé (ˊ-k, ˊ-t)	Schokolade
(meg-)tisztít (-ani)	säubern, putzen	szabadság (-ok, -ot)	Freiheit; Urlaub
(fel-)szeletel	in Scheiben schneiden	jelent (-eni)	bedeuten
szelet (-ek, -et)	Scheibe	olyasmi (-k, -t) (Dempron.)	so etwas
(be-)sóz	(ein-)salzen		
félretesz	beiseitelegen	puszta (ˊ-k, ˊ-t)	Puszta, Ödland; öde
tesz (tenni)	tun, legen	sör (-ök, -t)	Bier
(fel-)darabol	zerstückeln	cigaretta (ˊ-k, ˊ-t)	Zigarette
darab (-ok, -ot)	Stück	borozik	Wein trinken
feltesz	aufsetzen (Speise auf den Herd)	sörözik	Bier trinken
		kávézik	Kaffee trinken
annyi/ennyi (-t) (Dempron.)	soviel	teázik	Tee trinken
		szív	saugen, einatmen
használ	verwenden	cigarettázik	Zigaretten rauchen
úszik	schwimmen	talál	finden
benne (Adv.)	darin	olcsó (-k)	billig
lassú (-ak, lassan)	langsam	halomba	hier: zuhauf
körülbelül, kb.	ungefähr, ca.	halom (halmok, halmot)	Haufen
után (Postpos.)	nach		

5B Grammatik (Nyelvtan)

1. Der Akkusativ der Personalpronomen

Nominativ:		Akkusativ:	
	én		engem
	te		téged
	ő		őt
Ki? *Wer?*	ön	Kit? *Wen?*	önt
	mi		minket, bennünk(et)
	ti		titeket, bennetek(et)
	ők		őket
	önök		önöket

2. Die bestimmte Konjugation Präsens

Im Ungarischen werden zwei verschiedene Konjugationssysteme verwendet; das erste, Ihnen bereits bekannte, verweist lediglich auf Person und Zahl des Subjekts, daher „subjektive" Konjugation (oder „unbestimmte", da sie auch bei unbestimmten Objekten verwendet wird). Das zweite deutet darüber hinaus noch ein im Satz genanntes oder hineininterpretierbares bestimmtes Objekt an, daher „objektive" oder „bestimmte" Konjugation. Die bestimmte Konjugation wird nur bei transitiven Verben (die nicht ohne Objekt vorkommen) verwendet.

unbest. Konjug.:	Mit látsz? *Was siehst du?*
	Házat látok. *Ich sehe ein Haus.*
	Látok egy házat. *Ich sehe ein Haus*
	(über das nichts Näheres bekannt ist).
	Házakat látok. *Ich sehe Häuser*
	(über die nichts Näheres bekannt ist).
best. Konjug.:	Látom a házat. *Ich sehe das Haus*
	(von dem bereits die Rede war).
	Látom a házakat. *Ich sehe die Häuser*
	(von denen bereits die Rede war).

3. Die Suffixe der bestimmten Konjugation

Verbstämme mit dunklen Vokalen:

	lát	olvas	iszik	sóz
(én)	lát**om**	olvas**om**	isz**om**	sóz**om**
(te)	lát**od**	olvas**od**	isz**od**	sóz**od**
(ő, ön)	lát**ja**	olva**ssa**	i**ssza**	só**zza**
(mi)	lát**juk**	olva**ssuk**	i**sszuk**	só**zzuk**
(ti)	lát**játok**	olva**ssátok**	i**sszátok**	só**zzátok**
(ők, önök)	lát**ják**	olva**ssák**	i**sszák**	só**zzák**

Enden Wortstämme auf -**s**, -**sz** und -**z**, so entfällt das -**j**- des Suffixanfangs, -**s** wird zu -**ss**-, -**sz** zu -**ssz**- und -**z** zu -**zz**-.

Verbstämme mit hellen Vokalen:

	kér	süt	eszik	néz
(én)	kér**em**	süt**öm**	esz**em**	néz**em**
(te)	kér**ed**	süt**öd**	esz**ed**	néz**ed**
(ő, ön)	kér**i**	süt**i**	esz**i**	néz**i**
(mi)	kér**jük**	süt**jük**	e**sszük**	néz**zük**
(ti)	kér**itek**	süt**itek**	esz**itek**	néz**itek**
(ők, önök)	kér**ik**	süt**ik**	esz**ik**	néz**ik**

Bei der bestimmten Konjugation wird nicht zwischen ik-losen und ik-Verben unterschieden.

4. Bestimmtheit und Unbestimmtheit des Objekts

Bestimmte Objekte sind:

- Eigennamen, z.B.: Látom **Pétert**.
- Wörter mit bestimmtem Artikel, z.B.: Látom **a házat**.
- Die Personalpronomen der 3. Pers., z.B.: Látom **őt/önt/őket/önöket/magát/magukat**.
- Die Demonstrativpronomen **ezt, azt, ezeket, azokat**, z.B.: **Ezeket** a házakat látom. **Azt** a házat látom, amelyik ott van. Látom **(azt)**, hogy ott van a ház. *Ich sehe, daß das Haus dort ist.*
- Das Pronomen **egymást** *einander*, z.B: Látják **egymást**. *Sie sehen einander.*

5B

- Wörter mit Possessivsuffix sowie die Reflexiv- und Possessivpronomen (siehe Lektionen 6 und 7)
- Wörter mit dem Hervorhebungszeichen -ik, wie **melyiket?**, z.B.: **Melyiket** kéred? *Welche(n/s) möchtest du?*

5. Die Personalpronomen als Objekt

Bei Personalpronomen der 1. und 2. Pers. als Objekt steht die unbestimmte, bei Personalpronomen der 3. Pers. als Objekt die bestimmte Konjugation, z.B.:

> Anna lát engem.
> Anna lát téged.
> Anna látja őt/önt.
> Anna lát minket.
> Anna lát titeket.
> Anna látja őket/önöket.

Ein Spezialfall tritt ein, wenn das Subjekt in der 1. Pers. Sg. (én) und das Objekt in der 2. Pers. Sg. oder Pl. (téged; titeket/benneteket) steht; dann erhält das Verb die Endung **-lak/lek**, z.B.:

> Látlak (téged).   *Ich sehe dich.*
> Látlak (titeket).   *Ich sehe euch.*
> Látlak (bennetek).   *Ich sehe euch.*

Oft bleibt das Objekt (engem, téged, önt, minket, usw.) ungenannt, da es aus der Verbform und dem Kontext hervorgeht, z.B.:

> Látsz? – Látlak.   *Siehst du mich/uns? – Ich sehe dich/euch.*

6. Postpositionen (siehe auch Lektion 10)

Sie erfüllen Funktionen wie im Deutschen die Präpositionen (*an, auf, hinter*, usw.), jedoch stehen sie im Ungarischen **nach** dem Substantiv, z.B.:

> ízlés **szerint**   *nach Geschmack*
> Péter **szerint**   *Peters Ansicht nach, wie Peter meint*
> egy óra **után**   *nach einer Stunde*
> Ebéd **után** kávét kérünk.   *Nach dem Mittagessen möchten wir Kaffee.*

5C Sprachgebrauch (Nyelvhasználat)

1. Das transitive Verb vár *(er-)warten*

Péter vár engem. *Peter erwartet mich/wartet auf mich.*
Péter vár téged. *Peter erwartet dich/wartet auf dich.*
Péter vár egy lányt. *Peter erwartet ein Mädchen/wartet auf ein Mädchen.*
Péter várja Annát. *Peter erwartet Anna/wartet auf Anna.*
Péter vár bennünket. *Peter erwartet uns/wartet auf uns.*
Péter vár benneteket. *Peter erwartet euch/wartet auf euch.*
Péter lányokat vár. *Peter erwartet Mädchen/wartet auf Mädchen.*
Péter várja a lányokat. *Peter erwartet die Mädchen/wartet auf die Mädchen.*

Vársz (engem)? – Várlak.
Wartest du auf mich. – Ja, (ich warte auf dich).
Vártok (engem/minket)? – Várunk (téged/titeket).
Wartet ihr auf mich/uns? – Ja, (wir warten auf dich/euch).
Engem vár? – Önt várom.
Warten Sie auf mich? – Ja, auf Sie (warte ich).

Anna gyereket vár. *Anna erwartet ein Kind.*

2. Versteckte Objekte

In Relativsätzen werden die Demonstrativpronomen oft nicht genannt, können aber hineininterpretiert werden. Handelt es sich dabei um **azt** oder **azokat**, steht das Verb in der bestimmten Konjugation, z.B.:

> Tudom (azt), hogy itt vagy. *Ich weiß, daß du hier bist.*
> Szeretem (azt), amit főzöl. *Ich mag (das), was du kochst.*
> Várom (azt), hogy jössz. *Ich warte darauf, daß du kommst.*
> Látom (azt), hogy sietsz. *Ich sehe, daß du in Eile bist.*

Grammatische Regeln werden nicht stur angewendet; in manchen Fällen wirkt sich der tiefere Sinn der Aussage auf die grammatischen Formen aus, z.B.:

Azt csinálok, amit akarok. *Ich mache (das), was ich will.*

(Unbestimmte Konjugation, da etwas Nicht-Definitives – was mir gerade so einfällt – gemeint ist.)

5C

Aber: A jó gyerek **azt csinálja**, amit az édesanya akar.
Ein gutes Kind macht (das), was die Mutter will.

(Bestimmte Konjugation, da etwas Definitives – alles, was die Mutter für richtig hält – gemeint ist.)

> A szabadság nem azt jelenti, hogy azt csinálok, amit akarok, hanem azt, hogy nem csinálok olyasmit, amit nem akarok.
> (Bródy János)

(Forrás: Mai nap, 1993. XI. 20, 7. od)

3. Kérem. Kérlek.

Kérem szépen. Bitte schön. wörtl.: *Ich bitte Sie sehr.*
Kérlek szépen. Bitte schön. wörtl.: *Ich bitte dich sehr.*

„Bitte schön" ist eine häufig verwendete Floskel, mit der der Redner die Aufmerksamkeit auf sich lenken will, z.B.:

> És ez itt – kérem szépen – a híres magyar puszta.
> *Und das hier ist – bitte schön – die berühmte ungarische Puszta.*

4. Szeretem ..., nem szertem ...

Etwas zu mögen oder nicht zu mögen ist etwas Definitives und wird deshalb im Ungarischen mit dem bestimmten Artikel und der bestimmten Konjugation ausgedrückt. So definitiv formuliert, wird es in der Regel auch sofort akzeptiert, z.B.:

Szeretem a tejet. *Ich mag Milch.*
Szeretem a bort. *Ich mag Wein.*
Nagyon szeretem a csokoládét. *Schokolode mag ich sehr.*
Nem szeretem a kávét. *Ich mag keinen Kaffee.*
Nem szeretem a sört. *Ich mag kein Bier.*
Nem szeretem a cigarettát. *Ich mag keine Zigaretten.*

5. Einige -ik-Verben für spezielle Genüsse

bort iszik	≈ **borozik**	*Wein trinken*
sört iszik	≈ **sörözik**	*Bier trinken*
kávét iszik	≈ **kávézik**	*Kaffee trinken*
teát iszik	≈ **teázik**	*Tee trinken*
cigarettát szív	≈ **cigarettázik**	*Zigaretten rauchen*

6. Leicht zu verwechseln

bors
Egy kis borsot kérek.
Bitte etwas Pfeffer.

borsó
Fél kiló borsót kérek.
Ein Pfund Erbsen bitte.

tálal
Most tálaljuk az ebédet.
Jetzt servieren wir das Mittagessen.

talál
Nem találom Annát.
Ich finde Anna nicht.

7. Egy kis vers *(ein kleines Gedicht)*

Olcsó az alma,
Itt van halomba,
Aki veszi, meg is eszi,
Olcsó az alma!

(Forrás: Weöres Sándor: Bóbita, Móra Ferenc könyvkiadó, Budapest 1978, 54. od.)

Sprechen Sie die Verse rhythmisch wie auf der Cassette. Lernen Sie den kleinen Text auswendig.

5D Übungen (Gyakorlatok)

1. *Setzen Sie das in Klammern angegebene Personalpronomen im Akkusativ ein:*

   (Én) vársz? Igen, (te) várlak. (Ő) is várod? Nem, hanem (ők). Miért vársz (mi)? (Ti) azért várok, mert nem akarok egyedül ebédelni.

2. *Setzen Sie die fehlenden Verbendungen ein:*

   Azt beszél... ők, hogy holnap vendégeket várnak. Mikor kezd... (te) az új munkát? Még ma kezd... (én, az új munkát). Szeret... (ti) a galuskát? Igen, szeret... (mi, a galuskát). Én megfőz... a húst és ők megcsinál... a salátát. Ki süt... meg a rétest? Anna tud... a rétest megsütni.

3. *Setzen Sie die fehlenden Verbendungen ein, verwenden Sie die jeweils richtige Konjugation!*

   Kati ebédet készít... – Ma Kati készít... az ebédet.
   Mit csinál... (te)? – Házi feladatot csinál... (én). – Megcsinál... (én) a házi feladatot.
   Mit vesz... (mi)? – Gyümölcsöt vesz... (mi). – Megvesz... (mi) ezt a szép narancsot.
   Mit lát... (ők)? – Sok zöld fát lát... (ők). Azt a fát is lát... (ők), amelyik már nem zöld.

4. *Setzen Sie die fehlenden Verbendungen ein:*

   Anna és Péter ebédel... – Mit szeret... (te) inni, Anna? – Még nem tud... – Sörök van... és borok. – A sört nem szeret... (én), tehát bort kér... – Jó, én is jobban szeret... a bort. A vörös bor biztos nagyon jó. Ezt kér... (mi). És mit (eszik, mi)? – Én egy levest kér..., nagyon szeret... a leveseket. – Én nem kér... levest, de valami jó húst akar... enni. Te is kér... húst? Nem nagyon szeret... a húst, inkább halat kér...

5. *Suchen Sie alle Verben im Text 5A heraus und stellen Sie fest, welche Konjugation verwendet wurde. Begründen Sie die Wahl der Konjugation anhand der Stichworte unter 5B4!*

   > **Muster:** **megtisztítjuk: best. Konjug., weil Objekt mit bestimmtem Artikel (a halakat).**

6. *Setzen Sie die fehlenden Verbendungen ein. Beachten Sie das jeweilige Objekt im Satz!*

   Szabó Ferenc engem tanít... Téged is tanít... (ő)? Nem, engem nem tanít..., de Pétert tanít... A lányokat is Szabó Ferenc tanít...
   Miért néz... (te) engem? – Azért néz... (én téged), mert nagyon szép vagy ma. Miért nem őt néz... (te)? Őt azért nem néz... (én), mert ő nem szép.

5D

7. *Sagen Sie folgende Sätze in allen Personen Sg. und Pl.:*
   Tanulom a magyart. Kezdem az órát. Felteszem a vizet.

8. *Übersetzen Sie:*
   Kérlek. Szeretlek. Tanítlak.

9. *Setzen Sie die Postpositionen* **szerint** *oder* **után** *ein:*
   Anna ... szépen írok. Reggeli ... általában sietünk. Péter ... kellemesek a vendégek. Karácsony ... iskolai szünet van. Az ünnepek ... egy kicsit pihenni kell. Ízlés ... sózzuk a levest.

10. *Setzen Sie die fehlenden Endungen ein, achten Sie auf das versteckte Objekt:*
    Ferenc nem tud..., mikor jövünk. Én tud..., miért nem jó a leves. Tud... (ti), mit ebédelünk? Szeret... (te), ha én főzök? Anna nem szeret..., ha sok sót és borsot használunk. A lányok szeret..., ha a fiúk vár... őket.

11. *Antworten Sie mit „Nein danke, ich mag das nicht."*
    Muster: **Kérsz bort? –**
    Köszönöm, nem kérek bort. Nem szeretem a bort.
    Kérsz zsemlét? Kérsz teát? Kérsz meleg ebédet? Kérsz sört? Kérsz csokoládét?

12. *Antworten Sie nach folgendem Muster:*
    Muster: **Szeret zenét hallgatni? –**
    Nem szeretek zenét hallgatni.
    Szeret tévét nézni? Szeret rádiót hallgatni? Szeret kávét inni? Szeret vásárolni?

13. *Fragen Sie nach folgendem Muster:*
    Muster: **karfiol – Milyen karfiolt kér: kicsit, nagyot vagy közepest?**
    fejes saláta, dinnye, uborka, sárgarépa, paprika, hagyma

14. *Beantworten Sie die Fragen mit der in Klammern angegebenen Menge:*
    Hány darab halat kell venni? (1 nagy hal és kb. 8 apró hal)
    Péter hány szelet húst eszik? (kb. 2)
    Anna hány szelet kenyeret kér? (3)
    Hány darab krumplit kérsz? (kb. 4)
    Hány darab tojást eszik? (csak 1)
    Hány szelet tortát kér? (1 vagy 2)

6A

🎧 6A   Text (Szöveg)

Minden bajom van

Kati: Mi bajod van, lányom?
Emese: Fáj a gyomrom meg a fejem. Azt hiszem, hányingerem is van.
Kati: A homlokod elég meleg. Szerintem lázad is van.
Emese: Nagyon rosszul érzem magam.
Kati: Fáj a torkod is?
Emese: A torkom nem fáj, de fáj a hátam, a lábam és a karom is. Borzasztó!
Kati: Le kell feküdnöd, Emese. Megmérem a lázad. Ezután alszol egy kicsit, ez biztos jólesik. Ha holnap is rosszul vagy, fel kell keresnünk az orvost.

Kati: Emese már alszik. Szerintem beteg.
Ferenc: Mi baja van?
Kati: Fáj a gyomra, a feje, a végtagjai, lázas is, szóval minden baja van.
Ferenc: Biztos influenzás. Már több osztálytársának van influenzája.
Kati: Talán fel kell keresnünk az orvost. Nekem azonban holnap reggel mindenképpen be kell mennem dolgozni.
Ferenc: Nem baj, majd én viszem el. Úgyis sok túlórám van. Nem probléma, ha egy kicsit később megyek be dolgozni.

baj (-ok, -t, -a)	Unheil, Leid	elvisz	mitnehmen
meg	und	visz (vinni)	nehmen
Mindem bajom van.	Ich habe alle Leiden.	úgyis	sowieso
fáj	schmerzen, wehtun	túlóra (ʹ-k, ʹ-t, ʹ-ja)	Überstunde
gyomor (gyomrok, gyomrot, gyomra)	Magen	probléma (ʹ-k, ʹ-t, ʹ-ja)	Problem
hisz (hinni)	glauben	később	später
hányinger (-ek, -t, -e)	Brechreiz	késő (-ek)	spät
homlok (-ok, -ot, -a)	Stirn	ruha (ʹ-k, ʹ-t, ʹ-ja)	Kleid(ungsstück)
láz (-ak, -at, -a)	Fieber	élet (-ek, -et, -e)	Leben
érez	fühlen	barát (-ok, -ot, -ja)	Freund; Mönch
magam(-at) (Reflexivpronomen)	mich	kert (-ek, -et, -je)	Garten
		áru (-k, -t, -ja)	Ware
torok (torkok, torkot, torka)	Hals, Kehle	test (-ek, -et, -e)	Körper
		könyv (-ek, -et, -e)	Buch
hát (-ak, -at, -a)	Rücken	kéz (kezek, kezet, keze)	Hand
láb (-ak, -at, -a)	Bein	maga (ʹ-t)	sich selbst
kar (-ok, -t, -ja)	Arm		
borzasztó (-ak)	schrecklich	testrész	Körperteil
(meg-)mér	messen	rész (-ek, -t, -e)	Teil
ezután/azután	danach	szem (-ek, -et, -e)	Auge
felkeres	aufsuchen	orr (-ok, -ot, -a)	Nase
keres	suchen	száj (-ak, -at, -a)	Mund
beteg (-ek, -et, -e)	krank; Kranker	nyak (-ak, -at, -a)	Hals, Nacken
Mi baja van?	Was fehlt ihr/ihm/Ihnen?	mell (-ek, -et, -e)	Brust
		ujj (-ak, -at, -a)	Finger
végtag (-ok, -ot, -ja) (Sg.)	Glieder, Extremitäten	fül (-ek, -et, -e)	Ohr
		váll (-ak, -at, -a)	Schulter
lázas (-ak)	fiebrig; fieberhaft	nemi szerv (-ek, -et, -e)	Geschlechtsorgan
szóval	also, kurz gesagt	has (-ak, -at, -a)	Bauch
influenzás (-ok)	Grippe haben	térd (-ek, -et, -e)	Knie
osztálytárs	Klassenkamerad	lábujj (-ak, -at, -a)	Zehe
osztály (-ok, -t, -a)	(Schul-)Klasse; Abteilung	far (-ok, -t, -a)	Gesäß
		cipő (-k, -t, -je)	Schuh
társ (-ak, -at, -a)	Kamerad, Partner	Ipafa	Ipafa (Ortsname)
influenza (ʹ-k, ʹ-t, ʹ-ja)	Grippe	pap (-ok, -ot, -ja)	Pfarrer
azonban	jedoch	pipa (ʹ-k, ʹ-t, ʹ-ja)	Pfeife
mindenképpen	auf jeden Fall		
nem baj	das macht nichts		
majd	später, dann (Futurbedeutung)		

6B Grammatik (Nyelvtan)

1. Der Genitiv-Dativ

Das Suffix **-nak/nek** kennzeichnet Genitiv und Dativ. Es steht direkt am Wortstamm bzw. nach dem Pluralsuffix, z. B.: **háznak, házaknak**.

6B

Lediglich -**a** und -**e** im Stammauslaut werden gedehnt, z.B.:
    ruha   *Kleid* → **ruhának**
    zene → **zenének**

Der Genitiv bzw. Dativ wird u.a. in der Besitzkonstruktion verwendet.

2. Besitzer und Besitztum

Das Besitzverhältnis (im Deutschen durch die Possessivpronomen *mein, dein* usw. ausgedrückt) weist im Ungarischen eine spezielle Konstruktion auf: Der Besitzende steht als Attribut vor dem Besitztum. Das **Besitztum** erhält ein auf den Besitzer bezogenes **Possessivsuffix**.

az **én** háza**m**	*mein Haus*
a **te** háza**d**	*dein Haus*
Péter háza	*Peters Haus*
a **mi** házu**nk**	*unser Haus*
a **ti** háza**tok**	*euer Haus*
a **lányok** háza	*das Haus der Mädchen*

Wird der Besitzer namentlich genannt oder steht für ihn ein Demonstrativpronomen, wird bei der vollständigen Form die Endung -**nak/nek** verwendet:

Péter háza			
Péter**nek** a háza	*Peters Haus*	an**nak** a háza	*dessen Haus*

Für die Bindevokale vor den Possessivsuffixen gelten die gleichen Regeln wie beim Pluralsuffix (siehe 2B2).

(az én)	ház-a-**m**	élet-e-**m**	barát-o-**m**	kert-e-**m**
(a te)	ház-a-**d**	élet-e-**d**	barát-o-**d**	kert-e-**d**
(az ő), (az ön) a lány/lányok	ház-**a**	élet-**e**	barát-**ja**	kert-**je**
(a mi)	ház-**unk**	élet-**ünk**	barát-**unk**	kert-**ünk**
(a ti)	ház-a-**tok**	élet-e-**tek**	barát-o-**tok**	kert-e-**tek**
(az ő)	ház-**uk**	élet-**ük**	barát-**juk**	kert-**jük**

6B

Bei Vokal im Auslaut erscheint in der 3. Pers. Sg. und Pl. ein **-j-** zwischen Stamm und Suffix; **-a** und **-e** werden zu **-á-** und **-é-** gedehnt:

áru   *Ware*: árum, árud, áruja, árunk, árutok, árujuk
ruha: ruhám, ruhád, ruhája, ruhánk, ruhátok, ruhájuk
zene: zeném, zenéd, zenéje, zenénk, zenétek, zenéjük

Oft erscheint das **-j-** auch dann, wenn der Wortstamm auf **-p, -t, -k, -b, -d, -g, -l, -r** oder **-m** endet. Eine feste Regel läßt sich hierfür nicht aufstellen:

napja, **aber:** ünnepe, képe
barátja, kertje, csontja, lisztje, kabátja, **aber:** szelete, szünete, teste
diákja, **aber:** gyereke, gyermeke, cikke
darabja, ebédje, családja, földje, padja, **aber:** negyede,
virág(j)a, **aber:** szabadsága, üvege, vendége
karfiolja
citromja
literje

Steht der Besitzende in der 3. Pers. **Pl.** (a lányok, önök), erhält das Besitztum die Endung der 3. Pers. **Sg.** (-a/e/ja/je):

a **lányok** háza   *das Haus der Mädchen*
az **önök** háza   *Ihr (Pl.) Haus*

Das Possessivsuffix der 3. Pers. Pl. wird nur verwendet, wenn der Besitzer nicht genannt wird:

a há**zuk**   *ihr/Ihr (Pl.) Haus*

oder in der Konstruktion mit Personalpronomen:

az **ő** há**zuk**   *ihr (Pl.) Haus*

● Achtung: Die Besitzenden (Pl.) werden in dieser Konstruktion durch das Personalpronomen **ő** (Sg.) ausgedrückt. Es gehört zur besonderen Logik des Ungarischen, daß es in der 3. Pers. Pl. genügt, den Plural entweder im Attribut oder im Possessivsuffix zu kennzeichnen, dies also nicht zweimal zu tun.

a	lány**ok**	há**za**	=	az	**ő**	há**zuk**
	(Pl.)	(Sg.)			(Sg.)	(Pl.)

6B

● Ausnahmen (wie bei Plural- und Akkusativsuffix):

> könyv *Buch*: könyvem, könyved, könyve, könyvünk, könyvetek, könyvük
> iradalom: irodalmam, irodalmad, irodalma, irodalmunk, irodalmatok, irodalmuk
> madár: madaram, madarad, madara, madarunk, madaratok, madaruk
> víz: vizem, vized, vize, vizünk, vizetek, vizük
> kéz *Hand*: kezem, kezed, keze, kezünk, kezetek, kezük
> kenyér: kenyerem, kenyered, kenyere, kenyerünk, kenyeretek, kenyerük
> tó: tavam, tavad, tava, tavunk, tavatok, tavuk
> ajtó: ajtóm, ajtód, ajtaja, ajtónk, ajtótok, ajtajuk
> esztendő: esztendőm, esztendőd, esztendeje, esztendőnk, esztendőtök, esztendejük

Ab sofort erscheint hinter allen Substantiven in der Wortliste neben der Plural- und Akkusativendung das Possessivsuffix der 3. Pers. Sg.

3. Das Pluralzeichen des Besitztums lautet -i-.

(az én) házaim *meine Häuser*

Bei konsonantisch auslautendem Stamm steht vor dem -i- immer das Possessivsuffix 3. Pers. Sg. **(ház-a)**, dem Pluralzeichen -i- **(ház-a-i)** folgt (außer in der 3. Pers.) das jeweilige Possessivsuffix **(ház-a-i-m)**:

(az én)	ház-a-i-m	kert-je-i-m
(a te)	ház-a-i-d	kert-je-i-d
(az ő),	ház-a-i	kert-je-i
(az ön/önök)		
a lány/lányok		
(a mi)	ház-a-i-nk	kert-je-i-nk
(a ti)	ház-a-i-tok	kert-je-i-tek
(az ő)	ház-a-i-k	kert-je-i-k

Bei vokalisch auslautendem Stamm wird -i- an den Stamm direkt angefügt, -a und -e im Auslaut werden zu -á- und -é- gedehnt:

> áru: áruim, áruid, árui, áruink, áruitok, áruik
> ruha: ruháim, ruháid, ruhái, ruháink, ruháitok, ruháik
> cseresznye: cseresznyéim, cseresznyéid, cseresznyéi, cseresznyéink, cseresznyéitek, cseresznyéik

● Ausnahme: Bei **barát** (Possessivsuffix 3. Pers. Sg.: **barát-ja**) entfällt das **-j-** im Plural: **barátaim, barátaid, barátai, barátaink, barátaitok, barátaik**.

4. Die mehrfache Possessivkonstruktion

Besitzender und Besitztum tragen ein Possessivsuffix, z.B.: **édesapám(nak a) barátja**
der Freund meines Vaters
Stehen mehrere Possessivattribute vor dem Besitztum, erhält das letzte die Dativendung
-nak/nek:

   édesapám barátjának a háza   *das Haus des Freundes meines Vaters*

5. Besitzverhältnis mit *haben*

Für das Wort *haben* steht im Ungarischen die Konstruktion:

vkinek van **vmi**je

Kinek van kertje?	**Nekem van** kert**em**. *Ich habe einen Garten.*
Wer hat einen Garten?	**Neked van** kerte**d**. *Du hast ...*
	Neki van kert**je**. *Er/sie/es hat ...*
	A lány**nak van** kert**je**. *Das Mädchen hat ...*
	Nekünk van kert**ünk**. *Wir haben...*
	Nektek van kerte**tek**. *Ihr habt ...*
	Nekik van kert**jük**. *Sie haben ...*
	A lányok**nak van** kert**jük**. *Die Mädchen haben ...*

Soll nicht der Besitzer, sondern z.B. das Besitztum hervorgehoben werden, kann das Personalpronomen im Dativ weggelassen werden:

(Nekem) van kertem.
(Neked) van kerted.
(Neki) van kertje.
(Nekünk) van kertünk.
(Nektek) van kertetek.
(Nekik) van kertjük.

Bei **Plural** des Besitztums und **Verneinung** gelten die bekannten Regeln:

(Nekem) van**nak** kert**jeim**.
(Nekem) **nincs** kertem.
(Nekem) **nincsenek** kert**jeim**.

6B

6. Das Possessivsuffix steht vor dem Akkusativsuffix:

> Szeretem a ház-**am**-**at**. *Ich liebe mein Haus.*

Als Objekt gebrauchte Substantive mit Possessivsuffix verlangen die **bestimmte Konjugation** (vgl. 5B4).

> Vár**om** a barát**om**(at).   *Ich warte auf meinen Freund.*
> Vár**od** a barát**od**(at).   *Du wartest auf deinen Freund.*
> Vár**ja** a barát**já**t.   *Er/sie/es wartet auf seinen/ihren Freund.*
> Vár**juk** a barát**unk**(at).   *Wir warten auf unseren Freund.*
> Vár**játok** a barát**otok**(at).   *Ihr wartet auf euren Freund.*
> Vár**ják** a barát**juk**(at).   *Sie warten auf ihren Freund.*

In Konstruktionen dieser Art ist die Verwendung des Suffixes -**t** zur Kennzeichnung des Akkusativs fakultativ, Ausnahme: 3. Pers. Sg.

7. Infinitiv + Possessivsuffix

Bei den Infinitivkonstruktionen wird die betreffende Person durch das Possessivsuffix am Infinitiv gekennzeichnet. **Kell** *(müssen)*, **szabad** *(dürfen)*, **tilos** *(es ist verboten)*, **muszáj** *(es ist ein Muß)* werden nicht konjugiert:

> **(Nekem)** menn**em** kell.   *Ich muß gehen.*

	menni	dolgozni	sütni	kell
(nekem)	mennem	dolgoznom	sütnöm	kell
(neked)	menned	dolgoznod	sütnöd	kell
(neki)	mennie	dolgoznia	sütnie	kell
(önnek)				
(nekünk)	mennünk	dolgoznunk	sütnünk	kell
(nektek)	mennetek	dolgoznotok	sütnötök	kell
(nekik)	menniük	dolgozniuk	sütniük	kell
(önöknek)				

Für **kell** und **szabad** gelten die Wortfolgeregeln wie unter 4B6 beschrieben, z. B.:

> **El kell mennem.**   *Ich muß gehen.*
> **Le szabad ülnöd.**   *Du darfst dich setzen.*

Bei **tilos** und **muszáj** bleibt das Präfix am Verb:

> **Tilos bemenned.** *Es ist dir verboten hineinzugehen.*
> **Muszáj hazamennie.** *Er/sie muß nach Hause gehen.*

8. Die Reflexivpronomen

Die Reflexivpronomen bestehen aus dem Wort **maga** *(selbst)*, dem Possessivsuffix und der Akkusativendung -t (außer bei der 3. Pers. Sg. ist die Endung -t fakultativ):

> **magam(at)** *(mich)*, **magad(at)** *(dich)*, **magát** *(sich)*, **magunk(at)** *(uns)*, **magatok(at)** *(euch)*, **maguk(at)** *(sich, Pl.)*

Reflexivpronomen verlangen die bestimmte Konjugation:

> Lát**om** magam. *Ich sehe mich (selbst).*
> Lát**od** magad. *Du siehst dich (selbst).*
> Lát**ja** magát. *Er/sie/es/Sie sieht/sehen sich (selbst).* (Sg.) usw.

6C Sprachgebrauch (Nyelvhasználat)

1. Körperteile (az ember testrészei)

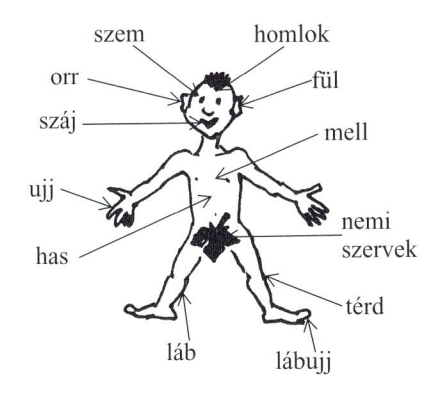

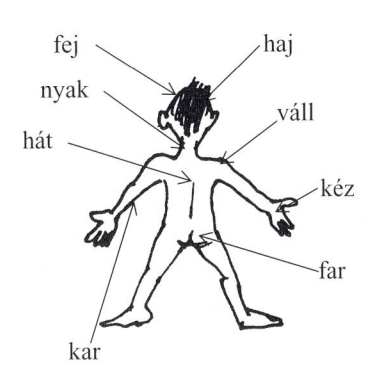

szem, homlok, orr, fül, száj, mell, ujj, nemi szervek, has, térd, láb, lábujj

fej, haj, nyak, váll, hát, kéz, far, kar

6C/6D

Beachten Sie die Possessivsuffigierung von:

> száj: szám, szád, szája,
> fül: fülem, füled, füle,
> kar: karom, karod, karja,
> kéz: kezem, kezed, keze

● Achtung! Für paarweise Körperteile und Kleidungsstücke wird die Singularform verwendet:
Új cipőt veszek.
Ich kaufe neue Schuhe.

2. **Baj**, das umgangssprachliche Wort für alle Übel:

Nagy bajom van. *Ich habe große Not/ein großes Problem.*
Minden baja van. *Ihm/ihr geht es schlecht, er/sie hat alle Leiden.*
Mi bajad (van)? *Was ist mit dir los, was hast du für Probleme?*
Ez az ő baja. *Das ist seine/ihre Sache, sein/ihr Problem.*
Nem/semmi baj. *Das macht (gar) nichts.*

3. Zungenbrecher (nyelvtörő)

Az ipafai papnak fapipája van, mert az ipafai fapipa papi fapipa.

6D Übungen (Gyakorlatok)

1. *Setzen Sie das Wort **munka** mit dem entsprechenden Possessivsuffix ein:*

   (Nekem) ma.sok ... van. Neked is olyan sok a ...? Péternek nincsen már ... (Neki) mindig kevés ... van. Az irodában (nekünk) sok ... van. Még mindig van (nekik) ... Azt hiszem, nektek is van mindig elég ...

2. *Setzen Sie das Wort **baj** mit dem entsprechenden Possessivsuffix ein:*

   (Nekem) nincs semmi ... Mi ... van (neked)? (Neki) minden ... van. (Nekünk) elég sok a ... (Nektek) nincs semmi ...? Azt hiszem, valami ... van a lányoknak.

3. *Sagen Sie, was Ihnen alles wehtun.*

   > **Muster:**   fej – Fáj a fejem.
   > szem, has, ujj, láb, fül, térd, hát

6D

4. *Fragen Sie, was einem Freund nicht alles wehtut. Achten Sie auf die spezielle Satzmelodie bei Entscheidungsfragen (siehe Einleitung, II. 3.).*

   Muster: **fej – Nem fáj a fejed?**
   szem, has, ujj, láb, fül, térd, hát

5. *Fragen Sie als Arzt Ihren Patienten, was ihm wehtut. Achten Sie wieder auf die Satzmelodie!*

   Muster: **fej – Fáj a feje?**
   szem, has, ujj, láb, fül, térd, hát

6. *Formen Sie die Sätze um.*

   Muster: **Fekete hajam van. – Fekete a hajam.**

   Meleg kezed van. Hosszú lába van. Szép hajuk van. A betegnek magas láza van. Az osztálynak jó tanára van. Ügyes gyereketek van. Nagy problémánk van. Szép irodájuk van. Sok túlórája van. Kedves barátaim vannak. Kedves szüleid vannak. Érdekes könyveitek vannak.

7. *Bilden Sie mehrfache Possessivkonstruktionen.*

   Muster: **Laci – barát – könyv**
   Laci barátjának a könyve

   Kati – tanár – kert; te – tanár – könyv; orvos – titkárnő – autó; pincér – lány – gyerekek; Anna – barát – szülők

8. *Berichten Sie über „unser Haus". Verwenden Sie für alle einzusetzenden Wörter das Possessivsuffix 2. Pers. Pl.*

   Szép ... /haz/ van. A ... /kert/ sajnos elég kicsi. De van sok ... /virág/ és néhány ... /fa/. ... /gyümölcs/ és ... /zöldség/ nincsen.

9. *Fügen Sie die angegebenen Wörter mit dem richtigen Possessivsuffix ein.*

   Szeretjük a mi ... /iskolát/. Nem látom a (te) ... /barátokat/. A te /nyelvet/ akarom megtanulni. Nem szeretem azt (az én) ... /cipőt/. A gyerekek ... /kabátokat/ keresem.

10. *Setzen Sie den angegebenen Infinitiv mit dem richtigen Possessivsuffix ein.*

    Emesének le kell ... /feküdni/. (Nekünk) be kell ... /menni/. (Neked) ki szabad ... /menni/? (Nekem) le szabad ... /ülni/. A betegeknek nem szabad ... /felkelni/.

6D

11. *Formen Sie die Sätze um.*

    Muster: Jól vagyok. – Jól érzem magam.

    Péter elég rosszul van. Hogy vagy? Hogy van? Nem vagytok rosszul? Jól vannak?

12. *Formen Sie die Sätze um.*

    Muster: Lázam van. – Lázas vagyok.

    Lázad van. Emesének láza van. Influenzánk van. Influenzátok van. Az osztálytársaknak influenzájuk van.

13. *Nennen Sie alle Possessivsuffixe im Plural mit* **barát**.

14. *Sagen Sie in allen Personen Sg. und Pl.:*

    Ich habe ein/kein/keine Auto/Autos.

15. *Bilden Sie den Satz* **Rosszul érzem magam** *(Ich fühle mich schlecht.) in allen Personen Sg. und Pl.*

7A

7A Text (Szöveg)

Családom

Szeretnék bemutatkozni: Szabó Ferencné vagyok, leánykori nevem Szűcs Katalin, általában Katinak hívnak.

Debreceni vagyok. Ott laknak a szüleim és a nagyszüleim is. Édesapám villamosmérnök, édesanyám tanárnő. Nagyanyám és nagyapám már nyugdíjas. Három testvérem van: Gyula, a bátyám, Anna, a húgom és Csaba, az öcsém. Nővérem sajnos nincsen. Gyulát Gyuszinak hívjuk, Annát Pannikának, de Csabát mindenki csak Öcsinek hívja, mert ő a kicsi. A bátyám asztalos. Mária, a felesége, ápolónő. Gyerekük még nincsen. A bátyámék elég messze laknak. Ezért csak ritkán látjuk egymást.

A húgom egyetemi hallgató, vegyészmérnök akar lenni. Az öcsém tizenhét éves és gimnazista. Ha sikerülnek a felvételi vizsgák, majd ő is egyetemista lesz. Én titkárnő vagyok. Két gyerekem van: Emese, a lányom, három éves, Laci, a fiam, öt éves. Mindkettő még óvodás. A férjemet Ferencnek hívják. Az ő foglalkozása tanár. Ferenc nem debreceni, de most már hat éve itt lakik. Három hét óta megvan az új lakásunk, amely elég nagy és világos. Mindenkinek, még a gyerekeknek is saját szobájuk van. Az enyém és a gyerekeké elég kicsi, de szép napsütéses. Ferencé viszont jó nagy, mert ő sokat barkácsol.

szeretnék (Konjunktiv)	*ich würde gern*	
bemutatkozik	*sich vorstellen*	
mutat	*zeigen*	
leánykori név	*Mädchenname*	
leány (-ok, -t, -a) (arch.)	*Mädchen*	
hív	*rufen, heißen*	
lakik	*wohnen*	

szülő (-k, -t, -je)	*Eltern(-teil)* (Sg.)
nagyszülő	*Großeltern* (Sg.)
villamosmérnök (-ök, -öt, -je)	*Ingenieur für Elektrotechnik*
nagyanya (⁻k, ⁻t, nagyanyja)	*Großmutter*

7A

nagyapa (-k, -t, nagyapja)	Großvater	mienk (mieink, -et)	unseres
nyugdíjas (-ok, -t, -a)	Rentner	tietek (tieitek, -et)	eures
nyugdíj (-ak, -at, -a)	Rente	övék (öveik, -et)	ihres (Pl.)
testvér (-ek, -t, -e)	Geschwister (Sg.)	önöké (-i, -t)	Ihres (Pl.)
bátya (-k, -t, bátyja)	(älterer) Bruder	fog	werden (Futur)
húg (-ok, -ot, -a)	(jüngere) Schwester	jövőre (Adv.)	nächstes Jahr
öcs (-ök, -öt, öccse)	(jüngerer) Bruder	mond (-ani)	sagen
sajnos	leider		
nővér (-ek, -t, -e)	(ältere) Schwester	nagynéni (-k, -t, -je)	Tante
öcsi (-k, -t, -je)	Brüderchen	nagybátya (-k, -t, nagybátyja)	Onkel
asztalos (-ok, -t, -a)	Tischler	családnév	Familienname
feleség (-ek, -et, -e)	Ehefrau	név (nevek, nevet, neve)	Name
ápolónő (-k, -t, -je)	Krankenschwester		
ritka (-k, -t)	selten	keresztnév	Vorname, Rufname
vegyészmérnök	Ingenieur für chemische Verfahren	hivatalos (-ak, -at)	offiziell
		hivatal (-ok, -t, -a)	Amt
tizenhét	siebzehn	becenév	Kosename
éves	Jahre alt	munkásnő	Arbeiterin
év (-ek, -et, -e)	Jahr	munkás (-ok, -t, -a)	Arbeiter
gimnazista (-k, -t, -ja)	Gymnasiast	tetszik (tetszeni)	gefallen
gimnázium (-ok, -ot, -a)	Gymnasium	hoz	bringen
sikerül	gelingen	postás (-ok, -t, -a)	Briefträger
felvétel (-ek, -t, -e)	Aufnahme	pénz (-ek, -t, -e)	Geld
vizsga (-k, -t, -ja)	Prüfung; Untersuchung	ajándékoz	schenken
		kedv (-et, -e)	Lust; Laune
egyetemista (-k, -t, -ja)	(Universitäts-)Student	húsz (huszat)	zwanzig
mindkettő	alle beide	harminc (-at)	dreißig
óvodás (-ok, -t, -a)	Kindergartenkind	millió (-k, -t, -ja)	Million
óvoda (-k, -t, -ja)	Kindergarten	milliárd (-ok, -ot, -ja)	Milliarde
férj (-ek, -et, -e)	Ehemann	hónap (-ok, -t, -ja)	Monat
foglalkozás (-ok, -t, -a)	Beschäftigung	január (-ok, -t, -ja)	Januar
lakás (-ok, -t, -a)	Wohnung	február (-ok, -t, -ja)	Februar
világos (-ak)	hell; klar	március (-ok, -t, -a)	März
még a gyerekeknek is	sogar die Kinder (haben)	április (-ok, -t, -a)	April
		május (-ok, -t, -a)	Mai
saját (-ja)	eigen	június (-ok, -t, -a)	Juni
szoba (-k, -t, -ja)	Zimmer	július (-ok, -t, -a)	Juli
napsütéses (-ek)	sonnig	augusztus (-ok, -t, -a)	August
napsütés (-ek, -t, -e)	Sonnenschein	szeptember (-ek, -t, -e)	September
barkácsol	basteln, werkeln	október (-ek, -t, -e)	Oktober
		november (-ek, -t, -e)	November
hányadik? (-a)	der wievielte?	december (-ek, -t, -e)	Dezember
idő (-k, -t, ideje)	Zeit; Wetter	vicc (-ek, -et, -e)	Witz
óta (Postpos.)	seit	csabai (-t)	Csabaer Wurst
mióta?	seit wann?	gyulai (-t)	Gyulaer Wurst
enyém (enyéim, -et)	meines	hentes (-ek, -t, -e)	Fleischer
tied (tieid, -et)	deines	hát	na, also
övé (-i, -t)	seines, ihres (Sg.)	egyszerű (-ek)	einfach
öné (-i, -t)	Ihres (Sg.)		

7B Grammatik (Nyelvtan)

1. Ordnungszahlen enden auf -dik.

Regelmäßige:
harma**dik** *3.*
ötö**dik** *5.*
hato**dik** *6.*
nyolca**dik** *8.*
kilence**dik** *9.*
száza**dik** *100.*

Lautveränderung im Stamm:
négy → **negyedik** *4.*
hét → **hetedik** *7.*
tíz → **tizedik** *10.*
ezer → **ezredik** *1000.*

Ausnahmen:
első *1.*
második *2.*

2. Das Datum

Beachten Sie die Reihenfolge: Jahr – Monat – Tag. Die Angabe des Tages geschieht durch die Ordnungszahl mit dem Possessivsuffix der 3. Pers. Sg.:

Hányadik**a** van ma?   *Der wievielte ist heute?*
Ma ezerkilencszázkilencvennégy január harmadik**a** van.
wörtl.: *Heute ist der dritte des Januar 1994.*
Oder: 1994. január 3.   Oder: 1994. I. 3.

Achtung: első → **elseje**
              február elseje   *der erste Februar*

3. Zeitspanne

Gebräuchlich ist die Form:

Hat éve itt lakik Ferenc.
Sechs Jahre lang/seit sechs Jahren wohnt Ferenc hier.

7B

Die Frage dazu lautet:

> **Mennyi ideje** lakik itt Ferenc?
> *Wie lange wohnt Ferenc hier?*

Sinngemäß das gleiche kann mit der Postposition **óta** *seit* ausgedrückt werden, die den Zeitpunkt benennt, an dem der Prozeß begann:

> **Mióta** van meg az új lakásotok?
> *Seit wann habt ihr die neue Wohnung?*
> Három hét **óta** van meg az új lakásunk.
> *Seit drei Wochen haben wir unsere neue Wohnung.*
> Február elseje **óta** van meg az új lakásunk.
> *Seit erstem Februar haben wir unsere neue Wohnung.*

Weitere Beispiele:

Július másodika **óta** tanulunk magyarul.
Seit zweitem Juli lernen wir Ungarisch.

Fél év**e** tanulunk magyarul. Fél év **óta** tanulunk magyarul.
Ein halbes Jahr lang/seit einem halben Jahr lernen wir Ungarisch.

Ezerkilencszázkilencvenegy **óta** dolgozom itt.
Ich arbeite seit 1991 hier.

Négy év**e** dolgozom itt. Négy év **óta** dolgozom itt.
Ich arbeite vier Jahre lang/seit vier Jahren hier.

Már negyed tíz **óta** várlak.
Ich warte schon seit viertel zehn auf dich.

Már egy órá**ja** várlak. Már egy óra **óta** várlak.
Ich warte schon eine Stunde lang/seit einer Stunde auf dich.

4. Die Possessivkonstruktion mit -é

   Ez a ház Péteré.   *Das ist Peters Haus.* (wörtl.: *Dieses Haus ist Peters.*)

Das Suffix **-é** steht ohne Bindevokal direkt am Wortstamm. Lediglich die Endvokale **-a** und **-e** werden gedehnt:

Ez a ház az édesanyáé.   *Das ist Mutters Haus.* (wörtl.: *Dieses Haus ist Mutters.*)

7B

én	+	-é	→	**enyém** *(mein)*	mi	+	-é	→	**mienk** *(unser)*
te	+	-é	→	**tied** *(dein)*	ti	+	-é	→	**tietek** *(euer)*
ő	+	-é	→	**övé** *(sein, ihr)*	ők	+	-é	→	**övék** *(ihr, Pl.)*
ön	+	-é	→	**öné** *(Ihr, Sg.)*	önök	+	-é	→	**önöké** *(Ihr, Pl.)*
Péter	+	-é	→	**Péteré** *(Peters)*					

Ez a ház **az enyém**. *Dieses Haus ist meines.*

Akkusativformen mit dem Suffix **-é** stellen bestimmte Objekte dar und verlangen die bestimmte Konjugation, z.B.:

Péterét kérem. *Ich möchte Peters.*
A tiedet kérem. *Ich möchte deines.*

● Achtung: Für die attributive Besitzkonstruktion *(mein Haus)* gelten die unter 6B2-6B4 beschriebenen Regeln.

5. Pluralzeichen der Possessivkonstruktion ist -i-:

Ezek a házak az enyé**i**m. *Diese Häuser sind meine.*
Ezek a házak a tie**i**d. *Diese Häuser sind deine.*
Ezek a házak az övé**i**. *Diese Häuser sind seine/ihre.*
Ezek a házak az öné**i**. *Diese Häuser sind Ihre (Sg.).*
Ezek a házak Péteré**i**. *Diese Häuser sind Peters.*
Ezek a házak a mie**i**nk. *Diese Häuser sind unsere.*
Ezek a házak a tie**i**tek. *Diese Häuser sind eure.*
Ezek a házak az övé**i**k. *Diese Häuser sind ihre. (Pl.)*
Ezek a házak az önöké**i**. *Diese Häuser sind Ihre. (Pl.)*

6. -ék, das Suffix für Personen, die zusammengehören

Personenbezeichnungen mit dem Suffix **-ék** zeigen an, daß mehrere Personen gemeint sind, die zusammengehören:

Péter**ék**   *Peter und die Seinen*   bátyám**ék**   *mein Bruder und die Seinen*
Müller**ék** *Müllers*

Personenbezeichnungen mit dem Suffix **-ék** sind Pluralformen; als Subjekt gebraucht steht das Prädikat dann im **Plural** (Kongruenz):

Müller**ék** nem jönnek. *Müllers kommen nicht.*

7B

Als Objekt gebraucht verlangen sie die **bestimmte Konjugation**:

Mülleréket váro**m**.   *Ich warte auf Müllers.*

7. Das Futur

Das Hilfsverb **fog** *werden* hat mit dem Infinitiv eines Verbs – wie im Deutschen – Zukunftsbedeutung. Dabei gelten die bekannten Wortfolgeregeln (siehe 4B6):

Szép fákat **fogsz** látni.   *Du wirst schöne Bäume sehen.*
Látni **fogod** a szép fákat.   *Du wirst die schönen Bäume sehen.*
Meg **fogod** látni a szép fákat.   *Du wirst die schönen Bäume sehen (erblicken).*

Die Konjugationen von **fog** sind regelmäßig:

	unbest. Konj.	best. Konj.
(én)	fogok	fogom
(te)	fogsz	fogod
(ő, ön)	fog	fogja
(mi)	fogunk	fogjuk
(ti)	fogtok	fogjátok
(ők, önök)	fognak	fogják

Außer der Konstruktion **fog** + **Infinitiv** haben bestimmte temporale **Adverbien** und **Adverbialbestimmungen** Zukunftsbedeutung, z. B.:

Majd zenét hallgatunk.   *Dann hören wir Musik.*
Holnap zenét hallgatunk.   *Morgen hören wir Musik.*
Jövőre megtanuljuk a magyart.   *Nächstes Jahr erlernen wir das Ungarische.*

Das einzige Verb, das eine separate Futurform hat, ist **van** *sein*:

(én)	leszek	*ich werde sein*
(te)	leszel	*du wirst sein*
(ő, ön)	lesz	*er/sie/es wird sein,*
		Sie (Sg.) werden sein
(mi)	leszünk	*wir werden sein*
(ti)	lesztek	*ihr werdet sein*
(ők, önök)	lesznek	*sie/Sie werden sein*
Infinitiv:	lenni (Präsens **und** Futur!)	

Beispiele: A nővérem vegyészmérnök akar **lenni**. *Meine Schwester will Ingenieur für chemische Verfahren werden.*
Az öcsém is egyetemista **lesz**. *Auch mein Bruder wird Student (sein).*
Mi is ott **leszünk**. *Auch wir werden da sein.*
Biztos jó **lesz** az ünnep. *Das Fest wird sicher gut (werden).*

8. Im Ungarischen gibt es kein Passiv.

Soll ausgedrückt werden, daß etwas getan **wird** oder daß **man** etwas tut, verwendet man die 3. Pers. Pl.:

(Engem) Katinak hív**nak**. *Man nennt mich (ich heiße) Kati.*
Azt mond**ják**, hogy a magyarok jól főznek. *Man sagt, daß die Ungarn gut kochen.*

7C Sprachgebrauch (Nyelvhasználat)

1. Stammbaum (családfa)

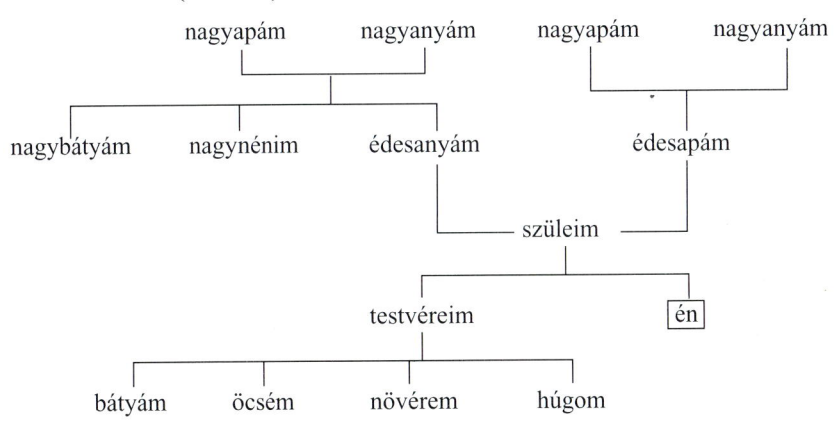

```
          nagyapám    nagyanyám         nagyapám    nagyanyám
              └──────────┬─┘                  └──────────┬─┘
                         │                               │
      ┌──────────┬───────┴──┐                            │
  nagybátyám  nagynénim  édesanyám                    édesapám
                              └────────────┬───────────────┘
                                        szüleim
                                  ┌─────────┴─────────┐
                              testvéreim              │én│
                   ┌──────┬──────┴──────┬──────┐
                bátyám  öcsém      nővérem  húgom
```

Beachten Sie die Possessivsuffigierung von:

édesanya: édesany**ám**, édesany**ád**, édesany**ja**, édesany**ánk**, édesany**átok**, édesany**juk**
édesapa: édesap**ám**, édesap**ád**, édesap**ja**, édesap**ánk**, édesap**átok**, édesap**juk**
fiú *(Sohn)*: fiam, fiad, fia, fiúnk, fiatok, fiuk
bátya: báty**ám**, báty**ád**, báty**ja**, báty**ánk**, báty**átok**, báty**juk**
öcs: öcs**ém**, öcs**éd**, ö**ccs**e, öcs**énk**, öcs**étek**, ö**ccs**ük
szülők: szül**eim**, szül**eid**, szül**ei**, szül**eink**, szül**eitek**, szül**eik**

2. Personennamen

Der Familienname (**családnév**) steht **vor** dem Rufnamen (**keresztnév**), z.B. Szabó Ferenc, dt.: *Ferenc Szabó*. Heiratet Frau Katalin Szűcs Herrn Ferenc Szabó, hat sie folgende offizielle Namen (**hivatalos név**) zur Auswahl:

> Szabó Ferencné
> Szabóné Szűcs Katalin
> Szabó Ferencné Szűcs Katalin
> Szűcs Katalin

In letzter Zeit wird von der Beibehaltung des Mädchennamens (**leánykori név**) häufig Gebrauch gemacht. Nicht üblich ist es, wie im Deutschen, nur den Familiennamen des Ehemannes zu übernehmen; gleiche Familiennamen suggerieren, daß es sich um Geschwister, Cousin und Cousine, usw. handelt.

Freunde und Verwandte nennen sich meist nicht beim offiziellen Vornamen, sondern verwenden eine Koseform (**becenév**), z.B.:

Ágnes → Ági, Erzsébet → Erzsi, Ilona → Ica, Júlia → Julika, Mária → Marika, Ferenc → Feri, Gábor → Gabi, György → Gyuri, István → Pista, Károly → Karcsi, Lajos → Lali, László → Laci, Márton → Marci, Pál → Pali, Péter → Peti, Sándor → Sanyi.

3. -né und -nő

-né entspricht dt. *Frau*, z.B.: Szabó**né** *Frau Szabó*.

-nő entspricht der deutschen Endung *-in*, z.B.: tanár**nő** *Lehrerin*, orvos**nő** *Ärztin*, titkár**nő** *Sekretärin*, pincér**nő** *Kellnerin*, munkás**nő** *Arbeiterin*.

Die Frau des Herrn Doktor darf man doktor**né** nennen, ist eine Frau selbst Ärztin, spricht man sie mit doktor**nő** an.

4. Wie alt bist du?

Hány éves vagy? – Harminchat éves vagyok.

5. Verben, die mit dem Dativ stehen

> vkit vkinek **hívnak/becéznek**
> *jmd. heißt/wird mit dem Kosenamen genannt*

7C

(Engem) Katinak hívnak. *Ich heiße Kati.*
wörtl.: *Mich nennt man Kati.*
Hogy hívnak (téged)? *Wie heißt du?*
Hogy hívják (önt)? *Wie heißen Sie?*
Pétert Petinek becézik. *Peter wird mit dem Kosenamen Peti genannt.*

vkinek **fáj** vmije
jmdm. tut etwas weh

(Nekem) fáj a fejem. *Mir tut der Kopf weh.*

vkinek **sikerül** vmi
jmdm. gelingt etwas

Az öcsémnek sikerül a vizsga. *Meinem Bruder gelingt die Prüfung.*

vki **örül** vminek/vkinek
jmd. freut sich über etwas/jmdn.

A vendégek örülnek az ebédnek. *Die Gäste freuen sich über das Mittagessen.*
Örülök Péternek. *Ich freue mich über Peter.*

vkinek **tetszik** vmi/vki
jmdm. gefällt etwas/jmd.

(Nekem) tetszik a lakásunk. *Mir gefällt unsere Wohnung.*

vki **hoz** vmit vkinek
jmd. bringt jmdm. etwas

A postás pénzt hoz Annának. *Der Briefträger bringt Anna Geld.*

vki **ajándékoz** vkinek vmit
jmd. schenkt jmdm. etwas

Péter csokoládét ajándékoz Annának. *Peter schenkt Anna Schokolade.*

vki **nekimegy** vminek/vkinek
jmd. läuft gegen etwas/jmdn.

Laci nekimegy az asztalnak. *Laci läuft gegen den Tisch.*

7C

> vkinek **jó/rossz kedve** van
> *jmd. hat gute/schlechte Laune*

Jó kedvem van.   *Ich habe gute Laune.*

> vkinek **van/nincs kedve** vmit csinálni
> *jmd. hat Lust/keine Lust etwas zu tun*

Nincs kedved zenét hallgatni?   *Hast du keine Lust, Musik zu hören?*

6. Die Zahlen ab 11

Grundzahl	Ordnungszahl	bei Datum
tizenegy *11* →	tizenegyedik *11.*	-e
tizenkettő *12* →	tizenkettedik *12.*	-e
...		
húsz *20* →	huszadik *20.*	-a
huszonegy *21* →	huszonegyedik *21.*	-e
huszonkettő *22*	huszonkettedik *22.*	-e
...		
harminc *30* →	harmincadik *30.*	-a
negyven *40* →	negyvenedik *40.*	
ötven *50* →	ötvenedik *50.*	
hatvan *60* →	hatvanadik *60.*	
hetven *70* →	hetvenedik *70.*	
nyolcvan *80* →	nyolcvanadik *80.*	
kilencven *90* →	kilencvenedik *90.*	
(egy)száz *100* →	századik *100.*	
(egy)százegy *101*	százegyedik *101.*	
...		
kétszáz *200* →	kétszázadik *200.*	
...		
ezer *1000* →	ezredik *1000.*	
(egy)millió *1.000.000*	milliomodik *1.000.000.*	
(egy)milliárd *1.000.000.000*	milliárdadik *1.000.000.000.*	
ezernyolcszáznegyvennyolc *1848*		
ezerkilencszázkilencvennégy *1994*		

7. Die Namen der Monate (hónapok) sind aus dem Lateinischen entlehnt.

Sie werden im Ungarischen klein geschrieben und können auch als römische Zahl notiert werden:

> január, február, március, április, május, június, július, augusztus, szeptember, október, november, december

8. Egy vicc

Ein kleiner Junge kommt zum Fleischer. Er hat vergessen, ob die Mutter zu ihm gesagt hat: „Gyula, egy kiló csabait kérek." oder: „Csaba, egy kiló gyulait kérek."
Azt mondja a hentes: „Hát ez nagyon egyszerű, fiam: Hogy hívnak téged?" – „Öcsinek."

7D Übungen (Gyakorlatok)

1. Hányadika van? *(Schreiben Sie und sprechen Sie laut.)*

   Muster: 1993. III. 22. –
   Ezerkilencszázkilencvenhárom március huszonkettedike van.

   1995. V. 20., 1996. IV. 15., 1996. VI. 12., 1997. IX. 24., 1998. XII. 1., 1999. VII. 11., 1848. III. 15., 1989. XI. 9., 1517. X. 31., 1953. VI. 17., 1961. VIII. 13., 1990. X. 3.

2. *Setzen Sie die Possessivendung oder* **óta** *ein. Wenn beides möglich ist, bilden Sie zwei Sätze:*

   Egy év... megvan a kertünk. Ferenc már január... tanul németül. Péter már félóra... barkácsol. Az édesapám 20 év... orvos. Az édesanyám 1974... tanárnő.

3. *Formen Sie die Sätze um.*

   Muster: **Ez az én könyvem. – Ez a könyv az enyém.**

   Ez a te pénzed. Ezek a te pénzeid. Ez az ön gyereke. Ezek az ön gyerekei. Ez az ön autója. Ezek az ön autói. Ez a mi kertünk. Ezek a mi kertjeink. Ez a ti munkátok. Ezek

7D

a ti munkáitok. Ez az ő problémájuk. Ezek az ő problémáik. Ez az önök háza. Ezek az önök házai.

4. *Bilden Sie Sätze.*

   Muster: Szabóék – szeret - kertjük
   Szabóék szeretik a kertjüket.

   Molnárék – megy – vásárolni; 4 óra után – jön – Istvánék; a húgomék – közel – lakik

5. *Setzen Sie die richtige Form von **lesz** ein:*

   Anna tanárnő akar ... Mikor ... (ti) ott? Sajnos nem tudok ott ... De Péter biztos ott ...

6. *Setzen Sie die richtige Form von **hív** ein:*

   Hogy ... (téged)? Hogy ... (önt)? (Engem) Katinak ... Csabát Öcsinek ...

7. *Bilden Sie die unpersönliche Form (3. Pers. Pl.) im Sinne von „man sagt", „man lehrt" usw.:*

   Azt mond..., hogy karácsony után hideg lesz. Már évek óta azt tanít... Általában szeret... a magyar borokat. Azt ír..., hogy holnap szép idő lesz.

8. *Bilden Sie Sätze.*

   Muster: én – fáj – láb
   Nekem fáj a lábam.

   Anna – sikerül – a vizsga; a szülők – örül – a gyerekek; ők – tetszik – a lakásunk; a tanár – hoz – a gyerekek - könyvek; édesapánk - virágok – ajándékoz – az édesanyánk; Csaba – Öcsi – becéz

9. *Sagen Sie es höflich mit „Ich würde gern ...".*

   Muster: Tévét akarok nézni. –
   Szeretnék tévét nézni.

   Orvos akarok lenni. Magyarul akarok tanulni. Egy üveg bort akarok venni. Rádiót akarok hallgatni. Pihenni akarok.

10. *Setzen Sie das in Schrägstrichen angegebene Wort mit dem entsprechenden Possessivsuffix ein:*

    Hol laknak Kati ... /szülők/? Hány ... /testvér/ van (neked)? Holnap jön a(z én) ... /nagybátya/. Kati ... /öcs/ orvos, a(z ő) ... /bátya/ tanár. A(z én) ... /húg/ még óvodás, a(z én) ... /nővér/ már gimnazista.

Fáj a(z én) ... /hát/. Neked is fáj a ... /fej/? Lacinak jó a ... /szem/. Emesének kicsi ... /orr/ van. Nem hideg a (te) ... /kéz/? Biztos fáradt már a (ti) ... /láb/.

11. Sagen Sie „Ich habe gute Laune" in allen Personen Sg. und Pl.

12. Fragen Sie:

   Muster: úszik – Van kedved úszni?

   reggelizik, dolgozik, segít, tévét néz, labdázik

13. Berichten Sie über Ferenc, seine Eltern und Großeltern, bzw. stellen Sie Fragen dazu.

   Muster: Hogy hívják Ferenc édesapját?
   Ferenc édesapjának mi a foglalkozása?
   Hány éves Ferenc édesapja?

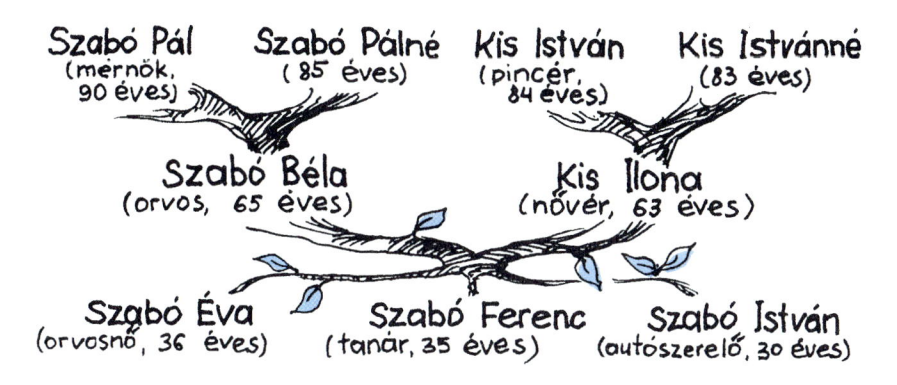

Szabó Pál (mérnök, 90 éves) — Szabó Pálné (85 éves)
Kis István (pincér, 84 éves) — Kis Istvánné (83 éves)

Szabó Béla (orvos, 65 éves)
Kis Ilona (nővér, 63 éves)

Szabó Éva (orvosnő, 36 éves)
Szabó Ferenc (tanár, 35 éves)
Szabó István (autószerelő, 30 éves)

14. Beantworten Sie die Fragen mit „sajnos nincs/nincsenek" oder „sajnos nem":

   Van almalé? Mindenki ebédel? Itt van a tanár? Szorgalmasak a diákok? Kedvesek ezek az emberek? Kint vannak a lányok? Ügyes vagy? Van bor?

8A

🎧 **8A Text (Szöveg)**

Kati megmutatja a lakását

Itt vagyunk a Petőfi Sándor utcában. Most még körülbelül 100 métert megyünk, és máris ott vagyunk. Ez az új lakásunk:

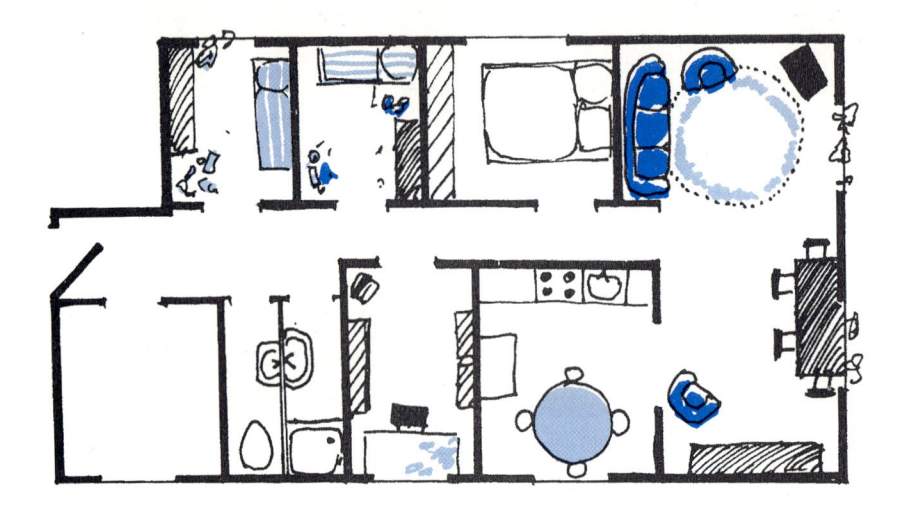

A folyosóról nyolc ajtó nyílik. Ott egyenesen az a nappali. A nappaliban van két fotel, pamlag, könyvespolc, tévé, szőnyeg, asztal és négy szék. A nappaliból a konyhába lehet menni. A konyhában szintén van egy asztal és négy szék. Általában ott eszünk. A nappaliban csak vasárnap ülünk asztalhoz. Ez itt a gáztűzhely és ott van a hűtőszekrény. Ha visszamegyünk a folyosóra, jobbra van a hálószoba és a két gyermekszoba. Itt Emese szobájában van szekrény, ágy és jó sok játék. Ott hátul Laci szobájában ugyanez van. Balra Ferenc szobája van. Ferencnél biztos rendetlenség van, mert mindig éjfélig barkácsol. A fürdőszoba elég kicsi. Ezért nincs fürdőkád, hanem zuhanyozó és mosdókagyló. A fürdőszoba mellett van a vécé. Az én szobámban még nincs bútor, de majd lesz. A bútorvásárláshoz sok pénzre van szükség.

Na, most csinálok egy kávét. Azután a fotelekbe vagy a pamlagra ülünk és beszélgetünk.

8A/8B

utca (ˊk, ˊt, ˊja)	Straße, Gasse	fürdőkád (-ak, -at, -ja)	Badewanne
máris ott vagyunk	schon sind wir dort	zuhanyozó (-k, -t, -ja)	Dusche
folyosó (-k, -t, -ja)	Korridor, Flur	mosdó(kagyló)	Waschbecken
nyílik	sich öffnen	kagyló (-k, -t, -ja)	Muschel
egyenes (-ek)	geradeaus	mellett (Postpos.)	neben
nappali (-k, -t, -ja)	Wohnzimmer	vécé (-k, -t, -je), W.C.	Toilette, WC
fotel (-ek, -t, -je)	Sessel	bútor (-ok, -t, -a)	Möbel (Sg.)
pamlag (-ok, -ot, -a)	Sofa	bútorvásárlás	Möbelkauf
könyvespolc	Bücherregal	vásárlás (-ok, -t, -a)	(Ein-)Kauf
polc (-ok, -ot, -a)	Regal	szükség van	notwendig sein
szőnyeg (-ek, -et, -e)	Teppich		
konyha (ˊk, ˊt, ˊja)	Küche	hova?, hová?	wohin?
szintén	ebenfalls	honnan?	woher?
gáztűzhely	Gasherd	macska (ˊk, ˊt, ˊja)	Katze
gáz (-ok, -t, -a)	Gas	ugrik (-ani)	springen
tűzhely (-ek, -et, -e)	Herd	park (-ok, -ot, -ja)	Park
hűtőszekrény (-ek, -t, -e)	Kühlschrank	posta (ˊk, ˊt, ˊja)	Post
		iroda (ˊk, ˊt, ˊja)	Büro
hűtő (-k, -t, -je)	Kurzwort für Kühlschrank	falu (-k/falvak, -t, -ja)	Dorf
		bolt (-ok, -ot, -ja)	Laden
visszamegy (-menni)	zurückgehen	Magyarország	Ungarn
jobbra	(nach) rechts	ország (-ok, -ot, -a)	Land
hálószoba (ˊk, ˊt, ˊja)	Schlafzimmer		
gyermekszoba	Kinderzimmer	út (utak, utat, útja)	Straße; Weg
szekrény (-ek, -t, -e)	Schrank	tér (terek, teret, tere)	Platz
ágy (-ak, -at, -a)	Bett	hős (-ök, -t, -e)	Held
játék (-ok, -ot, -a)	Spiel(sachen)	berendezés (-ek, -t, -e)	Einrichtung
ugyanaz/ugyanazt	der-/die-/dasselbe	hegy (-ek, -et, -e)	Berg
rendetlenség (-ek, -et, -e)	Unordnung	tekint (-eni)	blicken
		völgy (-ek, -et, -e)	Tal
rend (-ek, -et, -je)	Ordnung	kertes (-ek)	Garten-, mit Garten
fürdőszoba	Badezimmer	szed	pflücken; auflesen

8B Grammatik (Nyelvtan)

1. Die Lokalsuffixe

Die Adverbialbestimmungen, im Deutschen mit Hilfe von Präpositionen (*an, auf, hinter* usw.) ausgedrückt, werden im Ungarischen durch Postpositionen (**szerint, után, óta**) und durch Suffixe realisiert. Das System der Lokalbestimmungen unterscheidet **drei Richtungen**: **wohin** sich etwas bewegt: **Hova megy?**, **wo** es sich befindet: **Hol van?** und **woher** es kommt: **Honnan jön?**, z.B.:

8B

Hova megy a macska? — A macska a szekrény**be** megy.
Die Katze geht in den Schrank.
Hol van a macska? — A macska a szekrény**ben** van.
Die Katze ist im Schrank.
Honnan jön a macska? — A macska a szekrény**ből** jön.
Die Katze kommt aus dem Schrank.

-ba/be   -ban/ben    -ból/ből

Hova megy a macska? — A macska a szekrény**re** megy.
Die Katze geht auf den Schrank.
Hol van a macska? — A macska a szekrény**en** van.
Die Katze ist auf dem Schrank.
Honnan jön a macska? — A macska a szekrény**ről** jön.
Die Katze kommt vom Schrank.

-ra/re   -n/on/en/ön    -ról/ről

8B

Hova megy Péter?   – Péter az orvos**hoz** megy.
Peter geht zum Arzt.

Hol van Péter?   – Péter az orvos**nál** van.
Peter ist beim Arzt.

Honnan jön Péter?   – Péter az orvos**tól** jön.
Peter kommt vom Arzt.

-hoz/hez/höz   -nál/nél    -tól/től

Die Lokalsuffixe unterscheiden jeweils mehrere Varianten, die entsprechend der Qualität der Vokale im Stamm verwendet werden. -a und -e im Stammauslaut werden zu -á und -é gedehnt:

dunkel	hell (illabial)	hell (labial)	Vokal im Auslaut	
ház	szék	könyv	ár**u**	ór**a**
ház**ba**	szék**be**	könyv**be**	ár**u**ba	ór**á**ba
ház**ban**	szék**ben**	könyv**ben**	ár**u**ban	ór**á**ban
ház**ból**	szék**ből**	könyv**ből**	ár**u**ból	ór**á**ból
ház**ra**	szék**re**	könyv**re**	ár**u**ra	ór**á**ra
ház**on**	szék**en**	könyv**ön**	ár**u**-n	ór**á**-n
ház**ról**	szék**ről**	könyv**ről**	ár**u**ról	ór**á**ról
ház**hoz**	szék**hez**	könyv**höz**	ár**u**hoz	ór**á**hoz
ház**nál**	szék**nél**	könyv**nél**	ár**u**nál	ór**á**nál
ház**tól**	szék**től**	könyv**től**	ár**u**tól	ór**á**tól

2. Verwendung der Lokalsuffixe

-ba/be, -ban/ben, -ból, ből	-ra/re, -n/on/en/ön, -ról/ről
a házban *im Haus* az iskolában *in der Schule* az irodában *im Büro* a parkban *im Park* A Petőfi utcában laknak. *Sie wohnen in der Petőfistraße.* a faluban *im Dorf* a boltban *im Laden* a kertben *im Garten* a szobában *im Zimmer* a táskában *in der Tasche* az osztályban *in der Klasse* az életben *im Leben* a szünetben *in der Pause* a rádióban *im Radio* a tévében *im Fernsehen*	az egyetemen *an der Universität* a postán *auf der Post* Az utcán járnak. *Sie gehen auf der Straße.* falun *auf dem Dorf/Lande* a padon *auf der Bank* az asztalon *auf dem Tisch* a széken *auf dem Stuhl* a földön *auf der Erde* szabadságon *im Urlaub*

Bei Ortsnamen gilt die Grundregel: ausländische Namen erhalten die Suffixe **-ba/be, -ban/ben, -ból/ből**, ungarische **-ra/re, -n/on/en/ön, -ról/ről**. Auf **-m, -n, -ny** und **-r** endende ungarische Ortsnamen erhalten jedoch oft **-ba/be, -ban/ben, -ból/böl**:

Németország**ban** Angliá**ban** *in England* Ausztriá**ban** *in Österreich* Berlin**ben**, Bécs**ben** *in Wien* Párizs**ban**, Drezdá**ban** Debrecen**ben** Sopron**ban** Eger**ben** Veszprém**ben**	Magyarország**on** Budapest**en** Szeged**en** Szombathely**en** Miskolc**on** Tatabányá**n** Kaposvár**on** Szekszárd**on** Szolnok**on** Nyíregyházá**n** Kecskemét**en** Békéscsabá**n** Zalaegerszeg**en**

Die Suffixe **-hoz/hez/höz, -nál/nél, -tól/től** werden bevorzugt bei Bezug auf Personen verwendet:

Péter Annánál van. *Peter ist bei Anna.*
Orvoshoz kell menned. *Du mußt zum Arzt gehen.*
Péternél van táska, könyv, pénz, ...
Peter hat eine Tasche, ein Buch, Geld, ... bei sich.

Aber auch: A család az asztal**nál** ül. *Die Familie sitzt am Tisch.*

Bei Bezug auf Dinge ist sonst die Postposition **mellett** *bei, neben* gebräuchlich (siehe 10B).

3. Die mehrfache Suffigierung

Die Suffixe des Akkusativ (**-t**), des Dativ (**-nak/nek**) und der Adverbialbestimmungen (Punkt 1. bis 3.) sind **Relationssuffixe**. Das Pluralzeichen (**-k**) und die Possessivsuffixe gehören nicht in diese Gruppe. Wird ein Wortstamm mehrfach suffigiert, ist dabei folgende Reihenfolge der Suffixe bindend:

Wortstamm-Pluralzeichen/Possessivsuffix-Relationssuffix

Beispiele:

A macska a **szekrényemben/szekrényedben/szekrényünkben/szekrényetekben/ szekrényükben** ül.
Die Katze sitzt in meinem/deinem/unserem/eurem/ihrem Schrank.
A macska az **szekrényekre** ugrik.
Die Katze springt auf die Schränke.

Das Possessivsuffix der 3. Pers. Sg. wird vor dem Relationssuffix gedehnt:

Anna szekrénye: A macska Anna szekrény**jé**ben ül.
Die Katze sitzt in Annas Schrank.

8C Sprachgebrauch (Nyelvhasználat)

1. Straßen und Plätze

út *Straße* (breite Fahrstraße, oft Ausfallstraße);
 Weg (abstrakte Bedeutung)
 úton *auf der Straße; unterwegs*
 Víz van **az úton**. *Auf der Straße ist Wasser.*
 Úton vagyok. *Ich bin unterwegs.*

utca *Straße* (schmale Straße ohne schnellen Fahrzeugverkehr)
 az **utcán** *auf der Straße*
 Itt vagyunk a Petőfi Sándor **utcában**.
 Hier sind wir in der Sándor-Petőfi-Straße.

tér *Platz*
 Kossuth tér, Hősök tere *Heldenplatz*
 a téren *auf dem Platz*

2. Bútorok és berendezés

nappali

hálószoba

konyha

fürdőszoba

3. Rektion

> vkinek **szüksége van** vmire (vmihez)
> *jmd. benötigt etwas (zu/für etwas)*

Katinak sok pénzre van szüksége.   *Kati benötigt viel Geld.*
Katinak sok pénzre van szüksége a bútorvásárláshoz.
Kati benötigt viel Geld zum Möbelkauf.

4. Volkslied (Népdal)

(Forrás: Tiszán innen, Dunán túl, 150 magyar népdal, Zeneműkiadó Budapest, 1953, 55 od.)

HA FELMEGYEK

Moderato — Tápiószele (Pest m.), B.B.

Ha fel-me-gyek a bu-da-i nagy hegy-re,
Le-te-kin-tek, le-te-kin-tek a völgy-be.
Ott lá-tom a, ott lá-tom a ki-csi ker-tes
há-zun-kat, É-des-a-nyám sze-di a vi-rá-go-kat.

Hören Sie das Lied von der Cassette und lernen Sie es auswendig.

8D Übungen (Gyakorlatok)

1. *Setzen Sie die richtigen Lokalsuffixe ein:*

   Kati reggel nyolc órákor kimegy a lakás... Fél kilenckor bemegy az iroda..., leül a szék... és elkezd dolgozni. Az ebédszünet... elmegy a hentes... valami ennivalót venni. Délután is bent van az iroda... Munka után a bolt... siet, néha a posta... is kell mennie. A gyerekek hazajönnek az iskola..., megcsinálják a házi feladatokat és kimennek az utca... Este az egész család leül az asztal... és vacsorázik.

2. *Ergänzen Sie die Lokalsuffixe:*

   El tudtok jönni holnap este Szabóék...? Sajnos nem tudunk elmenni Szabóék..., mert holnap este Molnárék... vagyunk. Kb. kilenc órákor el akarunk jönni Molnárék... Ekkor talán még feljövünk Szabóék...

3. *Welche Lokalsuffixe sind hier einzusetzen?*

   Péter a Radnóti utca... lakik. Minden nap lemegy az utca..., beül az autója... és a Váci út... megy. Reggel és este sok autó van az út...

4. *Setzen Sie die richtigen Lokalsuffixe ein:*

   Nyáron megyünk Magyarország...
   Berlin..., Lipcse... és München... minden nap indulnak vonatok Budapest...
   Majd Budapest..., Eger..., Miskolc... és Debrecen... is megyünk.
   Szeged..., Székesfehérvár... és Veszprém... is vannak barátaink.
   Majd elmegyünk Szombathely... és Sopron... is. Sopron... indulunk Bécs..., Bécs... megyünk Németország...

5. *Setzen Sie Plural- und Lokalsuffixe ein!*

   > Muster: A gyerekek a szék... ülnek.
   > A gyerekek a székeken ülnek.

   A diákok iskola... tanulnak. A vendégek új ház... laknak. Sokat tudunk a könyv... (aus den Büchern). Kati bemegy az üzlet... A gyerekek kiveszik a könyveket a táska...

6. *Setzen Sie Possessiv- und Lokalsuffix ein!*

   > Muster: A (te) szoba... rendetlenség van. –
   > A szobádban rendetlenség van.

   Vendégek vannak a (ti) ház... A te kert... (aus deinem Garten) van ez az alma? Leülünk az (mi) asztal... Mit csináltok az (ti) iskola...?

8D

7. Sagen Sie, daß etwas notwendig ist!

   Muster: sok pénz, mi –
               sok pénzre van szükségünk
               sok pénz, Péter –
               Péternek sok pénzre van szüksége

   két hét szabadság, én
   új lakás, Kati
   saját szoba, gyerek
   több idő, mi
   tíz munkás, ők
   egy millió, te

8. Beschreiben Sie Ihre Wohnung!

9. Beantworten Sie die Fragen:

   Melyik szobában főzünk, mosakodunk, alszunk, fogadunk vendégeket, játszanak a gyerekek?

10. Beantworten Sie die Fragen:

    Mi van a szekrényben?  Ki ül a fotelben?  Ki fekszik az ágyban?

    Ki ül a széken?  Kik ülnek az asztalnál? 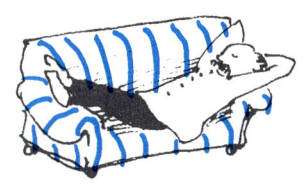 Ki pihen a pamlagon?

9A

9A   Text (Szöveg)

Magyar népszokások

(Források: Magyarország gyerekeknek, Forma-Art Budapest, Dömötör Tekla: Magyar népszokások, Corvina Kiadó Budapest, 1977)

Betlehemezés
Betlehemes játékok karácsony idején főleg falun szokásosak. Néhány gyerek pásztornak vagy a három királynak öltözik. Fából kis jászolt vagy templomot („Betlehemet") készítenek. Ezt magukkal viszik. Így járnak házról házra. Bent a házakban énekelnek és szövegeket mondanak el. Elmesélik Jézus születésének a történetét. Étellel itallal jutalmazzák meg őket.

Farsang
Az eredeti farsang szokásai már csak néhány helyen élnek. Különösen látványos a mohácsi farsang. A férfiak félelmetes álarcokat viselnek. Ezek fából, bőrből, bikaszarvakból készülnek. Az álarcos emberek az utcákon járnak és óriási lármát csapnak. Ezzel akarják elűzni a gonosz szellemeket, eltemetni a telet.

Húsvét
Húsvét fő szokásai a locsolás és a tojásfestés.
A locsolás: A legények vizet hoznak a kútból, elmennek a lányokhoz és vízzel öntözik őket. Ma már a kúti víz helyett kölnivizet használnak. Ezzel nem öntözik, hanem már csak locsolják a lányokat, asszonyakat.

9A

A tojásfestés: Az asszonyok és a lányok viasszal különböző mintákat „írnak" a tojásokra. Festékbe teszik, majd letörlik a tojásokról a viaszt. Ezeket hímes tojásoknak nevezik. Magyarországon sok-sok különböző minta létezik.

népszokás	Volksbrauch
nép (-ek, -et, -e)	Volk
szokás (-ok, -t, -a)	Brauch, Gewohnheit
betlehemezés (-ek, -t, -e)	(ein ungarischer Adventsbrauch)
betlehemes játék	Krippenspiel
főleg	besonders, vor allem
szokásos (-ak)	üblich, gewohnt
pásztor (-ok, -t, -a)	Hirte
király (-ok, -t, -a)	König
jászol (jászlak, jászlat, jászla)	Krippe
templom (-ok, -ot, -a)	Kirche
jár	gehen
énekel	singen
szöveg (-ek, -et, -e)	Text
(el-)mesél	erzählen
születés (-ek, -t, -e)	Geburt
történet (-ek, -et, -e)	Geschichte
ital (-ok, -t, -a)	Getränk
(meg-)jutalmaz	belohnen
farsang (-ok, -ot, -ja)	Fasching, Fastnacht
eredeti (-ek)	ursprünglich, original
hely (-ek, -et, -e)	Ort, Platz
különös (-ek)	besonders
látványos (-ak)	schön anzusehen (sehenswert)
látvány (-ok, -t, -a)	Anblick
Mohács (-ot)	Stadt in Südungarn
félelmetes (-ek)	furchterregend
álarc	Maske
ál-	Pseudo-
arc (-ok, -ot, -a)	Gesicht
bőr (-ök, -t, -e)	Leder; Haut
bikaszarv	Stierhorn
bika (-k, ´-t, ´-ja)	Stier
szarv (-ak, -at, -a)	Horn
készül (Passivbedeutung)	gemacht werden
álarcos ember	Mensch (Mann) mit Maske
óriási (-ak)	riesig, kolossal
óriás (-ok, -t, -a)	Riese
lárma (´-t, ´-ja)	Lärm
csap	schlagen, hauen
(el-)űz	vertreiben
gonosz (-ak)	böse
szellem (-ek, -et, -e)	Geist
(el-)temet	begraben
tél (telek, telet, tele)	Winter
fő	Haupt-
locsolás (-ok, -t, -a)	Bespritzen
tojásfestés	Anmalen von Eiern
festés (-ek, -t, -e)	Malen
legény (-ek, -t, -e)	Bursche
kút (kutak, kutat, -ja)	Brunnen
öntöz	gießen
helyett (Postpos.)	anstelle
locsol	bespritzen
asszony (-ok, -t, -a)	(verheiratete) Frau
viasz (-ok, -t, -a)	Wachs
különböző (-ek)	verschieden
minta (´-k, ´-t, ´-ja)	Muster
festék (-ek, -et, -e)	Farbe (als Material)
(le-)töröl	(ab-)wischen
hímes tojás	(bemaltes) Osterei
hímes (-ek)	bestickt, (bunt) verziert
nevez vmit/vkit vminek/vkinek	nennen
létezik	existieren
tavasz (-ok, -t, -a)	Frühling
nyár (nyarak, nyarat, nyara)	Sommer
ősz (-ök, -t, -e)	Herbst
úr (urak, urat, ura)	Herr
hölgy (-ek, -et, -e)	Dame
vonat (-ok, -ot, -ja)	Zug
hajó (-k, -t, -ja)	Schiff
busz (-ok, -t, -a)	Bus
villamos (-ok, -t, -a)	Straßenbahn, wörtl.: Elektrische
metró (´-k, -t, -ja)	U-Bahn, Metro
bicikli (-k, -t, -je)	Fahrrad

9B Grammatik (Nyelvtan)

1. Das Instrumentalsuffix -val/vel

> **Mivel** mész Magyarországra? – Repülő**vel**.
> *Womit fährst (wörtl.: gehst) du nach Ungarn? – Mit dem Flugzeug.*
> **Kivel** szeretsz dolgozni? – Anná**val**.
> *Mit wem arbeitest du gern? – Mit Anna.*

Für vokalisch auslautende Stämme gelten dieselben Lautregeln wie für die Lokalsuffixe.

Ein Konsonant (außer -h) im Stammauslaut aber verursacht die **Angleichung** des Suffixanlautes. Beachten Sie die Schreibung der dabei entstehenden langen Konsonanten (siehe auch Einleitung II.1.):

virág	+	-val	→	virág**gal**	*mit einer Blume*
Péte**r**	+	-vel	→	Péte**rrel**	*mit Peter*
szé**k**	+	-vel	→	szé**kkel**	*mit einem Stuhl*
lán**y**	+	-val	→	lán**nyal**	*mit einem Mädchen*
éte**l**	+	-vel	→	éte**llel**	*mit einer Speise*
lisz**t**	+	-vel	→	lisz**ttel**	*mit Mehl*
tojá**s**	+	-val	→	tojá**ssal**	*mit Ei*
te**j**	+	-vel	→	te**jjel**	*mit Milch*
ví**z**	+	-vel	→	ví**zzel**	*mit Wasser*
ké**z**	+	-vel	→	ké**zzel**	*mit der Hand*

> Péter a **lányokkal** énekel. *Peter singt mit den Mädchen.*
> Az én **autómmal** megyünk Magyarországra. *Wir fahren mit meinem Auto nach Ungarn.*

2. Die Suffigierung der Demonstrativpronomen und Konjunktionen

Demonstrativpronomen und Konjunktionen werden im Prinzip wie Substantive suffigiert, z.B.:

ami/aki + -nél → aminél/akinél
ami/aki + -vel → amivel/akivel

Alle auf Konsonant auslautenden Demonstrativpronomen bewirken die Angleichung des konsonantischen Suffixanlautes:

ez/az	+	-ba/be	→	e**bb**e/a**bb**a
ez/az	+	-ban/ben	→	e**bb**en/a**bb**an
ez/az	+	-ból/ből	→	e**bb**ől/a**bb**ól
ez/az	+	-ra/re	→	e**rr**e/a**rr**a
ez/az	+	-n/on/en/ön	→	eze**n**/azo**n**
ez/az	+	-ról/ről	→	e**rr**ől/a**rr**ól
ez/az	+	-hoz/hez/höz	→	e**hh**ez/a**hh**oz
ez/az	+	-nál/nél	→	e**nn**él/a**nn**ál
ez/az	+	-tól/től	→	e**tt**ől/a**tt**ól
ez/az	+	-val/vel	→	e**zz**el/a**zz**al

Bei Demonstrativpronomen im Plural und bei Konjunktionen findet die Angleichung nur vor **-val/vel** statt:

ezek/azok	+	-ba/be	→	ezekbe/azokba
...				
ezek/azok	+	-val/vel	→	eze**kk**el/azo**kk**al
amely	+	-ba/be	→	amelybe
...				
amelyek	+	-ba/be	→	amelyekbe
..				
amely	+	-val/vel	→	ame**ll**yel
amelyek	+	-val	→	amelye**kk**el
...				

Die Demonstrativpronomen werden (im Gegensatz zu den Attributen) mitdekliniert:

ez**t** a ház**at**   *dieses Haus* (Akkusativ)
en**nek** a ház**nak**   (Dativ)
eb**ben** a ház**ban**   *in diesem Haus*
eze**n** a nagy ház**on**   *auf diesem großen Haus*
eze**kkel** a háza**kkal**   *mit diesen Häusern*
...

3. Relativsätze

Abba az iskolába jár Péter, **amelyikben** Ferenc tanít.
Peter geht in jene Schule, in der Ferenc unterrichtet.

Annál az orvosnál vagyok, **amelyiknél** te is vagy.
Ich bin bei jenem Arzt, bei dem auch du bist.

Azzal az autóval megyünk, **ami** új.
Wir fahren mit jenem Auto, das neu ist.
...

4. Temporalbestimmungen

január**ban**	*im Januar*
február**ban**	*im Februar*
április**ban**	*im April*
szeptember**ben**	*im September*
...	

Die **Datumsangabe** auf die Frage *wann?* besteht aus der Ordnungszahl mit dem Possessivsuffix 3. Pers. Sg. und dem Lokalsuffix **-n**:

Mikor megyünk?   *Wann gehen/fahren wir?*

Január **elsején** megyünk.
Wir gehen/fahren am ersten Januar.

Február **másodikán** megyünk.
...   **harmadikán** ...
...   **negyedikén** ...
...   .

Wird das Wort **idő** *Zeit* wie oben suffigiert, erfüllt es eine den Postpositionen ähnliche Funktion, z.B.:

karácsony **idején**	*zur Weihnachtszeit*
húsvét **idején**	*zur Osterzeit*
szabadság **idején**	*zur Urlaubszeit*

Bei den Jahreszeiten werden die Suffixe **-n/on/en/ön** sowie **-val/vel** in temporaler Funktion verwendet:

tavasz	**tavasszal**	im Frühling
nyár	**nyáron**	im Sommer
ősz	**ősszel**	im Herbst
tél	**télen**	im Winter

In der Possessivkonstruktion wird immer das Lokalsuffix **-n/on/en/ön** verwendet:

1996 tavaszá**n**	im Frühjahr 1996
1996 nyará**n**	im Sommer 1996
1996 őszé**n**	im Herbst 1996
1996 telé**n**	im Winter 1996

9C Sprachgebrauch (Nyelvhasználat)

1. Verschiedene Wörter für *Frau* und *Mann*

Nő und **férfi** bedeuten *Frau* und *Mann* im allgemeinen ohne Aussage über den Familienstand, z.B.:

> Az irodában két férfi és három nő dolgozik.
> *In dem Büro arbeiten zwei Männer und drei Frauen.*

női kabát	*Damenmantel*	férfi kabát	*Herrenmantel*
női cipő	*Damenschuh*	férfi cipő	*Herrenschuh*
női W.C.	*Damentoilette*	férfi W.C.	*Herrentoilette*

Beachten Sie Adjektivbildung und Pluralformen:

nő *Frau*	→	**női** *Frauen-*	férfi *Mann*	→	**férfi** *Männer-*
nő	→	**nők** *Frauen*	férfi	→	**férfiak** *Männer*

Hölgy bedeutet *Dame* und wird als Höflichkeitsform verwendet, z.B.:

> Hölgyeim és uraim!   *Meine Damen und Herren!*

9C

Asszony bezeichnet die verheiratete Frau, z.B.:

    a lányok és asszonyok   *die Mädchen und Frauen*
    a legények és a férfiak   *die Burschen und die Männer*

Soll die im Ungarischen wenig gebräuchliche Anredeform *(Frau Müller, Herr Müller)* übersetzt werden, entspricht dem am ehesten:

    Müller asszony, Müller úr.

Gebräuchlicher ist die Verwendung des vollständigen Namens, z.B. am Telefon:

    Szabó Ferencnével szeretnék beszélni.
    Ich möchte gern mit Frau Szabó sprechen.
    Szabó Ferenccel szeretnék beszélni.
    Ich möchte gern mit Herrn Ferenc Szabó sprechen.

Wenn man jemanden vor Ort sprechen möchte, sagt man:

    Szabó Ferencnét keresem.   *Ich suche Frau Szabó.*
    Szabó Ferencet keresem.   *Ich suche Herrn Szabó.*

2. Aktive und passive Bedeutung bei Verben

Zwar kennt die ungarische Grammatik keine Passivformen, doch gibt es Verbpaare, die ein und dieselbe Grundbedeutung einmal als aktive Handlung und zum anderen als passives Geschehen darstellen, z.B.:

    készít (aktiv) – **készül** (passiv)
    A gyerekek kis templomot készítenek.
    Die Kinder stellen eine kleine Kirche her.

    A templom fából készül.
    Die Kirche wird aus Holz hergestellt.
    wörtl.: *Die Kirche stellt sich aus Holz her.*

Oft entwickeln sich dabei zwei Verben mit verschiedener Grundbedeutung; von Aktiv- und Passivbedeutung kann dann nicht mehr gesprochen werden:

    tanít – tanul
    A tanár tanít, a diákok tanulnak.
    Der Lehrer lehrt, die Schüler lernen.

3. Jár – ein wichtiges Verb der Bewegung

Das Verb **jár** kann konkrete Bewegung, gewohnheitsmäßiges Gehen oder abstraktere Sachverhalte ausdrücken, z.B.:

A gyerek már tud járni.   *Das Kind kann schon laufen.*
Autóval járok az irodába.   *Ich fahre (gewöhnlich) mit dem Auto zur Arbeit.*
Péter Annával jár.   *Peter geht mit Anna (ist ihr Freund).*
A gyerekek iskolába járnak.   *Die Kinder gehen zur Schule.*
Szabóék jól járnak az új lakásukkal.   *Szabós fahren gut mit ihrer neuen Wohnung.*

4. Magával visz *mitnehmen*

Magammal viszem a táskámat.   *Ich nehme meine Tasche mit (mir).*
Magaddal viszed a táskádat.   *Du nimmst deine Tasche mit (dir).*
Anna **magával viszi** a táskáját.   *Anna nimmt ihre Tasche mit (sich).*
Magunkkal visszük a táskánkat.   *Wir nehmen unsere Tasche mit (uns).*
Magatokkal viszitek a táskátokat.   *Ihr nehmt eure Tasche mit (euch).*
Müllerék **magukkal viszik** a táskájukat.   *Müllers nehmen ihre Tasche mit (sich).*

5. Verkehrsmittel

```
repülő – repülővel    mit dem Flugzeug
autó – autóval    mit dem Auto
vonat   Zug – vonattal    mit dem Zug
hajó   Schiff – hajóval    mit dem Schiff
busz   Bus – busszal    mit dem Bus
villamos   Straßenbahn – villamossal    mit der Straßenbahn
metró   U-Bahn – metróval    mit der U-Bahn
bicikli   Fahrrad – biciklivel    mit dem Fahrrad
          gyalog    zu Fuß
```

9D   Übungen (Gyakorlatok)

1. *Erfragen Sie, woraus die Dinge gemacht sind/werden:*

   Muster: templom – Miből készül a templom? – Fából.
   Miből készítik a templomot? – Fából.

   pad, bor, táska, galuska, halászlé, csabai

9D

2. *Fragen Sie, was/wer mitgenommen wird. Verwenden Sie, wenn es sinnvoll ist, in der Antwort das entsprechende Possessivsuffix:*

   Muster: te, táska – Mit viszel magaddal? A táskámat.

   Anna, sok pénz; ön, kabát; mi, szövegek; ti, játékok; Szabóék, ennivaló és egy liter víz

3. *Setzen Sie die Namen der vier Jahreszeiten mit den richtigen Suffixen ein:*

   ... és ... Magyarországon sok a napsütés. – ... és ... hideg van.

4. *Setzen Sie die Namen der Verkehrsmittel mit den richtigen Suffixen ein:*

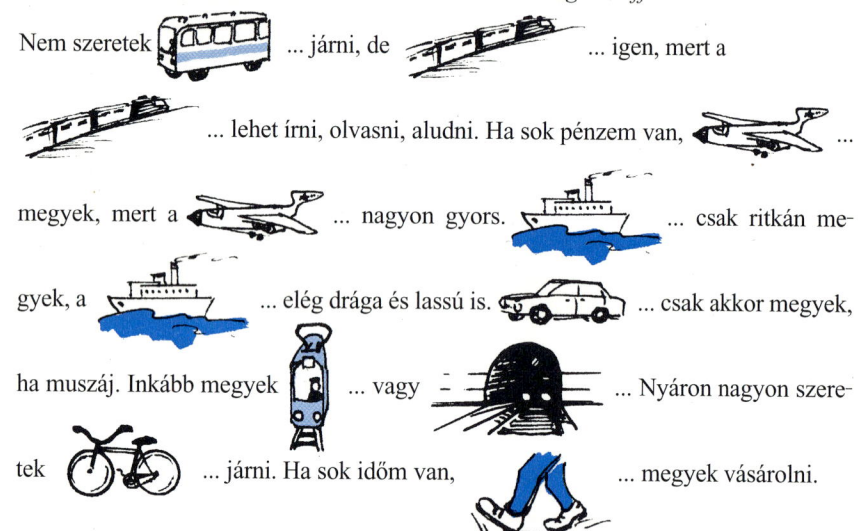

   Nem szeretek ... járni, de ... igen, mert a ... lehet írni, olvasni, aludni. Ha sok pénzem van, ... megyek, mert a ... nagyon gyors. ... csak ritkán megyek, a ... elég drága és lassú is. ... csak akkor megyek, ha muszáj. Inkább megyek ... vagy ... Nyáron nagyon szeretek ... járni. Ha sok időm van, ... megyek vásárolni.

5. *Sie bestellen etwas im Restaurant. Leider kann es der Kellner nicht bringen. Bestellen Sie etwas anderes dafür.*

   Muster: húsleves, csontleves – Egy húslevest kérek.
   Sajnos nem tudok adni. – Akkor a húsleves helyett kérek egy csontlevest.

   galuska, krumpli; egy paradicsomsaláta, fejes saláta; egy tea, egy kávé; egy zsemle, egy szelet kenyér; egy halászlé, egy bécsi szelet; egy ásványvíz, egy üveg bor

6. *Machen Sie aus zwei Hauptsätzen einen Relativsatz.*

   Muster: Ebben az iskolában tanul Csaba.
   Ebben az iskolában tanít Ferenc. –
   Csaba abban az iskolában tanul, amelyikben Ferenc tanít.

Ebben a házban lakik Anna. Ebben a házban van macska.
Erre a postára megy Kati. Ezen a postán dolgozik Éva.
Ehhez az orvoshoz jár Emese. Ez az orvos kedves.
Ezzel a vonattal megyünk. Ez a vonat Münchenből indul.
Erről a hegyről nézünk le a völgybe. Erre a hegyre jöttök ti fel.
Ezekre a hegyekre megyünk fel. Ezek a hegyek magasak.

7. *Setzen Sie die richtige Form der Temporalbestimmung ein:*

   1997 (nyár) ... Magyarországra megyünk. (Július) ... vagy (augusztus) ... akarunk ott lenni. Ha július (tíz) ... indulunk vonattal, akkor (tizenegy) ... Budapesten leszünk. Akkor (tizenkettő) ... Budapestről indulunk a Mátrába és (tizenhárom) ... felmegyünk a hegyekre.

8. *Sagen Sie, wen Sie sprechen möchten.*

   Muster: Szabó Ferenc, beszél –
   Szabó Ferenccel szeretnék beszélni.

   Molnár Margit, beszél; Tóth Tünde, keres; Nagy Ilona, keres; Kovács Józsefné, beszél

10A

10A Text (Szöveg)

Ferenc keresi a kulcsát

Reggel nyolc óra van. Ferenc éppen indulni akar az iskolába.

Kati: Megvan mindened, a táskád, az uzsonnád, a sálad, a kulcsod, ...?

Ferenc: A kulcsom! Nincs meg a kulcsom! Hol van? Mindig ide teszem e mellé a váza mellé, de most nincs itt.

Kati: Megnézem a kabátodban, hátha a zsebében van. – Itt sincs. Talán a váza mögött van?

Ferenc: Soha nem teszem a váza mögé, mindig a váza mellé teszem. Látod, hogy ott sincs. De lehet, hogy a polc mögött van. A polc mögé kell néznünk, hátha ott van.

Kati: Valamit látok, de ez nagyobb, mint egy kulcs. Mindjárt megvan: ó, a napszemüvegem, ezt már régóta keresem. És még valamit látok. Kiváncsi vagyok, még mi minden fog előkerülni e mögül a könyvespolc mögül!

Ferenc: Talán a kulcsom is. De ez megint valami más: Emese ceruzája. Most már el kell indulnom az iskolába, akár megvan a kulcsom, akár nincs.

Kati: Talán nincs is itt a lakásban, esetleg lent van a kocsiban.

Ferenc: Ez jó ötlet. Meg fogom nézni az üléseken és a csomagtartóban.

Kati: Az ülések alá és közé is kell nézned. ...

Ferenc: Megvan végre, itt van, az ülés alatt. Mindig neked vannak a legjobb ötleteid!

kulcs (-ok, -ot, -a)	Schlüssel	fölött (Postpos.)	über (wo?)
éppen	gerade, eben	fölül (Postpos.)	von ... herab (woher?)
uzsonna (́k, ́t, ́ja)	Vesper	felé (Postpos.)	nach, in Richtung (wohin?)
sál (-ak, -at-, -ja)	Schal		
ide	hierhin	felől (Postpos.)	von, aus Richtung (woher?)
mellé (Postpos.)	neben (wohin?)		
váza (́k, ́t, ́ja)	Vase	alól (Postpos.)	unter ... hervor (woher?)
megnéz	nachsehen		
hátha	falls, vielleicht (unsichere Annahme)	között (Postpos.)	zwischen (wo?)
		közül (Postpos.)	zwischen ... hervor (woher?)
zseb (-ek, -et, -e)	Tasche		
mögött (Postpos.)	hinter (wo?)	köré (Postpos.)	um ... herum (wohin?)
mögé (Postpos.)	hinter (wohin?)	körül (Postpos.)	um ... herum (wo?)
lehet	es kann sein	(vmin) át (Postpos.)	hindurch; (hin-)über
mint (Konj. bei Vergleich)	als	(vmin) keresztül (Postpos.)	hindurch; (hin-)über
mindjárt	sofort, gleich	(vmin) kívül (Postpos.)	außerhalb
napszemüveg	Sonnenbrille	(vmin) belül (Postpos.)	innerhalb
szemüveg (-ek, -et, -e)	Brille	kerítés (-ek, -t, -e)	Zaun
régóta	seit langem	épít (-eni)	bauen
kíváncsi	neugierig	város (-ok, -t, -a)	Stadt
mi minden	was alles	elterül	sich erstrecken
előkerül	hervorkommen, zum Vorschein kommen	sétál	spazierengehen
		erdő (-k, -t, -je)	Wald
kerül (vhova)	gelangen, geraten, kommen	játszik (-ani)	spielen
		dél (delet, dele)	Mittag; Süden
mögül (Postpos.)	hinter ... hervor (woher?)	(vmin) túl (Postpos.)	jenseits
		(vmivel) szemben (Postpos.)	gegenüber
megint	wieder		
más (-ok, -t)	andere(r/s)		
ceruza (́k, ́t, ́ja)	Bleistift	bíró (-k, -t, -ja)	Richter
akár ... akár	ob ... oder ...	ítélkezik	richten
akár	gerade wie, (sogar)	vádlott (-ak, -at, -ja)	Angeklagter
esetleg	möglicherweise	uralom (uralmak, uralmat, uralma)	Herrschaft
kocsi (-k, -t, -ja)	Wagen, Auto		
ötlet (-ek, -et, -e)	Idee	oda	dorthin
ülés (-ek, -t, -e)	Sitz	innen	von hier (woher?)
csomagtartó (-k, -t, -ja)	Kofferraum	onnan	von dort (woher?)
csomag (-ok, -ot, -ja)	Paket; Gepäck	kevésbé (Adv.)	weniger
tartó	Halter	így/úgy	so
alá (Postpos.)	unter (wohin?)	könyvesbolt	Buchhandlung
közé (Postpos.)	zwischen (wohin?)	eszpresszó (-k, -t, -ja)	Café
végre	endlich	elér	erreichen
alatt (Postpos.)	unter (wo?)	(be-)kanyarodik	einbiegen
		lekanyarodik	abbiegen
mellől (Postpos.)	neben (woher?)	ÁBC (-k, -t, -je)	Supermarkt
elé (Postpos.)	vor (wohin?)	végig	bis ans Ende
előtt (Postpos.)	vor (wo?)	fordul (vhova)	sich wenden
elől (Postpos.)	vor (woher?)		
fölé (Postpos.)	über (wohin?)	kezdődik	beginnen

10B

10B Grammatik (Nyelvtan)

1. Die lokalen Postpositionen

Um Lokalrelationen auszudrücken, verwendet man im Ungarischen entweder Lokalsuffixe (vgl. 8B) oder Postpositionen. Die Mehrzahl der lokalen Postpositionen bildet das gleiche System wie die Suffixe (hova? – hol? – honnan?):

hova? *wohin?*	hol? *wo?*	honnan? *woher?*
mellé	mellett *neben*	mellől
elé	előtt *vor*	elől
mögé	mögött *hinter*	mögül
alá	alatt *unter*	alól
fölé	fölött/felett *über*	fölül
felé *in Richtung*	÷	felől *aus Richtung*
közé	között *zwischen*	közül
köré	körül *um ... herum*	÷

Beispiele für die Konstruktion **Nominativ + Postposition**:

A macska a ház mögé ugrik.

A macska a ház mögött ül.

A macska a ház mögül ugrik el.

Hova?	Ferenc az ülések **alá** néz. *Ferenc schaut unter die Sitze.*
Hol?	A kulcs az ülések **alatt** van. *Der Schlüssel ist unter den Sitzen.*
Hol?	Ferenc a ház **előtt** dolgozik. *Ferenc arbeitet vorm Haus.*
Honnan?	A polc **mögül** Kati napszemüvege kerül elő. *Hinter dem Regal kommt Katis Sonnenbrille hervor.*

10B

Hol?   A város és az egyetem **között** egy park terül el.
          Zwischen der Stadt und der Universität erstreckt sich ein Park.
Hova?   Ferenc kerítést épít a ház **köré**.
          Ferenc baut einen Zaun um das Haus herum.
Hol?   A ház **körül** van kerítés.
          Um das Haus herum ist ein Zaun.

Postpositionen, die **nicht mit dem Nominativ** stehen:

vmin **át**   *durch etwas hindurch*
vmin **keresztül**   *durch etwas hindurch*
vmin **túl**   *jenseits von etwas*
vmin **kívül**   *außerhalb von etwas*
vmin **belül**   *innerhalb von etwas*
vmivel **szemben**   *gegenüber von etwas*

Beispiele für die Konstruktion **vmin/vmivel + Postposition**:

A város**on át** sétálunk.   *Wir spazieren durch die Stadt.*
A város**on keresztül** sétálunk.   *Wir spazieren durch die Stadt hindurch.*
a Duná**n túl**   *jenseits der Donau*
A város**on kívül** erdő van.   *Außerhalb der Stadt ist Wald.*
A város**on belül** lassan járnak az autók.   *Innerhalb der Stadt fahren die Autos langsam.*
A postá**val szemben** várlak.   *Ich warte auf dich gegenüber der Post.*

2. Postpositionen in Konstruktionen mit Demonstrativpronomen

A gyerekek **ez alatt az asztal alatt** vannak.   *Die Kinder sind unter diesem Tisch.*
A gyerekek **az alatt az asztal alatt** vannak, amelyiken az ebéd áll.
Die Kinder sind unter jenem Tisch, auf dem das Mittagessen steht.
A gyerekek **ezek alatt a fák alatt** játszanak.   *Die Kinder spielen unter diesen Bäumen.*

Vor konsonantisch anlautenden Postpositionen wird statt **ez/az** die Form **e/a** verwendet:

A macska **e mellé a ház mellé** ugrik.   *Die Katze springt neben dieses Haus.*
A macska **e mellett a ház mellett** ül.   *Die Katze sitzt neben diesem Haus.*
A macska **e mellől a ház mellől** ugrik el.   *Die Katze springt hinter diesem Haus hervor.*

3. Gebrauch der Postpositionen in temporaler Bedeutung

Mikor indulunk?	*Wann gehen wir los?*
Kilenc óra **előtt/után**.	*Vor/nach neun Uhr.*
Kilenc óra **előtt/után** öt perccel.	*Fünf Minuten vor/nach neun Uhr.*
Fél kilenc **előtt/után** három perccel.	*Drei Minuten vor/nach halb neun.*
Négy és öt óra **között**.	*Zwischen vier und fünf Uhr.*
Dél **körül**.	*Gegen Mittag.*

mennyi idő **alatt**?	*in welcher Zeit?*
két óra **alatt**	*innerhalb von zwei Stunden*

mennyi időn **keresztül/át**?	
négy órán **keresztül/át**	*vier Stunden hindurch*

4. Die Komparation der Adjektive

Der **Komparativ** wird mit der Endung **-bb** gebildet.
Bindevokale sind – wie bei der Adverbbildung **-a-** oder **-e-** (vgl. 3B3). Adjektive im Superlativ erhalten zusätzlich die Vorsilbe **leg-**, z.B.:

    kis *klein* – **kisebb** *kleiner* – **legkisebb** *am kleinsten*

Positiv	Komparativ	Superlativ
nagy	nagyobb	legnagyobb
rossz	rosszabb	legrosszabb
csúnya	csúnyább	legcsúnyább
régi	régibb	legrégibb
szorgalmas	szorgalmasabb	legszorgalmasabb
lusta	lustább	leglustább
szigorú	szigorúbb	legszigorúbb
kedves	kedvesebb	legkedvesebb
ügyes	ügyesebb	legügyesebb
fiatal	fiatalabb	legfiatalabb
magyaros	magyarosabb	legmagyarosabb
édes	édesebb	legédesebb
boldog	boldogabb	legboldogabb
kellemes	kellemesebb	legkellemesebb
meleg	melegebb	legmelegebb

Positiv	Komparativ	Superlativ
hideg	hidegebb	leghidegebb
olcsó	olcsóbb	legolcsóbb
késő	később	legkésőbb
egyszerű	egyszerűbb	legegyszerűbb
látványos	látványosabb	leglátványosabb
gonosz	gonoszabb	leggonoszabb

Ausnahmen:

jó	jobb	legjobb
szép	szebb	legszebb
sok	**több**	**legtöbb**

Vgl. auch mit dem Adverb:

kevés (kevesen)	kevesebb	legkevesebb
hosszú (hosszan)	hosszabb	leghosszabb
lassú (lassan)	lassabb	leglassabb

Adjektive im Komparativ oder Superlativ können auch als Adverb gebraucht werden. Sie erhalten dann das Suffix -n nach dem Bindevokal -a- oder -e- (vgl. 3B3), z.B.:

> Péter most **szorgalmasabban** tanul, de Anna tanul a **legszorgalmasabban**.
> *Peter lernt jetzt fleißiger, aber Anna lernt am fleißigsten.*

Die Adverbien **jól** und **rosszul** werden im Komparativ oder Superlativ ebenfalls mit -n suffigiert:

> **Péter jobban csinálja ezt.** *Peter macht das besser.*

5. Der Vergleich mit der Konjunktion mint

Róma régibb, **mint** Budapest.   *Rom ist älter als Budapest.*
Kevesebben vagyunk, **mint** tegnap.   *Wir sind weniger als gestern.*

10C

10C Sprachgebrauch (Nyelvhasználat)

1. Postpositionen in abstrakter Bedeutung

A lábad **elé** kell nézned. *Du mußt schauen, wo du hintrittst.*
wörtl.: ... *vor deine Füße schauen*
A bíró ítélkezik a vádlott **fölött**. *Der Richter richtet über den Angeklagten.*
a király uralma **alatt**   *unter der Herrschaft des Königs*
Ezek **közül** a kenyerek **közül** kérek egyet.   *Ich möchte eines von diesen Broten.*
Ezen **kívül** mást nem kérek.   *Darüber hinaus/außerdem möchte ich nichts (weiter).*

2. Hier und dort

Wohin?	**ide -oda**	*hierhin – dorthin*
Wo?	**itt -ott**	*hier – dort*
Woher?	**innen – onnan**	*von hier – von dort*

Beispiele:

Hova mész? – Oda megyek.   *Ich gehe dorthin.*
Hol vagy? – Itt vagyok.   *Ich bin hier.*
Honnan jössz? – Onnan jövök.   *Ich komme von dort.*

3. Etwas mehr oder weniger mögen

Bort szeretsz vagy sört?   *Magst du Wein oder Bier?*
Jobban szeretem a bort.   *Wein mag ich lieber.*
A sört **kevésbé szeretem**.   *Bier mag ich weniger.*

4. Zseb und táska

Zseb bedeutet *Tasche* in Kleidungsstücken,
táska bedeutet *Tasche* als Behältnis, z.B.:

    A kulcs a kabát zsebében van.   *Der Schlüssel ist in der Manteltasche.*
    A kulcs az iskolatáskában van.   *Der Schlüssel ist in der Schultasche.*

10C

5. Kerül, ein weiteres Verb der Bewegung

> vki/vmi vhova **kerül**
> *jmd./etw. gelangt/gerät irgendwohin*

Hogy kerül a kulcs az ülés alá?   *Wie kommt der Schlüssel unter den Sitz?*

> vki **kerül** vmit/vkit
> *jmd. meidet etw./jmdn.*

Kati kerüli a kávét.   *Kati meidet den Kaffee.*

> vmi vmennyibe **kerül**
> *etw. kostet irgendwieviel*

Mennyibe kerül a narancs?   *Was kosten die Orangen?*
300 forintba kerül kilója.   *300 Ft kostet das Kilo.*

6. Hátha = Ausdruck von Hoffnung oder Unsicherheit

Megnézem a kabátod zsebében, hátha ott van.
Ich sehe in der Tasche deines Mantels nach, vielleicht ist er ja dort (ich hoffe es).

Veszek egy üveg bort, hátha a vendégek szeretik.
Ich kaufe eine Flasche Wein, vielleicht mögen ihn die Gäste (ich bin mir nicht sicher).

7. Akár ..., akár ...

Akár így, akár úgy.   *Ob so oder so.*

Akár hiszed, akár nem, megvan a kulcs.
Ob du's glaubst oder nicht, der Schlüssel ist da.

10C/10D

8. Kati útja az irodába (Katis Weg ins Büro)

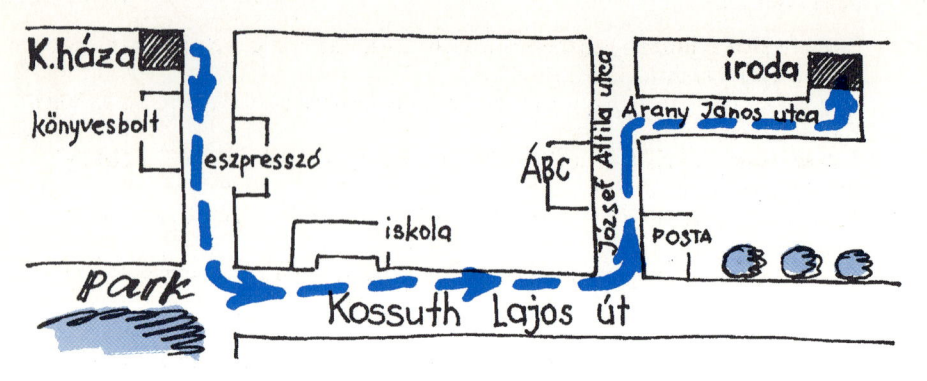

Kati kimegy az utcára és elindul jobbra. Elmegy a könyvesbolt és az eszpresszó mellett. Amikor eléri a parkot, balra bekanyarodik a Kossuth Lajos útra. Elmegy az iskola mellett. A posta előtt lekanyarodik balra és a József Attila utcán megy tovább. Ott van egy nagy ÁBC. Ez után az ÁBC után bekanyarodik jobbra az Arany János utcába. Végigmegy ezen az utcán, balra fordul és néhány méter után ott is van az iroda.

10D Übungen (Gyakorlatok)

✻ 1. *Beschreiben Sie Lacis Weg zur Schule:*

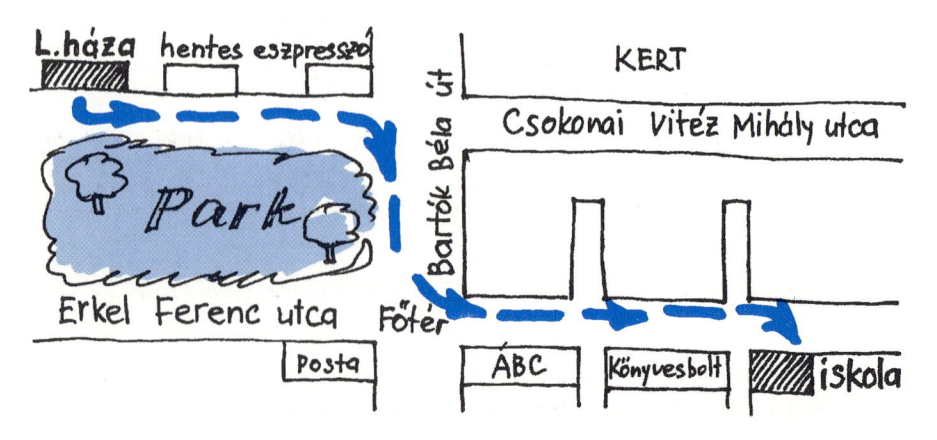

126

2. *Setzen Sie die fettgedruckte Postposition in den darauffolgenden Sätzen in der richtigen Form ein:*

Emese a játékai **között** ül: Emese a játékai ... teszi az új könyvét. Emese elveszi a játékai ... az új könyvét.
A templom **előtt** emberek vannak: Az emberek mennek a templom ... Az emberek eljönnek a templom ...
A Duna **alatt** is van metró: A Kossuth térnél lemegy a metró a Duna ... A Batthyány térnél feljön a metró a Duna ...
Az óvoda **mögött** kert van: A szülők az óvoda ... néznek. A gyerekek az óvoda ... jönnek elő.
A pénz a könyv **alatt** van: A könyv ... teszem a pénzt. A könyv ... veszem el a pénzt.

3. *Fügen Sie die fehlenden Endungen an, beachten Sie eventuelle Lautveränderungen im Stamm:*

A vonat Magyarország... keresztül megy. Ez... kívül mást nem kérek. A ház... belül nem szabad nagy lármát csapni. Hajóval megyünk a tó... át.

4. *Bilden Sie aus zwei Hauptsätzen einen Relativsatz.*

   Muster: **A gyerekek a fák alatt játszanak. A fák zöldek. –
   A gyerekek az alatt a fák alatt játszanak, amelyek zöldek.**

   A kulcs a szekrény mögött van. A szekrényt nem használjuk.
   A gyerekek az iskola előtt vannak. Az iskolában Ferenc tanít.
   A kerten belül vannak fák. A kert a ház mögött van.

5. *Beantworten Sie die Fragen auf die Minute genau.*

   Muster: **Mikor indulunk?
   Hét óra tizenöt perckor.**

   Mikor kezdődik az iskola?
   Mikor indul a vonat?
   Mikor jönnek a vendégek?

6. *Beantworten Sie die Fragen mit den in Klammern stehenden Zeitangaben:*

   Mennyi idő alatt készül a halászlé? (kb. másfél óra)
   Mennyi idő alatt készül egy könyv? (kb. egy hét)
   Mennyi idő alatt lehet a magyar nyelvet megtanulni? (2–3 év)

10D

7. *Setzen Sie das jeweils verwendete Adjektiv im Komparativ und Superlativ ein.*

   Muster: Laci szorgalmas, Emese szorgalmasabb, de Anna a legszorgalmasabb.

   Az édesanyánk szigorú, a tanárunk ..., de az édesapánk a ... A nővérem ügyes, a bátyám ..., de az öcsém a ... A sör jó, a fehér bor ..., de a ... a vörös bor. Anna ruhája szép, Éváé ..., de Katié a ... Nekem sok jó ötletem van, neked még ... jó ötleted van, de a ... jó ötlete Jánosnak van. A házunk nagy, az iskola ..., a templom a ... Katinak kevés pénze van, Emesének még ... pénze van, Lacinak van a ... pénze. A vonat lassú, a villamos ..., a bicikli a ...

8. *Machen Sie Vergleiche.*

   Muster: Emese szépen ír. (Laci) –
   Emese szebben ír, mint Laci.

   A postás gyorsan dolgozik. (az asztalos)
   A leves jól sikerül. (a hús)
   A kocsi gyorsan megy. (a bicikli)
   A polcon sok könyv van. (a szekrényben)
   A váza régi. (a szék)
   Szép a sálad. (az enyém)

9. *Fragen Sie nach dem Preis und antworten Sie mit dem in Klammern angegebenen Wert.*

   Muster: a kávé (20 Ft.) –
   Mennyibe kerül a kávé? – A kávé 20 forintba kerül.

   ez a kabát (15 000 Ft.), egy üveg bor (350 Ft.), ez a könyv (800 Ft.), egy kiló kolbász (900 Ft.), ez az autó (900 000 Ft.)

✻ 10. *Sagen Sie, was Sie mehr und was Sie weniger gern mögen. Stellen Sie Ihrem Gesprächspartner ähnliche Fragen.*

   Mit szeretsz jobban, bort vagy sört, kávét vagy teát, húst vagy halat, almát vagy körtét, tejet vagy ásványvizet, magyar vagy német ételt, csontlevest vagy húslevest, tortát vagy rétest, ...?

11A

11A Text (Szöveg)

Magyarország földrajza

Magyarország a Kárpát-medencében terül el. Területe 93 030 négyzetkilométer. A tengerszint feletti legalacsonyabb pontja **Hódmezővásárhely** környékén van (80m). Az ország legmagasabb pontja a **Kékes tető** (1014m). Magyarország szomszédai északon Szlovákia, északkeleten Ukrajna, délkeleten Románia, délen Szerbia és Horvátország, délnyugaton Szlovénia és nyugaton Ausztria. A **Duna** két részre osztja az országot. A nyugati rész a Dunántúl, a keleti az Alföld. A Dunántúl közepén terül el Magyarország legnagyobb tava: a **Balaton**. Az Alföldön a **Tisza** folyik keresztül.

A **Dunántúl** az Alföldnél változatosabb, ott hegyek, dombok, síkságok vannak. A Dunántúl apró falvaiban és régi városaiban Magyarország legrégibb építészeti emlékei vannak, így pl. **Kőszegen, Szombathelyen, Tatán, Székesfehérváron, Veszprémben** és **Pécsen**. A Dunántúltól északra a **Kisalföld** terül el.

Az **Alföld** legnagyobb része síkság. Ahol homokos a talaj, ott pusztaságok vannak. A leghíresebb puszta a **Hortobágy**. De vannak a mezőgazdaság számára értékes lösztalajok is. Magyarország egyik legszebb helye a **Dunakanyar**. **Esztergom** és **Budapest** között a folyó keletről délre változtatja irányát. Mellette hegyek és erdők emelkednek, benne magányos szigetek vannak.

A Balaton északi partjától egészen az ország északkeleti határáig középhegységek húzódnak el. Ezek a **Bakony**, a **Vértes**, a **Pilis**, a **Mátra**, a **Bükk** és a **Zempléni-hegység**. Délen csak egy hegység van: a **Mecsek**.

Magyarország Középkelet-Európához tartozik. Benne Kelet- és Nyugat-, Észak- és Dél-Európa találkozik. Ez nemcsak az ország történelmében és kultúrájában van így, hanem az éghajlatában is. A növények közül vannak olyanak, amelyek az északi hűvösebb időjárást kedvelik (pl. fenyők, bükkök), de vannak, amelyek a kelet-európai kontinentális éghajlathoz tartoznak, sőt déli mediterrán növények is honosok Magyarországon, pl. a mandula.

11A

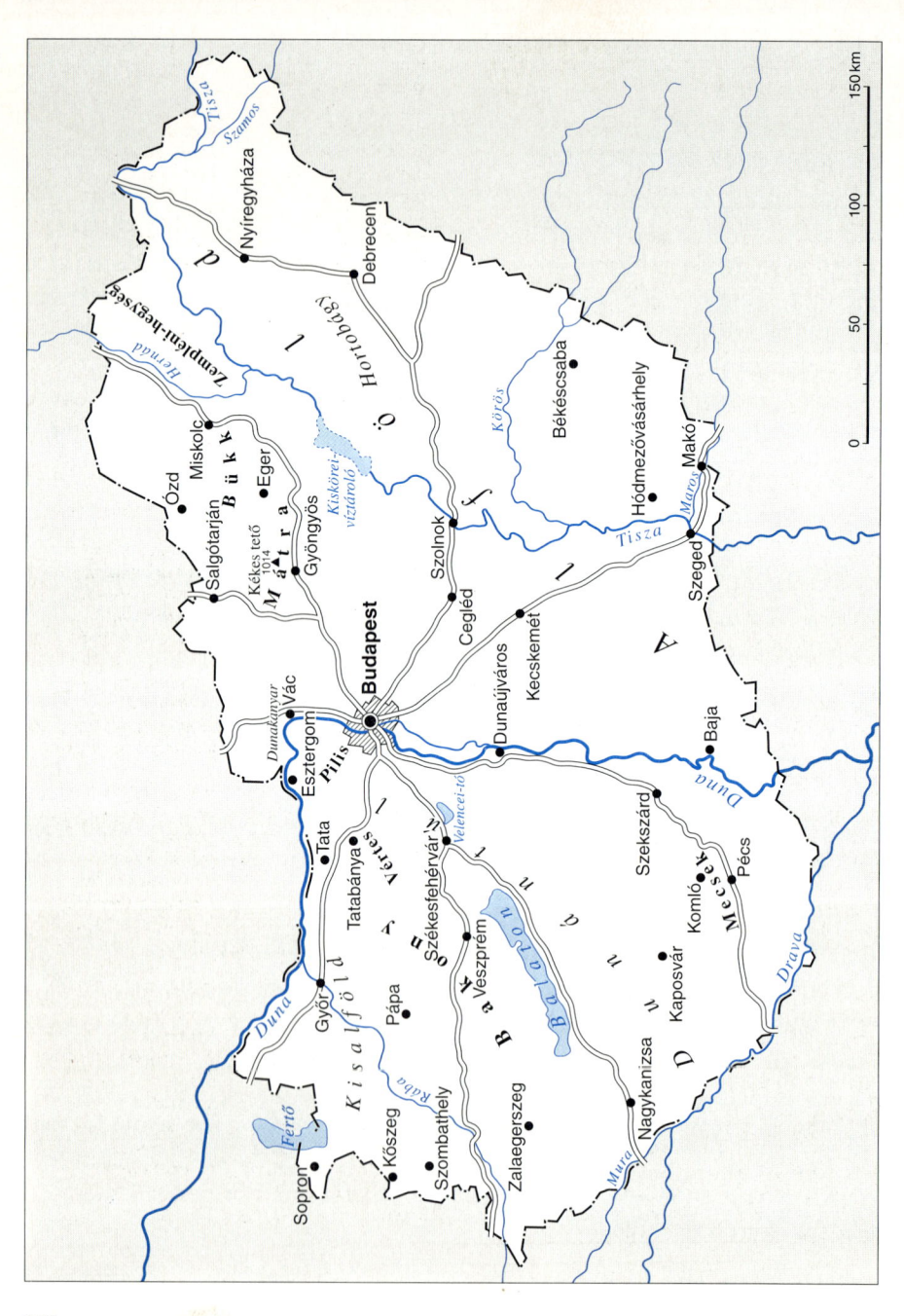

11A

földrajz (-ok, -ot, -a)	*Geographie, Erdkunde*	emelkedik	*sich erheben*
Kárpát-medence	*Karpatenbecken*	magányos (-ak)	*einsam*
medence (-k, -t, -je)	*Becken*	sziget (-ek, -et, -e)	*Insel*
terület (-ek, -et, -e)	*Gebiet*	part (-ok, -ot, -ja)	*Ufer*
négyzetméter	*Quadratmeter*	határ (-ok, -t, -a)	*Grenze*
tengerszint (-ek, -et, -je)	*Meeresspiegel*	középhegység	*Mittelgebirge*
alacsony (-ak)	*niedrig*	hegység (-ek, -et, -e)	*Gebirge*
pont (-ok, -ot, -ja)	*Punkt*	(el-)húzódik	*sich (hin-)ziehen*
környék (-ek, -et, -e)	*Umgebung, Gegend*	Középkelet-Európa	*Mittelosteuropa*
magas (-ak)	*hoch*	találkozik	*sich treffen*
szomszéd (-ok, -ot, -ja)	*Nachbar*	történelem (történel-	*Geschichte*
észak (-ot, -ja)	*Norden*	mek, történelmet,	
északkelet	*Nordosten*	történelme)	
délkelet	*Südosten*	kultúra (-k, -t, -ja)	*Kultur*
kelet (-et, -e)	*Osten*	éghajlat (-ok, -ot, -a)	*Klima*
horvát (-ok, -ot)	*kroatisch; Kroate/ Kroatin*	növény (-ek, -t, -e)	*Pflanze*
		hűvös (-ek)	*kühl*
délnyugat	*Südwesten*	időjárás (-t, -a)	*Wetter*
nyugat (-ot, -ja)	*Westen*	kedvel	*mögen*
oszt (-ani)	*teilen*	fenyő (-k, -t, -je)	*Nadelbaum*
Dunántúl (-t)	*Transdanubien*	bükk (-ök, -öt, -je)	*Buche*
Alföld (-et)	*Große Ungarische Tiefebene*	tartozik (vmihez)	*gehören (zu etwas)*
		sőt	*sogar*
közép (közepek, köze- pet, közepe)	*Mitte*	honos (-ok)	*beheimatet*
		mandula (-k, -t, -ja)	*Mandel(-baum)*
folyik	*fließen*	mettől?	*von/ab wo/wann?*
változatos (-ak)	*abwechslungsreich*	mikortól?	*von/ab wann?*
domb (-ok, -ot, -ja)	*Hügel*	meddig?	*bis wohin/wann?*
síkság (-ok, -ot, -ja)	*Ebene*		
sík (-ak)	*eben*	érkezik (vhova)	*ankommen*
építészet (-ek, -et, -e)	*Architektur, Baukunst*	bízik (vkiben/vmiben)	*vertrauen*
emlék (-ek, -et, -e)	*Erinnerung; hier: (Bau-)Denkmal*	gondol (vmire/vkire)	*denken (an)*
		gondolkozik/gondolko- dik (vmin)	*nachdenken (über)*
pl., például	*z.B., zum Beispiel*	képes (vmire)	*(zu etwas) fähig sein*
példa (-k, -t, -ja)	*Beispiel*	múlik; vmin múlik	*vergehen; an etwas liegen*
Kisalföld	*Kleine Ungarische Tiefebene*		
		függ (vmitől)	*(ab-)hängen*
homokos (-ak)	*sandig*	fél (vmitől)	*Angst haben (vor)*
homok (-ok, -ot, -ja)	*Sand*	tart (vmitől)	*(etwas) befürchten*
talaj (-ok, -t, -a)	*Boden*	tart (-ani)	*halten; (an-)dauern*
pusztaság (-ok, -ot, -a)	*Ödland*	alkalom (alkalmak, al- kalmat, alkalma)	*Anlaß*
mezőgazdaság (-ok, -ot, -a)	*Landwirtschaft*		
		dísztávirat	*Schmuckblattele- gramm*
mező (-k, -t, -je)	*Feld, Wiese*		
gazdaság (-ok, -ot, -a)	*Wirtschaft*	dísz (-ek, -t, -e)	*Schmuck*
számára (Postpos.)	*für*	távirat (-ok, -ot, -a)	*Telegramm*
értékes (-ek)	*wertvoll*	boldogság (-ot, -a)	*Glück*
érték (-ek, -et, -e)	*Wert*	hétfő (-k, -t, -je)	*Montag*
lösz	*Löß*	kedd (-ek, -et, -je)	*Dienstag*
egyik (-et, -e)	*der/die/das eine*	szerda (-k, -t, -ja)	*Mittwoch*
Dunakanyar (-t)	*Donauknie*	csütörtök (-ök, -öt, -je)	*Donnerstag*
kanyar (-ok, -t, -ja)	*Kurve*	péntek (-ek, -et, -je)	*Freitag*
folyó (-k, -t, -ja)	*Fluß*	szombat (-ok, -ot, -ja)	*Samstag*
(meg-)változtat	*(ver-)ändern*		
irány (-ok, -t, -a)	*Richtung*		

11B

11B Grammatik (Nyelvtan)

1. Personalpronomen + Kasussuffix

én + -ban/ben → **bennem** *in mir*

	-ba/be	-ban/ben	-ból/ből
(én-)	belém	bennem	belőlem
(te-)	beléd	benned	belőled
(ő-)	bele	benne	belőle
	önbe	önben	önből
(mi-)	belénk	bennünk	belőlünk
(ti-)	belétek	bennetek	belőletek
(ő-)	beléjük	bennük	belőlük
	önökbe	önökben	önökből

	-ra/re	-n/on/en/ön	-ról/ről
(én-)	rám	rajtam	rólam
(te-)	rád	rajtad	rólad
(ő-)	rá	rajta	róla
	önre	önön	önről
(mi-)	ránk	rajtunk	rólunk
(ti-)	rátok	rajtatok	rólatok
(ő-)	rájuk	rajtuk	róluk
	önökre	önökön	önökről

	-hoz/hez/höz	-nál/nél	-tól/től
(én-)	hozzám	nálam	tőlem
(te-)	hozzád	nálad	tőled
(ő-)	hozzá	nála	tőle
	önhöz	önnél	öntől
(mi-)	hozzánk	nálunk	tőlünk
(ti-)	hozzátok	nálatok	tőletek
(ő-)	hozzájuk	náluk	tőlük
	önökhöz	önöknél	önöktől

11B

	-val/vel	
(én-)	velem	mit mir
(te-)	veled	mit dir
(ő-)	vele	mit ihm/ihr
	önnel	mit Ihnen (Sg.)
(mi-)	velünk	mit uns
(ti-)	veletek	mit euch
(ő-)	velük	mit ihnen
	önökkel	mit Ihnen (Pl.)

Beispiele:

Mikor jöttök **hozzánk**?   *Wann kommt ihr zu uns?*
Nincs **nálam** pénz.   *Ich habe kein Geld bei mir.*
Tőlük tudom ezt.   *Ich weiß das von ihnen.*
Jöttök **velünk**?   *Kommt ihr mit uns mit?*

2. Personalpronomen + Postposition
én + mellett → **mellettem** *neben mir*

	mellé	mellett	mellől
(én-)	mellé-m	mellett-em	mellől-em
(te-)	mellé-d	mellett-ed	mellől-ed
(ő-)	mellé	mellett-e	mellől-e
	ön mellé	**ön** mellett	**ön** mellől
(mi-)	mellé-nk	mellett-ünk	mellől-ünk
(ti-)	mellé-tek	mellett-etek	mellől-etek
(ő-)	mellé-jük	mellett-ük	mellő-ük
	önök mellé	**önök** mellett	**önök** mellől

Die anderen Postpositionen werden analog mit den Possessivsuffixen verbunden.

Beispiele:

A hegyek **mögöttünk** vannak.   *Die Berge sind hinter uns.*
Előtted van a Balaton.   *Vor dir ist der Balaton.*
Melléd teszem a táskámat.   *Ich stelle meine Tasche neben dich.*

11B

3. Postposition + -i

Werden Konstruktionen mit Postpositionen als **Attribut** gebraucht, so erhält die Postposition das Suffix **-i** (vgl. 2B1), z.B.:

> a ház **melletti** kertben   *im Garten neben dem Haus*
> egy víz **alatti** növény   *eine Unterwasserpflanze*
> a karácsony **előtti** napok   *die Tage vor Weihnachten*
> a tengerszint **feletti** legalacsonyabb pont
> *der niedrigste Punkt über dem Meeresspiegel*

4. Die Adverbialbestimmung -tól/től ... -ig *von ... bis*

Der Anfang einer lokalen Ausdehnung bzw. der Beginn einer Zeitspanne wird mit dem Suffix **-tól/től**, das Ende derselben mit dem Suffix **-ig** gekennzeichnet, z.B.:

> a Balaton északi partjá**tól** az ország északkeleti határá**ig**
> *vom Nordufer des Balaton bis zur nordöstlichen Grenze des Landes*
> január**tól** március**ig**   *von Januar bis März*
> reggel**től** est**ig**   *von morgens bis abends*
> kilenc órá**tól** tizenegy órá**ig**   *von neun Uhr bis elf Uhr*
> kilenc**től** tizenegy**ig**   *von neun bis elf*
> 9-**től** 11-**ig**   *9–11*

Die Frage dazu lautet: oder:

> **Mettől meddig?**   *Von wo/wann bis wohin/wann?*
> **Mikortól meddig?**   *Von wann bis wann?*

5. *Für*

(én-)	számomra	*für mich*
(te-)	számodra	*für dich*
(ő-)	számára	*für ihn/sie* ...
	ön számára	*für Sie* (Sg.)
(mi-)	számunkra	*für uns*
(ti-)	számotokra	*für euch*
(ő-)	számukra	*für sie*
	önök számára	*für Sie* (Pl.)

Beispiele:

A mezőgazdaság **számára** értékes a lösztalaj.
Für die Landwirtschaft ist Lößboden wertvoll.

A Balaton melletti éghajlat **számomra** kellemes.
Das Klima am Balaton ist für mich angenehm.

11C Sprachgebrauch (Nyelvhasználat)

1. Rektionen

> vki/vmi **érkezik** vhova/vhonnan
> *jmd./etwas kommt irgendwo/von irgendwo an*

Budapestre érkezik a vonat.   *Der Zug kommt in Budapest an.*
Budapestről érkezik a vonat. *Der Zug kommt aus Budapest an.*

> vki **bízik** vkiben/vmiben
> *jmd. vertraut auf jmdn./etwas*

Bízom benned.   *Ich vertraue dir.*
Bízom benne, hogy ...   *Ich vertraue darauf, daß ...*

> vki **biztos** vmiben
> *jmd. ist sich in etwas sicher*

Biztos vagyok benne.   *Ich bin mir darin sicher.*

> vki **készít** vmit vmiből
> *jmd. stellt etwas aus etwas her*

Az asztalos fából készíti a szekrényt.   *Der Tischler stellt den Schrank aus Holz her.*

> vmi vmiből **készül**
> *etwas wird aus irgendetwas hergestellt*

A szekrény fából készül.   *Der Schrank wird aus Holz hergestellt.*

11C

> vki **képes** vmire
> *jmd. ist zu etwas fähig*

> Mottó: „Akinek humora van, mindent tud, akinek nincs, az mindenre képes"
> **(Szenes Iván)**

(Forrás: Ludas Matyi, 1993, V. 15.)

> vki **gondol** vkire/vmire
> *jmd. denkt an jmdn./etwas*

Gondolok rád.   *Ich denke an dich.*

> vki **gondolkozik/gondolkodik** vmin
> *jmd. denkt über etwas nach*

Azon gondolkozom, hogy mit ebédelünk ma.
Ich denke darüber nach, was wir heute zu Mittag essen.

> vmi **múlik** vmin/vkin
> *etwas liegt an etwas/jmdm.*

Rajtatok múlik.   *Es hängt von euch ab.*

> vki **beszél** vmiről/vkiről
> *jmd. spricht über etwas/jmdn.*

Rólunk beszélgetnek.   *Sie sprechen über uns.*

> vmi/vki [magasa]-**bb** vkinél/vminél
> *etwas/jmd. ist [größer/höher], ... als etwas/jmd.*

Magasabb vagy nálam.   *Du bist größer als ich.*
A Dunántúl változatosabb az Alföldnél.
Transdanubien ist abwechslungsreicher als die Große Ungarische Tiefebene.

> vmi **függ** vmitől/vkitől
> *etwas hängt von etwas/jmdm. ab*

Az időjárástól függ, hogy ...   *Es hängt vom Wetter ab, ob ...*
Attól függ.   *Es hängt davon ab (kommt darauf an).*
Tőletek függ.   *Es hängt von euch ab.*

> vkinek **van/nincs kedve** vmihez/vmire
> *jmd. hat (keine) Lust zu/auf etwas*

Van kedved egy játékra?   *Hast du Lust auf ein Spiel?*

> vki **fél** vmitől/vkitől
> *jmd. hat Angst vor etwas/jmdm.*

A gyerek fél az orvostól.   *Das Kind hat Angst vorm Arzt.*
Félek tőlük.   *Ich habe Angst vor ihnen.*

> vki **tart** vmitől
> *jmd. (be-)fürchtet etwas*

Attól tartok, hogy ...   *Ich befürchte, daß ...*

11C

> vkinél **van** vmi
> *jmd. hat etwas bei sich*

Van nálad kulcs? *Hast du einen Schlüssel bei dir?*

> vminek az **alkalmából/alkalmával**
> *aus/zum Anlaß von etwas*

```
        Magyar Posta
          Disztávirat

 Felvevő hivatal | Szám | Szó | Nap | Óra | Perc
 Szombathely/1   |13850 |  7  | 30  |  19   00

    rk2
    dr Bérces György
    Beregszász u 127
    Bp



    névnapod alkalmával sok boldogságot kívánunk
    Robi Jukit




    3471/a/0819/12
```

2. Die Himmelsrichtungen + Lokalsuffix

északra, keletre, délre, nyugatra   *nach Norden, ...*
északon, keleten, délen, nyugaton   *im Norden, ...*
északról, keletről, délről, nyugatról   *von Norden, ...*

● Achtung: dél**en**   *im Süden*
             dél**ben**   *am Mittag, mittags*

3. Die Wochentage

hétfő, kedd, szerda, csütörtök, péntek, szombat, vasárnap
Mikor? – hétfő**n**, kedd**en**, szerdá**n**, csütörtök**ön**, pénteke**n**, szombat**on**, **vasárnap**.

4. puszta

a puszta/pusztaság   *Ödland, Pußta*
puszta föld   *blankes (unbearbeitetes) Feld*
puszta szemmel   *mit bloßem Auge*

11D Übungen (Gyakorlatok)

1. *Lesen Sie den Text 11A unter Zuhilfenahme der Karte noch einmal und beantworten Sie dann folgende Fragen:*

    Melyik hegységben van Magyarország legmagasabb pontja? Melyek Magyarország szomszédai? Melyek az ország két nagy földrajzi része? Melyik folyó folyik az Alföldön keresztül? Hol van a Kisalföld? Hol van a Dunakanyar? Európa melyik részéhez tartozik Magyarország?

2. *Vervollständigen Sie die Sätze:*

    Ma este sok vendég van *(bei uns)*. *(Zu euch)* is sokan jönnek? Molnárék holnap *(bei dir)* lesznek, azután eljönnek *(von dir weg)* és *(zu mir)* jönnek. Én is szeretek *(bei ihnen)* lenni.

3. *Ergänzen Sie die Adverbialbestimmungen:*

   (Mit dir) elmegyek *(zu Peter)*. *(Von ihm)* kérek majd egy könyvet, *(von dir)* viszont egy táskát. *(Bei Peter)* szeretnék megnézni egy könyvet. Ha jó, akkor elkérem *(von ihm)* néhány napra.

4. *Lösen Sie die Klammern auf:*

   Anna (én + mellett) ül. (mi + mögött) ülnek a szomszédaink. (te + előtt) nem ül senki. (én + felett) szép nagy lámpa van.

5. *Übersetzen Sie. Verwenden Sie Postpositionen mit dem Suffix* -i:

   die Straße vor der Schule, der Kaffee nach dem Mittagessen, das Flugzeug über den Bergen, die Bäume hinter dem Garten

6. *Übersetzen Sie:*

   von Montag bis Freitag, von Samstag bis Sonntag, von Dienstag bis Donnerstag, von Mittwoch bis Freitag

7. *Setzen Sie das jeweils fehlende Wort ein:*

   Bízom ... (te + -ban/ben), hogy pontos vagy.
   Minden ... (mi + -n/-on/en/ön) múlik.
   Már nem gondolsz ... (ő + -ra/re).
   Nem szeretem, ha ... (én + -ról/ről) beszélgettek.
   Laci gyorsabb ... (ők + -nál/nél).
   Nem félünk ... (ti + -tok/tek/tök).
   (Az + -n/on/en/ön) gondolkozom, hogy ki vár majd engem.
   (Az + -tól/től) tartok, hogy nem vár senki.

8. *Fragen Sie, ob jemand etwas bei sich hat.*

   Muster: Van ... *(bei dir)* pénz? Van nálad pénz?

   Van ... *(bei euch)* ennivaló? ... *(bei mir)* van a könyvetek.
   Van ... *(bei ihm)* táska? Nincs ... *(bei uns)* kulcs?
   Van ... *(bei ihnen)* kenyér?

9. *Tragen Sie die Himmelsrichtungen in die Windrose ein:*

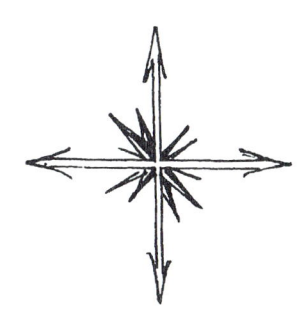

10. *Unterhalten Sie sich, wann welcher Namenstag ist.*

    Muster: Mikor van András névnapja?
                   November harmincadikán van. Oder: **Vasárnap van.**

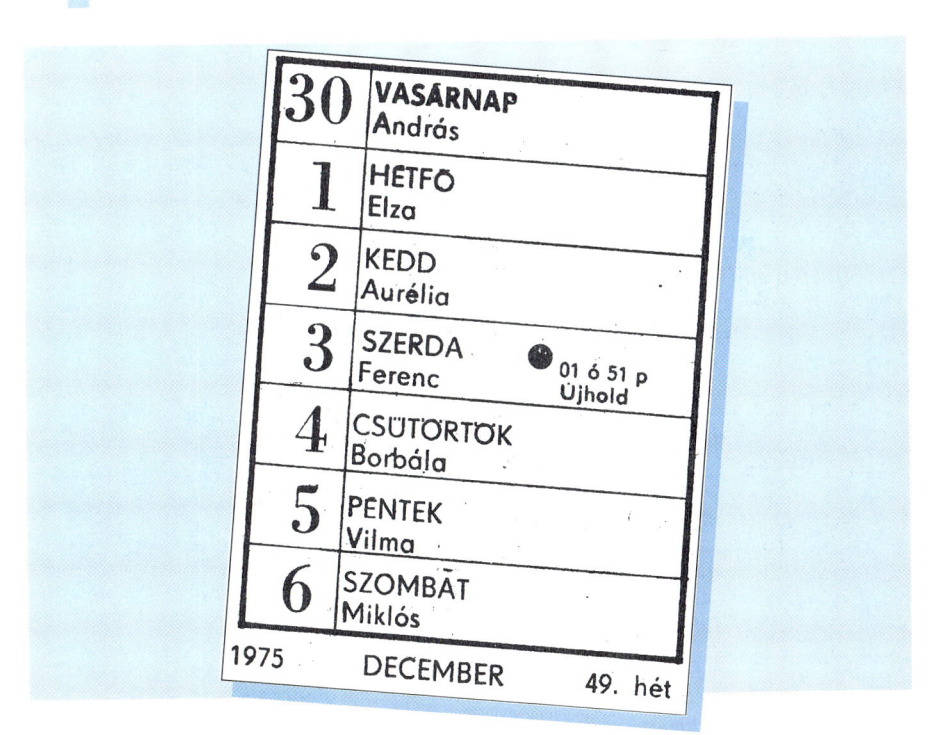

30	VASÁRNAP András	
1	HÉTFŐ Elza	
2	KEDD Aurélia	
3	SZERDA Ferenc	● 01 ó 51 p Újhold
4	CSÜTÖRTÖK Borbála	
5	PÉNTEK Vilma	
6	SZOMBAT Miklós	
1975	DECEMBER	49. hét

12A

12A Szöveg (Text)

Olvasóinkhoz

Az eddigi leckékben nagyon sok a nyelvtan. Ahogy már az előszóból tudják, a magyar nem indoeurópai nyelv, hanem a finnugor nyelvcsaládhoz tartozik. Emiatt a nyelvtan nagy része az Önök számára idegen. Mielőtt néhány dolgot meg tudnak érteni és el tudnak mondani magyarul, sok új nyelvtani formát meg kell tanulniuk. Ezért olyan sok az első leckékben a nyelvtan.

De megnyugtathatjuk Önöket: a legfontosabb nyelvtani formák közül már több mint a felét ismerik. És megígérjük: a következő leckékben rövidebbek lesznek a nyelvtani részek. Ehelyett több nyelvhasználatot és országismeretet adunk. További tanulásukhoz sok sikert és minél több örömöt kívánunk.

A szerkesztőség

olvasó (-k, -t, -ja)	Leser	siker (-ek, -t, -e)	Erfolg
eddig/addig (Dempron.)	bis hierhin/bis dahin	minél több	so viel wie möglich
lecke (-k, -t, -je)	Lektion	szerkesztőség (-ek, -et, -e)	Redaktion
nyelvtan (-ok, -t, -a)	Grammatik		
ahogy (Konj.)	wie		
előszó	Vorwort	ismertet	bekanntmachen, -geben
szó (szavak, -t, szava)	Wort		
indoeurópai	indoeurópäisch	igaz (-at, -a)	wahr, das Wahre (Wahrheit)
finnugor	finnisch-ugrisch		
nyelvcsalád	Sprachfamilie	könnyű (-ek)	leicht
emiatt	deswegen	nehéz (nehezek)	schwer
miatt (Postpos.)	wegen	levél (levelek, levelet, levele)	Brief
idegen (-ek)	fremd		
mielőtt	bevor	ültet	pflanzen
dolog (dolgok, dolgot, dolga)	Ding, Sache	etet	füttern
		itat	tränken, zu trinken geben
ért (-eni)	verstehen		
forma (-k, -t, -ja)	Form	lefektet	(jmdn.) schlafen legen
megnyugtat	beruhigen	tol	schieben
fontos (-ak)	wichtig	meglátogat	besuchen
ismer	kennen	adó (-k, -t, -ja)	Steuer
megígér	versprechen	író (-k, -t, -ja)	Schriftsteller
következő (-k, -t)	folgende(r/s)	tanító (-k, -t, -ja)	Grundschullehrer
ehelyett, ahelyett	stattdessen	kezdő (-k, -t, -je)	Anfänger
nyelvhasználat	Sprachgebrauch	szerető (-k, -t, -je)	Liebhaber
használat (-ok, -ot, -a)	Gebrauch	dolgozó (-k, -t, -ja)	Beschäftigte(r)
országismeret	Landeskunde	néző (-k, -t, -je)	Zuschauer
ismeret (-ek, -et, -e)	Kenntnis	jövő (-k, -t, -je)	Zukunft; künftig
tanulás (-ok, -t, -a)	Lernen	tisztító (-k, -t, -ja)	Wäscherei, Reinigung

öltöző (-k, -t, -je)	Umkleidekabine, -raum	igazgató (-k, -t, -ja)	Direktor
visszahív	zurückrufen	helyet foglal	Platz nehmen
fizet	(be-)zahlen	parancsol	befehlen
		haragszik (haragudni)	wütend, böse sein
		vendéglő (-k, -t, -je)	Gasthaus
ismerős (-ek)	bekannt, vertraut	étlap (-ok, -ot, -ja)	Speisekarte
ismerős (-ök, -t, -e)	Bekannte(r)	bográcsgulyás (-ok, -t, -a)	Kesselgulasch
bácsi (-k, -t, -ja)	Onkel (kein Verwandtschaftsgrad)	azonnal	sofort, umgehend
néni (-k, -t, -je)	Tante (kein Verwandtschaftsgrad)	természetesen	natürlich, selbstverständlich
professzor (-ok, -t, -a)	Professor	természet (-et, -e)	Natur
		köszön	danken

12B Nyelvtan (Grammatik)

1. Das Suffix -hat/het

Das Suffix **-hat/het** verändert die Grundbedeutung des Verbstammes durch die Komponente der **Möglichkeit** bzw. des **Erlaubtseins**:

Értünk és mondunk valamit magyarul.
Wir verstehen und sagen etwas auf Ungarisch.
Ért**het**ünk és mond**hat**unk valamit magyarul.
Wir können etwas auf Ungarisch verstehen und sagen.
Leülök. *Ich setze mich.*
Leül**het**ek? **Darf ich mich setzen?**

-hat/het kann mit allen Verbstämmen stehen:

Tovább **beszélgethetünk**. *Wir können uns weiter unterhalten.*
Erről nem **beszélhetek**. *Darüber kann (darf) ich nicht sprechen.*
Ezt nem **taníthatom**. *Das kann (darf) ich nicht unterrichten.*
Mit **hozhatok**? *Was darf ich bringen?*
Mikor **láthatlak**? *Wann kann (darf) ich dich sehen?*
Már **dolgozhatsz**? *Darfst du schon arbeiten?*
Erről még nem **tudhattok**. *Davon könnt ihr noch nichts wissen.*
Tálalhatom a vacsorát? *Darf ich das Abendessen servieren?*
Ez mit **jelenthet**? *Was kann (mag) das bedeuten?*
Mondhatok valamit? *Darf ich (mal) etwas sagen?*

12B

Még **játszhattok** egy kicsit.   *Ihr dürft noch ein wenig spielen.*
Hol **találkozhatunk**?   *Wo können wir uns treffen?*
Bennük már nem **bízhatok**.   *Ihnen kann ich nicht mehr vertrauen.*

Mehrstämmige Verben + -hat/het:

Lehet, hogy találkozunk.   *Es kann sein, daß wir uns treffen.*
Megvehetem ezt a szép ruhát?   *Darf ich dieses schöne Kleid kaufen?*
A beteg nem **ehet** húst és nem **ihat** kávét.   *Der Kranke darf kein Fleisch essen und keinen Kaffee trinken.*
Most már lassan **lefek(üd)hetünk**.   *Jetzt können wir schon langsam schlafen gehen.*
Az autóban nem **al(ud)hatsz**.   *Im Auto kannst du nicht schlafen.*
Mit **tehetünk**?   *Was können wir tun?*
Elvihetjük a képeket?   *Dürfen wir die Bilder fortnehmen?*
Mikor **jöhetünk**?   *Wann können (dürfen) wir kommen?*
Mikor **mehetünk** sétálni?   *Wann können (dürfen) wir spazierengehen?*

2. Das Suffix -at/et/tat/tet

Das Suffix -at/et/tat/tet verändert die Grundbedeutung des Verbstammes durch eine faktitive oder kausative Komponente.

Faktitiv: Das Subjekt führt die Handlung nicht selbst aus, sondern **läßt** sie ausführen, z.B.:

> Az asztalos szekrényt csinál.   *Der Tischler macht einen Schrank.*
> Az asztalosnál szekrényt csinál**tat**unk.
> *Wir **lassen** einen Schrank beim Tischler machen.*

Kausativ: Das Subjekt **bewirkt** einen Vorgang, z.B.:

> Ismerjük a feladatokat.   *Wir kennen die Aufgaben.*
> A tanár ismer**tet**i velünk a feladatokat.   *Der Lehrer gibt uns die Aufgaben bekannt.*

„Igazat mondani könnyű, csak elhitetni nehéz."

(Forrás: 168 óra, 1993. XI. 16.)

Wahres zu sagen ist einfach, nur es glaubhaft zu machen ist schwer.

Wann **-at/et** und wann **-tat/tet** verwendet wird, läßt sich nicht in Regeln fassen.

Das Subjekt, welches die Handlung aufgetragen bekommt, bzw. auf das sich der Vorgang auswirkt, erhält das Suffix **-val/vel**:

> Levelet ír**at**ok Emesé**vel**.
> *Ich lasse Emese einen Brief schreiben.*

Oft entstehen durch das Suffix Verben mit eigenständiger Grundbedeutung:

virágokat **ültet**	*Blumen einpflanzen*
gyereket **etet, itat**	*einem Kind zu essen und zu trinken geben*
gyereket **lefektet**	*ein Kind schlafen legen*
könyvet **ismertet**	*ein Buch besprechen*
vkit **megnyugtat**	*jmdn. beruhigen*

3. Das Suffix -gat/get

Das Suffix **-gat/get** verändert die Grundbedeutung des Verbstammes durch eine iterative, manchmal auch spielerisch-spöttische Komponente.

Iterativ: Die Handlung **wiederholt** sich mehrfach hintereinander.

Einsilbige Verbstämme erhalten vor **-gat/get** den Bindevokal **-o-**, **-e-** oder **-ö-**.

Ferenc **tol**ja az autót.	Laci **tologat**ja az autót.
Ferenc schiebt das Auto.	*Laci schiebt das Auto hin und her.*

Képeket **nézegetünk**.
Wir schauen uns (nicht konzentriert, möglicherweise mit kurzen Unterbrechungen) Bilder an.

Péter könyveket **írogat**.
Peter schreibt (hin und wieder, ohne großen Erfolg) Bücher.

Emese a kertben **dolgozgat**.
Emese arbeitet (hier und da, nicht ernsthaft) im Garten.

12B

Oft entstehen auch durch dieses Suffix Verben mit eigenständiger Grundbedeutung, z.B.:

    beszél – **beszélget**   *sprechen – sich unterhalten*
    meglát – **meglátogat**   *erblicken – besuchen*

Die Reihenfolge der Wortelemente lautet:

Verbstamm + -at/et/tat/tet / -gat/get + -hat/het

Beispiele:
De megnyugtathatjuk önöket.   *Doch wir können Sie beruhigen.*
Este olvasgathatsz.   *Am Abend kannst du ein wenig lesen.*

4. Das Partizip Präsens

Das Suffix **-ó/ő** bildet aus einem Verb das Partizip Präsens:

A lány dolgozik.   *Das Mädchen arbeitet.*
a dolgozó lány   *das arbeitende Mädchen*
a kertben dolgozó lány   *das im Garten arbeitende Mädchen*

sétáló emberek   *spazierengehende Leute*
játszó gyerekek   *spielende Kinder*
játszótér   *Spielplatz*
mutatóujj   *Zeigefinger*
a Szegedre **induló** vonat   *der Zug nach Szeged*
a Szegedről **érkező** vonat   *der Zug aus Szeged*

Flüchtiges -e-:
énekel – **éneklő**   *singend; Sänger*

Mehrstämmige Verben:

van/lesz – **levő, lévő**
a kertben **levő/lévő** fák   *die Bäume im Garten*
fekszik – **fekvő**   *liegend*
alszik – **alvó**   *schlafend*
jön – **jövő**   *kommend; künftig; Zukunft*

12B

Partizipien mit eigenständiger, substantivischer Bedeutung:

olvasó	Leser(in)	dolgozó	Beschäftigte(r)
adó	Steuer	hallgató	Hörer
folyó	Fluß	néző	Zuschauer
író	Schriftsteller	jövő	Zukunft
tanító	Grundschullehrer	tisztító	Wäscherei, Reinigung
kezdő	Anfänger	szülő	Elternteil
szerető	Liebhaber	öltöző	Umkleidekabine

Verbstamm + -hat/het + -ó/ő

Ez **megcsinálható**. *Das ist machbar.*

A magyar is **megtanulható**. *Auch das Ungarische ist erlernbar.*

A **lehető** legjobb bort kérem. *Ich möchte den möglichst besten Wein.*

An Telefonzellen, in denen Sie sich zurückrufen lassen können, finden Sie diesen Aufkleber:

Suffigierung der Partizipien:

Partizipien und Substantive auf **-ó/ő** werden wie Substantive und Adjektive suffigiert, z.B.:

> **olvasók** *Leser*
> **olvasóink** *unsere Leser*
> **Adót** kell fizetni. *Man muß Steuern zahlen.*
> A **folyóban** halak úsznak. *Im Fluß schwimmen Fische.*

12C

12C Nyelvhasználat (Sprachgebrauch)

1. Szócsaládok *Wortfamilien*

| ismer *kennen* | | ismeret *Kenntnis* |
| ismertet *bekanntgeben* | ismerős *bekannt* | ismerős *Bekannte(r)* |

tanul *lernen*	tanuló *Lernender, Schüler*
	tanulás *(das) Lernen*
tanít *lehren*	tanár *Lehrer*
	tanárnő *Lehrerin*
	tanító *Grundschullehrer*
	tanítónő *Grundschullehrerin*

2. Rektionen

vmi/vki **tartozik** vmihez/vkihez
jmd./etwas gehört zu jmdm./etwas

A magyar a finnugor nyelvcsaládhoz tartozik.
Das Ungarische gehört zur finnisch-ugrischen Sprachfamilie.

vki **sok sikert kíván** vkinek vmihez
jmd. wünscht jmdm. viel Erfolg für etwas

További tanulásukhoz sok sikert kívánunk.
Für Ihr weiteres Lernen wünschen wir Ihnen viel Erfolg.

3. Tegezés (Duzen), magázás (Siezen) és „tetszikézés"

Gleichaltrige und gleichrangige Personen duzen sich in Ungarn üblicherweise. Personen, denen man aufgrund ihres Alters oder ihres Ranges Respekt entgegenbringt, siezt man. Doch Vorsicht, bei den Höflichkeitsformen gibt es beträchtliche Unterschiede! Verwenden Sie im Zweifelsfall die höflichere Anrede:

12C

kühl, distanziert	korrekt	respektvoll
maga, maguk	ön, önök	Name oder Titel + **tetszik** z.B.: Szabó úr *Herr Szabó* Pista bácsi *Onkel Pista* Marika néni *Tante Marika* tanár úr *Herr Lehrer* professzor úr *Herr Professor* igazgató úr *Herr Direktor* doktor úr, doktornő *Herr Doktor, Frau Doktor*

Prägen Sie sich die stilistischen Unterschiede an folgenden Beispielen ein:

Maga mit kér? *Was wünschen Sie?*

– kühl, distanziert, angemessen z.B. als Frage des Professors an seinen Studenten; einer Respektsperson gegenüber (z.B. als Frage des Studenten an seinen Professor) unangemessen und unhöflich!!!

Ön mit kér? *Was wünschen Sie?*

– offiziell, korrekt; Respektspersonen gegenüber jedoch nicht angemessen höflich

Szabó úr mit kér? *Was wünschen Sie, Herr Szabó?*

– neutral, nicht besonders höflich

In jedem Fall höflich und Respektspersonen gegenüber stets angemessen ist die Konstruktion mit **tetszik**:

> vkinek **tetszik** (vmit) [csinál]-ni
> wörtl.: *jmd. beliebt (etwas) zu [tun]*

Mit tetszik kérni? *Was wünschen Sie?*
Mit tetszik kérni, Szabó úr? *Was wünschen Sie, Herr Szabó?*
Szabó úrnak mit tetszik kérni? *Was wünschen Sie, Herr Szabó?*
Nem tetszik tudni, ... *Wissen Sie nicht/vielleicht, ...*

Bei höflich formulierten Aufforderungen und anderen Gesten wird sehr oft **tessék**, die Imperativform von **tetszik**, vor der Infinitivform des Verbs verwendet, z.B.:

Tessék leülni! *Bitte sich zu setzen!*
Tessék helyet foglalni! *Bitte Platz zu nehmen!*
Tessék kérni! *Bitte Ihre Wünsche zu äußern!*

12C

Tessék parancsolni! *Bitte zu befehlen! (Sie wünschen bitte?)*
Tessék! *Bitteschön!* im Sinne von englisch: *Here you are!*
Tessék! *Herein! Bitte eintreten!*
Tessék? *Wie bitte?*
Na tessék! *Na bitte! (Da haben wir's!)*
Tessék mondani, ... *Sagen Sie bitte, ...*

Personen älterer Generationen aus dem Bekanntenkreis spricht man mit dem Vornamen (Kosenamen) und **bácsi/néni** an und siezt sie mit der tetszik-Konstruktion, z.B.:

> **Marika néni, hogy tetszik lenni?** *Tante Marika, wie geht es Ihnen?*

Im Geschäftsleben verwendet man unabhängig von Rang und Altersunterschied die sehr höflichen Formen, so z.B. beim Einkauf und im Restaurant.

4. A vendéglőben *im Restaurant*

Hören Sie sich den Dialog auf der Cassette an und sprechen sie nach.

Pincér: Tessék parancsolni! *Sie wünschen bitte?*
Vendég: Az étlapot kérem. *Die Speisekarte bitte.*
Pincér: (A pincér hozza az étlapot.) Tessék!
 (Der Kellner bringt die Speisekarte.) Bittesehr!
Vendég: Köszönöm szépen. *Danke schön.*
Pincér: Mit hozhatok? *Was darf ich bringen?*
Vendég: Egy bográcsgulyást kérek és egy deci vörösbort.
 Bitte einen Kesselgulasch und einen Deziliter Rotwein.
Pincér: Azonnal hozom. Más valamit nem tetszik kérni?
 Ich bringe es sofort. Etwas anderes möchten Sie nicht bestellen?
Vendég: Köszönöm, mást nem kérek. De kérem, hozzon kenyeret!
 Nein danke. Doch bringen Sie bitte Brot.
Pincér: Természetesen. *Selbstverständlich.*

POSTAKOCSI
étterem
Budapest. III. Fő tér 2. Telefon: 687–801

I. osztály

LEVESEK	Suppen
Francia hagymaleves	Französische Zwiebelcremesuppe
Spárgakrémleves	Spargelcremesuppe
Orjaleves	Rippchensuppe
Erőleves szárnyashússal	Kraftsuppe mit Geflügelfleisch
Erőleves rántottborsóval	Kraftsuppe mit frittierten Erbsen
Szabolcsi káposztás bableves	Bohnensuppe mit Kraut nach Szabolcer Art
Jókai bableves	Bohnensuppe nach Jókais* Art
Bográcsgulyás	Kesselgulasch
Halikraleves	Rogensuppe

NAPI AJÁNLAT	Empfehlung des Tages
Töltött szüzérmék dunamenti módra	Gefülltes Jungfernmedaillon nach Art der Donau-Anrainer
Bélszinfilé Budapest módra	Filet nach Budapester Art
Bélszinfilé vadász módra	Filet nach Jägerart
Bélszinfilé Rossini módra	Filet nach Rossinis Art
Erdélyi töltött bélszinszelet	Gefülltes Rostbeef nach Siebenbürger Art
Kolozsvári töltött káposzta	Krautroulade nach Kolozsvárer Art
Sertésbordák bakonyi módra	Schweinesteak nach Bakonyer Art
Sertésbordák svábosan	Schwäbisches Schweinesteak
Sertésbordák milánói módra	Schweinesteak nach Mailänder Art
Brassói aprópecsenye	Filetstücke Brassóer Art
Sertéscsülök Pékné módra	Schweinshaxe nach Bäckerinnen Art
Sólet füstölt libacombbal	Scholet (dicke Bohnen) mit Entenkeule

* Mór Jókai: ungarischer Schriftsteller, Vertreter der romantischen Prosa, z. B. „Ein Goldmensch" (Roman)

12D Gyakorlatok (Übungen)

✻ 1. *Bestellen Sie sich etwas von der Speisekarte unter 12C4! Lassen Sie Ihren Gesprächspartner einen höflichen Kellner spielen! Tauschen Sie auch die Rollen!*

2. *Formen Sie die Sätze nach folgendem Muster um:*

   Muster: Le szabad ülni? – Leülhetek?

   Szabad játszani? Lehet segíteni? Szabad ezt a könyvet megvenni? Szabad a süteményből enni? A vonatban lehet aludni? Este le lehet feküdni.

3. *Formen Sie die Sätze um.*

   Muster: A pincér hozza a levest.
   A pincérrel hozatjuk a levest.

   Anna csinálja a munkát. Emese levelet ír. A gyerek krumplit eszik. A gyerek tejet iszik. A postás hozza a levelet.

4. *Bilden Sie Sätze.*

   Muster: A szülők dolgoznak.
   A gyerekek csak egy kicsit dolgozgatnak.

   A szülők írnak. A szülők tanulnak. A szülők megnézik a képeket.

5. *Bilden Sie Konstruktionen mit dem Partizip Präsens.*

   Muster: A fiú játszik az utcán. – az utcán játszó fiú

   Az emberek sétálnak a parkban. A diák az iskolába jár. Az öreg néni a bolt előtt áll. A vonat Budapestre indul. A repülő Moszkvából érkezik. A lány énekel a kertben. A ruhák a szekrényben vannak.

6. *Setzen Sie substantivisch gebrauchte Partizipien ein.*

   Muster: Aki olvas, az olvasó.

   Aki ír, az ... Aki kis gyerekeket tanít, az ... Aki valamit csinálni kezd, az ... Aki dolgozik valahol, az ... Aki rádiót hallgat, az ... Aki tévét néz, az ... Ahol ruhát tisztítanak, az a ...

12D

7. *Setzen Sie die passenden Wörter aus den Wortfamilien* „**ismer**" *und* „**tanul**" *ein:*

   Magyarországot még nem ... (én). De Pista bácsi megígérte, hogy majd ... velem ezt az országot. Pista bácsin kívül még több ... is van (nekem) Magyarországon.
   Mióta ... (ti) magyarul? Ki ... benneteket? Szabó úr biztos jó ... Jó ... kívánok!

8. *Bilden Sie Sätze.*

   > Muster: magyar → finnugor nyelvcsalád
   > A magyar a finnugor nyelvcsaládhoz tartozik.

   német → indoeurópai nyelvcsalád
   Magyarország → Középkelet-Európa
   kávé és sütemény → magyar ebéd

9. *Wünschen Sie jemandem:*

   viel Erfolg, alles Gute, gute Besserung, frohe Weihnachten, ein glückliches neues Jahr, frohe Ostern, guten Morgen, guten Tag, guten Abend, gute Nacht.

   Falls Sie Schwierigkeiten haben, blättern Sie zurück zu 3C2.

10. *Umschreiben Sie die Fragen mit* **tetszik**.

    > Muster: Mit kér? – Mit tetszik kérni?

    Mit keres? Nem tudja, mikor kezdődik a tanítás? Mit kér vacsorára? Hova megy? Mikor jön hozzánk? Miért nem ül le?

11. *Übersetzen Sie unter Verwendung von* **tessék + Infinitiv**:

    Bitte Platz nehmen! Bitte äußern Sie Ihre Wünsche! Sagen Sie bitte, wieviel dieses Kleid kostet.

13A

13A Szöveg (Text)

Honnan származnak a magyarok?

A magyarok és a többi **uráli** nép ősei az időszámítás előtti negyedik évezredig valószínűleg **Nyugat-Szibériában** éltek. Az Ob és az Urál hegység közötti tajgán laktak. Az élő uráli nyelvek (finn, észt, mordvin, magyar, vogul, osztják, szamojéd, stb.) közös szókincse arra mutat, hogy halászok és vadászok voltak. Kb. az időszámítás előtti negyedik évezredben szétvándoroltak. Viszonylag rövid időn belül nagy távolságokat tettek meg. Az Angarától egészen a Baltikumig laktak uráli népek.

Az uráli nyelvcsaládon belül a **finnugor** nyelvcsalád külön kezdett fejlődni. A finnugur népek ősei az i.e. második évezredben keletre és nyugatra vándoroltak szét. A magyarok ősei ekkor valószínűleg az Uráltól keletre laktak, a finnek és észtek ősei viszont már a Volga és a Baltikum között. Földművelésből és állattartásból éltek.

Az i.e. 1500 körül az Uráltól keletre alaposan megváltozott az időjárás. Nagy aszályok miatt kiszáradtak a földek. Az állattartóknak állandóan új legelőket kellett keresniük. Már csak vándorló-legeltető állattartásból tudtak megélni, tehát nomádok lettek.

A magyarok legközelebbi rokonainak, a voguloknak és az osztjákoknak az ősei az Ob felé vándoroltak. A folyó mellett tovább is földművelésből-állattartásból lehetett megélni. A **vogulok** és **osztjákok** ma is az Ob mellett élnek.

A nomád népek, köztük a magyarok ősei is, hosszú vándorutakat tettek meg. Állataikkal együtt egyik sztyeppről a másikra vonultak. A nyílt pusztaságokon pedig nem lehetett biztonságban élni. A **Kárpát-medencében** ehhez képest több biztonságot találhattak az ősmagyarok, mert a Kárpátok hegyei védelmet adtak. Ezen kívül jó legelőket, jó szántóföldeket is találtak ott.

A krónikák szerint **895**-ben vonult be **Árpád** fejedelem az első magyar csapattal a mai Alföldre. Az addig ott élő szlávok ott maradtak. Az idők folyamán összeolvadtak a magyarokkal.

Így harcoltak a honfoglaló magyarok. (Magyar Nemzeti Múzeum)

származik (-ott)	stammen	fejlődik (-ött)	sich entwickeln
uráli (-ak)	uralisch	földművelés (-t, -e)	Ackerbau
ős (-ök, -t, -e)	Vorfahr, Ahne	állattartás (-t, -a)	Viehzucht
valószínűleg	wahrscheinlich	állat (-ok, -ot, -a)	Tier
Szibéria (-́t)	Sibirien	alapos (-ak)	grundlegend; gründlich
él (-t)	leben		
tajga (-́k, -́t, -́ja)	Taiga	(meg-)változik (-ott)	sich verändern
finn (-ek, -t)	finnisch; Finne/Finnin	aszály (-ok, -t, -a)	Trockenperiode, Dürre
észt (-ek, -et)	estnisch; Este/Estin		
mordvin (-ok, -t)	mordwinisch; Mordwine/Mordwinin	(ki-)szárad (-t)	(aus-)trocknen
		állattartó (-k, -t, -ja)	Viehhalter, -züchter
vogul (-ok, -t)	wogulisch; Wogule/Wogulin	állandó (-ak)	ständig
		legelő (-k, -t, -je)	Weide
osztják (-ok, -ot)	ostjakisch, Ostjake/Ostjakin	legeltet (-ett)	(Tiere) weiden (lassen)
szamojéd (-ok, -ot)	samojedisch, Samojede/Samojedin	nomád (-ok, -ot, -ja)	Nomade; nomadisierend
közös (-ek) (Adj.)	gemeinsam	rokon (-ok, -t, -a)	Verwandte(r); verwandt
szókincs (-ek, -et, -e)	Wortschatz		
halász (-ok, -t, -a)	Fischer	köztük (Adv.)	unter ihnen
halászik (-ott)	fischen	sztyepp (-ek, -et, -je)	Steppe
vadász (-ok, -t, -a)	Jäger	másik (-ak, -at, -a)	andere(r/s)
vadászik (-ott)	jagen	nyílt (-ak)	offen
időszámítás (-ok, -t, -a)	Zeitrechnung	pedig	jedoch
évezred (-ek, -et, -e)	Jahrtausend	biztonság (-ot, -a)	Sicherheit
szétvándorol	auseinander wandern	ehhez képest	im Vergleich/Verhältnis dazu
szét- (Präfix)	auseinander		
vándorol (-t)	wandern	ősmagyar	Urungar; urungarisch
viszonylag	verhältnismäßig, relativ		
		védelem (védelmek, védelmet, védelme)	Schutz
távolság (-ok, -ot, -a)	Entfernung	szántóföld (-ek, -et, -je)	Ackerland
távol (-ak)	weit	szántó (-k, -t, -ja)	Pflug
elterjed (-t)	sich ausbreiten	krónika (-́k, -́t, -́ja)	Chronik
külön	separat, getrennt		

13A/13B

bevonul (-t)	einziehen (Militär), einmarschieren	honfoglaló (-k)	landnehmend, wörtl.: Heimat besetzend
vonul (-t)	ziehen	évtized (-ek, -et, -e)	Jahrzehnt
fejedelem (fejedelmek, fejedelmet, fejedelme)	Fürst	évszázad (-ok, -ot, -a) múlva	Jahrhundert vergehend; nach, in (temporal)
csapat (-ok, -ot, -a)	Truppe; Mannschaft	messzeség (-ek, -et, -e)	Ferne, Weite
marad (-t)	bleiben	távolugrás (-ok, -t, -a)	Weitsprung
az idő folyamán	im Laufe der Zeit	alaposság (-ok, -ot, -a)	Gründlichkeit
összeolvad	verschmelzen	alap (-ok, -ot, -ja)	Grundlage; Basis
olvad (-t)	schmelzen		
harcol (-t)	kämpfen		

13B Nyelvtan (Grammatik)

1. Verben im Präteritum erhalten das Suffix -t- oder -tt-

Im Gegensatz zum Deutschen kennt das Ungarische nur eine Vergangenheitsform, das Präteritum. Das Grundsuffix -t/tt- wird vor dem Personalsuffix an den Verbstamm angefügt. Achtung, die Personalsuffixe stimmen nur zum Teil mit denen im Präsens überein:

	Präsens	Präteritum
(én)	vár-ok, kér-ek	vár-t-**am**, kér-t-**em**
(te)	vár-sz, kér-sz	vár-t-**ál**, kér-t-**él**
(ő, ön)	vár, kér	vár-t, kér-t
(mi)	vár-unk, kér-ünk	vár-t-**unk**, kér-t-**ünk**
(ti)	vár-tok, kér-tek	vár-t-**atok**, kér-t-**etek**
(ők, önök)	vár-nak, kér-nek	vár-t-**ak**, kér-t-**ek**

Die fettgedruckten Stellen zeigen **sämtliche** Personalsuffixe der **unbestimmten Konjug. Prät.** Sie werden auch nach den Stammvokalen -ü- und -ö- verwendet: ülök, aber: ültem.

In der Wortliste erscheint ab sofort die Präteritumform der 3. Pers. Sg., aus der Sie die anderen Präteritumformen herleiten können.

Folgende, bereits bekannte Verben bilden das Präteritum mit dem Suffix -t-:

ült, állt, örült, tanult, beszélt, várt, csinált, ebédelt, írt, kért, felkelt, indult, akart, szeletelt, darabolt, használt, szűrt, szórt, kevert, tálalt, talált, fájt, sikerült, barkácsolt, járt, énekelt, mesélt, készült, locsolt, törölt, került, elterült, sétált, fordult, elért, folyt, kedvelt, gondolt, múlt, félt, ígért, ismert, élt, vándorolt, vonult, elterjedt, maradt, olvadt

Die meisten Verbstämme, die in allen Personen ein **einfaches** -t- im Präteritum erhalten, enden auf -l, -r, -j, -ly, seltener auf -d.

2. Das Suffix -tt-

Verbstämme mit **Vokal, -p, -t, -k, -g, -v, Zischlaut** und manche mit -d im Auslaut erhalten im Präteritum der 3. Pers. Sg. einen Bindevokal und das Suffix -tt-. Dazu zählen vor allem die **ik-Verben** sowie die **Verben auf -ít, -at/et/tat/tet, -gat/get und -hat/het**.

ik-Verben:
mosakodott, öltözött, fésülködött, reggelizett, dolgozott, esett, vacsorázott, kerékpározott, labdázott, úszott, bemutatkozott, lakott, tetszett, létezett, ugrott, játszott, ítélkezett, kanyarodott, emelkedett, húzódott, találkozott, tartozott, érkezett, bízott, gondolkozott, származott, halászott, vadászott, fejlődött, változott

Verben auf -ít:
tanított, készítctt, segített, tisztított

Verben auf -at/et/tat/tet:
változtatott, megnyugtatott, ültetett, etetett, itatott, lefektetett, legeltetett, ...

Verben auf -gat/get:
meglátogatott, dolgozgatott, ...

Verben auf -hat/het:
dolgozhatott, lehetett, aludhatott, ...

Verben auf -p, -t, -k, -g, -v:
szeretett, sütött, látott, fogott, sietett, rakott, jelentett, mutatott, hívott, lakott, osztott, függött, csapott, tekintett, értett

Verben auf Zischlaut:
főzött, mosott, nézett, sózott, passzírozott, keresett, hozott, ajándékozott, jutalmazott, elűzött, öntözött, nevezett

Verben auf -d:
kezdett, tudott, szedett, mondott

Die Verben auf -ít sowie **süt, jelent, tetszik, tekint, ugrik, játszik, oszt, ért, függ** und **tart** erhalten in allen Personen Sg. und Pl. Bindevokal und -tt-:

13B

	tanít	játszik	ért
(én)	tanít-ott-am	játsz-ott-am	ért-ett-em
(te)	tanít-ott-ál	játsz-ott-ál	ért-ett-él
(ő, ön)	tanít-ott	játsz-ott	ért-ett
(mi)	tanít-ott-unk	játsz-ott-unk	ért-ett-ünk
(ti)	tanít-ott-atok	játsz-ott-atok	ért-ett-etek
(ők, önök)	tanít-ott-ak	játsz-ott-ak	ért-ett-ek

Die übrigen Verben bilden – außer in der 3. Pers. Sg. – das Präteritum wie unter Punkt 1. beschrieben:

	úszik	lát	kezd
(én)	úsz-t-am	lát-t-am	kezd-t-em
(te)	úsz-t-ál	lát-t-ál	kezd-t-él
(ő, ön)	**úsz-ott**	**lát-ott**	**kezd-ett**
(mi)	úsz-t-unk	lát-t-unk	kezd-t-ünk
(ti)	úsz-t-atok	lát-t-atok	kezd-t-etek
(ők, önök)	úsz-t-ak	lát-t-ak	kezd-t-ek

Bei Formen wie **kezdtem, tudtam, mondtam** wird -**dt**- wie [tt] gesprochen.

3. Das Präteritum der mehrstämmigen Verben

Das Verb **van (lenni)** bildet zwei Vergangenheiten: **volt** *war* und **lett** *wurde*, z.B.:

> A magyarok ősei nomádok **voltak**.
> *Die Vorfahren der Ungarn waren Nomaden.* (Zustand)
>
> A nagy aszályok miatt nomádok **lettek**.
> *Aufgrund der großen Trockenperioden wurden sie Nomaden.* (Vorgang)

Beachten Sie auch, daß es das nominale Prädikat (vgl. 1B4) nur im Präsens gibt:

> A leves jó. – A leves jó **volt**.
> *Die Suppe ist gut. – Die Suppe war gut.*
> A levesek jók. – A levesek jók **voltak**.
> *Die Suppen sind gut. – Die Suppen waren gut.*
> A leves nem jó. – A leves **nem volt** jó.
> *Die Suppe ist nicht gut. – Die Suppe war nicht gut.*
> A levesek nem jók. – A levesek **nem voltak** jók.
> *Die Suppen sind nicht gut. – Die Suppen waren nicht gut.*

13B

Nincs/nincsenek, die verneinte Form von **van/vannak**, lautet im Präteritum: **nem volt** bzw. **nem voltak**:

Péter nincs itt. – Péter **nem volt** itt.
Peter ist nicht hier. – Peter war nicht hier.
A lányok nincsenek itt. – A lányok **nem voltak** itt.
Die Mädchen sind nicht hier. – Die Mädchen waren nicht hier.

Präteritum mehrstämmiger Verben:

	van	(lenni)	jön	megy
(én)	voltam	lettem	jöttem	mentem
(te)	voltál	lettél	jöttél	mentél
(ő, ön)	**volt**	**lett**	**jött**	**ment**
(mi)	voltunk	lettünk	jöttünk	mentünk
(ti)	voltatok	lettetek	jöttetek	mentetek
(ők, önök)	voltak	lettek	jöttek	mentek

	vesz	tesz	hisz	visz
(én)	vettem	tettem	hittem	vittem
(te)	vettél	tettél	hittél	vittél
(ő, ön)	**vett**	**tett**	**hitt**	**vitt**
(mi)	vettünk	tettünk	hittünk	vittünk
(ti)	vettetek	tettetek	hittetek	vittetek
(ők, önök)	vettek	tettek	hittek	vittek

	eszik	iszik
(én)	ettem	ittam
(te)	ettél	ittál
(ő, ön)	**evett**	**ivott**
(mi)	ettünk	ittunk
(ti)	ettetek	ittatok
(ők, önök)	ettek	ittak

13B/13C

	alszik	fekszik	haragszik
(én)	aludtam	feküdtem	haragudtam
(te)	aludtál	feküdtél	haragudtál
(ő, ön)	**aludt**	**feküdt**	**haragudott**
(mi)	aludtunk	feküdtünk	haragudtunk
(ti)	aludtatok	feküdtetek	haragudtatok
(ők, önök)	aludtak	feküdtek	haragudtak

13C Nyelvhasználat (Sprachgebrauch)

1. V. u. Z./v. Chr. und u. Z./n. Chr.

az időszámítás előtt (i. e.) ~ Krisztus előtt (Kr. e.)
vor unserer Zeitrechnung (v. u. Z.) ~ vor Christus (v. Chr.)
az időszámítás szerint (i. sz.) ~ Krisztus után (Kr. u.)
unserer Zeitrechnung (u. Z.) ~ nach Christus (n. Chr.)

évtized *Jahrzehnt* ⎫	*im ... Jahrzehnt*
évszázad *Jahrhundert* ⎬ + -ban/ben	*im ... Jahrhundert*
évezred *Jahrtausend* ⎭	*im ... Jahrtausend*

2. Der temporale Gebrauch von körül und felé

10 óra **körül/felé**   *gegen 10 Uhr*
dél **körül/felé**   *gegen Mittag*
este **felé**   *gegen Abend*
1950 **körül**   *um 1950*
az időszámítás előtt 1500 **körül**   *um 1500 vor unserer Zeitrechnung*

3. Múlik *vergehen*; **múlt, elmúlt** *vergangen*; **múlva** *(vergehend)*

Múlik az idő.   *Die Zeit vergeht.*
Elmúlt a nyár.   *Der Sommer ist vergangen.*
a **múlt idő**   *die Vergangenheit* (grammatische)
a **múltban**   *in der Vergangenheit, früher*
az **elmúlt** évben   *im vergangenen Jahr*
múlt évben   *letztes Jahr*

Mennyi az idő?/Hány óra van?   *Wie spät/wieviel Uhr ist es?*

8 óra **(el-)múlt** öt perccel. *Es ist fünf Minuten nach 8 Uhr.* (wörtl.: *8 Uhr ist um fünf Minuten vorüber.*)	8:05
8 óra lesz öt perc **múlva**. *In fünf Minuten wird es 8 Uhr.*	7:55

4. Egyik ... másik

Egyik sztyeppről a másikra vonultak.   *Sie zogen von einer Steppe zur anderen.*
egyik a másik után   *eines nach dem anderen*
egyik olyan, mint a másik   *es ist einer wie der andere*
egyik napról a másikra   *von einem Tag zum anderen (plötzlich, unerwartet)*
Egyik napról a másikra élnek.   *Sie leben von der Hand in den Mund.*

5. Messze, távol, közel

Messze laknak.   *Sie wohnen weit entfernt.*
Messze van ő a sikertől.   *Er ist weit entfernt vom Erfolg.*
Nincs **messze** a tél.   *Der Winter ist nicht (mehr) weit.*
messze a legjobb   *mit Abstand der/die/das Beste*
messzeség   *Weite, Ferne*

Távol került a szüleitől.   *Er ist/lebt weit entfernt von seinen Eltern.*
A **távolban** látom a hegyeket.   *In der Ferne sehe ich die Berge.*
Távol maradtak az óráról.   *Sie blieben der Unterrichtsstunde fern.*
Távol áll/van tőlünk, hogy ...   *Es liegt uns fern, ...*
Ezt **távolról** sem akartam.   *Das hatte ich nicht im entferntesten beabsichtigt.*
távoli rokon   *entfernte(r) Verwandte(r)*
a **távol-keleti** országok   *die fernöstlichen Länder*
távolság   *Entfernung*
távolugrás   *Weitsprung*

Közel laknak.   *Sie wohnen in der Nähe.*
Van a **közelben** posta?   *Gibt es in der Nähe eine Post?*
Közelről ismerem őket.   *Ich kenne sie näher.*
Közel van a tél.   *Der Winter ist nahe.*
közeli rokon   *nahe(r) Verwandte(r)*
Nem tudok semmi **közelebbit**.   *Ich weiß nichts Näheres.*
közelség   *Nähe*

13C

6. Között ≈ közt

Für die personalsuffigierten Formen von **között** in abstrakter Bedeutung wird gern die kurze Form **közt** verwendet:

közöttünk	≈	köztünk
közöttetek	≈	köztetek
közöttük	≈	köztük

A nomád népek, **köztük** a magyarok ősei is, ...
Die Nomadenvölker, darunter auch die Vorfahren der Ungarn, ...
Van **köztetek** valaki, aki tud magyarul? *Ist jemand unter euch, der Ungarisch kann?*

7. Alapos

Alaposan megváltozott az időjárás.   *Das Klima veränderte sich grundlegend.*
alapos munka   *gründliche Arbeit*
alapos ember   *gründlicher Mensch*
a német **alaposság**   *die deutsche Gründlichkeit*

8. Der Vergleich mit képest

> vmihez/vkihez **képest**
> *im Vergleich zu etwas/jmdm.*

A nyílt pusztaságokhoz **képest** a Kárpát-medencében több biztonságot találhattak.
Im Vergleich zu den offenen Ödlandgebieten konnten Sie im Karpatenbecken mehr Sicherheit finden.

Anna hozzám/hozzád/hozzá/hozzánk/hozzátok/hozzájuk **képest** fiatal.
Anna ist im Vergleich zu mir/dir/ihm/ihr/uns/euch/ihnen jung.

Ahhoz **képest**, hogy hány leckét vettünk át, már elég sokat tudunk magyarul.
Im Vergleich dazu, wieviel Lektionen wir durchgenommen haben, können wir schon ganz schön viel Ungarisch.

9. Szócsaládok *Wortfamilien*

(meg-)változik *sich verändern* (meg-)változtat *verändern*	változás *Veränderung*

tart *halten*	tartó *Halter, Behälter, Etui* tartás *Haltung*

13C/13D

alap	*Grundlage; Basis*
alapos	*grundlegend; gründlich*
alaposság	*Gründlichkeit*

(el-)múlik	*vergehen*	(el-)múlt	*vergangen*
		múlva	*vergehend*

távol (Adv.)	*fern*	távoli (Adj.)	*fern*	távolság	*Entfernung*

közel (Adv.)	*nahe*	közeli (Adj.)	*nahe*	közelség	*Nähe*

13D Gyakorlatok (Übungen)

1. *Setzen Sie den Text unter 4A – soweit sinnvoll – in die Vergangenheit. Dabei sollten Sie auch manche Zeitadverbien verändern.*

    Muster: Kati hétköznap fél hétkor kel. – Kati a múlt héten fél hétkor kelt.

2. *Lesen Sie den Text unter 13A noch einmal und beantworten Sie dann folgende Fragen:*

    Honnan származnak a magyarok? Mikor és miért lettek nomádok a magyarok ősei? Kik a magyarok legközelebbi rokonai és hol élnek? Mikor vonultak be az ősmagyarok a Kárpát-medencébe? Mit találtak a Kárpát-medencében?

3. *Konjugieren Sie die folgenden Verben in der 1. Pers. Präsens und Präteritum, unbestimmte Konjugation.*

    Muster: ül – (én) ülök, ültem

    áll, örül, indul, jár, sétál, él, marad
    segít, oszt, süt,
    változtat, meglátogat, dolgozhat, siet, lakik, főz, kezd, tud, érkezik

13D

4. *Setzen Sie die folgenden Sätze ins Präteritum:*

   Vasárnap az egész családdal a hegyekben vagyunk. Reggel felmegyünk a hegyre. Az idő szép. Ételt, italt magunkkal viszünk. Kint az erdőben eszünk és iszunk. Uzsonnára gyümölcsöt veszek. Este, amikor visszajövünk, megint éhesek a gyerekek. Vacsora után lefekszünk. Az egész család jól alszik.

5. *Verneinen Sie folgende Sätze:*

   Az első tíz lecke nehéz volt. A szavak idegenek voltak.

6. *Beantworten Sie folgende Fragen:*

   Hányadik évszázadban élt Árpád fejedelem? Hányadik évszázadban élt Mozart? Hány évtized óta van rádió?

7. *Mennyi az idő? (Verwenden Sie beide Möglichkeiten!)*

   Muster: Nyolc óra ötvenhét perc van.
   Három perc múlva kilenc óra lesz.

   8:57

   9:03   3:26   3:36   6:14   6:16

14A

14A Szöveg (Text)

Magyarországról származó tudósok és feltalálók

(Források: Magyar származású Nobel-díjas tudósok, Magyar Nemzeti Múzeum 1993.
Élet és tudomány, 1984, 42. sz., 1315.–6. od.)

A legtöbb Magyarországon született világhíres tudós és feltaláló Magyarországon nőtt fel és ott is kezdte el tanulmányait. De az egyetemet általában már külföldön fejezték be. Munkájuk nagy eredményeit is legtöbbször ott érték el. Ezért sokszor nem is tudjuk, hogy eredetileg magyarok voltak.

Az egyik leghíresebb magyar tudós **Szent-Györgyi Albert** volt. 1893-ban született Budapesten. Ott végezte el az egyetemet. Utána külföldön dolgozott, többek között Németországban is. Orvos és kémikus volt. 1930-tól Szegeden volt professzor. Ott dolgozta ki a **C-vitamin** paprikából való előállításának az eljárását. 1937-ben orvosi Nobel-díjat kapott. 1986-ban halt meg Wood Hole-ban.

Neumann János (John von Neumann) 1903-ban született Budapesten. Anyanyelve egyaránt volt magyar és német. Budapesten érettségizett. Ott kezdte el az egyetemet, amelyet Berlinben és Zürichben fejezett be. Matematikai munkáját Berlinben, Göttingában valamint az Egyesült Államokban folytatta. 1944 óta Amerikában H. H. Goldstine-nal együtt foglalkozott a **számítógép** tervezésével. Az ő ötletei alapján készült gépet „Neumann-gép"-nek hívják. 1957-ben halt meg az USA-ban.

14A

Dénes Gábor 1900-ban született Budapesten. Szülővárosában és Berlinben tanult fizikát és matematikát. 1937-ben Angliába települt. Ott találta fel 1948-ban a **holográfiát**, azaz azt a fényképezési eljárást, amelylyel a tárgy térbeli képét lehet előállítani. Életművét 1971-ben fizikai Nobel-díjjal jutalmazták.

Irinyi Jánosnak (1817–1895) a **biztonsági gyufa** feltalálásában volt nagy szerepe. Az eredeti gyufa tűzveszélyes, a későbbi foszforos gyufa mérgező volt. Az első biztonsági gyufát 1844-ben Svédországban készítették el. Ennek használata viszont még elég hangos volt. Irinyi találta fel a zajtalanul működő, nyugodtan égő gyufát.

Bíró László (1899, Magyarország – 1986, Rio de Janeiro) újságíró és feltaláló volt. Egyszer egy nedves labdát figyelt, ahogyan gurult a köveken át. A labda által „leírt" vonal adta az ötletet a **golyóstoll**hoz. Kísérleteit Magyarországon kezdte meg, Franciaországban folytatta és Argentinában fejezte be. A golyóstoll szabadalmát 1948-ban vásárolta meg tőle a Parker-cég.

tudós (-ok, -t, -a)	Wissenschaftler	díj (-ak, -at, -a)	(Ehren-)Preis; Gebühr
feltaláló (-k, -t, -ja)	Erfinder		
feltalál (-t)	erfinden	kap (-ott)	bekommen
feltalálás (-ok, -t, -a)	Erfindung	meghal (-t)	sterben
születik (-ett)	geboren werden	egyaránt	gleichermaßen
világhíres (-ek)	weltberühmt	érettségizik (-ett)	Abitur machen
világ (-ok, -ot, -a)	Welt	matematika ('-t, '-ja)	Mathematik
(fel-)nő (-tt)	(auf-)wachsen	Egyesült Államok	Vereinigte Staaten
tanulmány (-ok, -t, -ja)	Studie	Amerika ('-t)	Amerika
külföld (-et, -je)	Ausland	együtt (Adv.)	zusammen
befejez (-ett)	beenden	foglalkozik (-ott)	sich beschäftigen
eredmény (-ek, -t, -e)	Ergebnis	számítógép (-ek, -et, -e)	Rechner, Computer
sokszor (többször)	oft	tervezés (-ek, -t, -e)	Entwurf, Konstruktion
eredetileg	ursprünglich	tervez (-ett)	entwerfen, planen
végez (végzett)	absolvieren, beenden	gép (-ek, -et, -e)	Maschine, Apparat
kémikus (-ok, -t, -a)	Chemiker	szülőváros (-ok, -t, -a)	Geburtsstadt
C-vitamin (-ok, -t, -ja)	Vitamin C	fizika ('-t, '-ja)	Physik
előállítás (-ok, -t, -a)	Herstellung	Anglia ('-t, '-ja)	England
eljárás (-ok, -t, -a)	Verfahren	települ (-t)	siedeln
Nobel-díj	Nobelpreis	letelepül	sich niederlassen

14A/14B

holográfia (-k, -t, -ja)	Holografie	toll (-ak, -at, -a)	Feder; Stift (Schreibgerät)
azaz	das heißt	kísérlet (-ek, -et, -e)	Versuch, Experiment
fényképezés (-ek, -t, -e)	(das) Fotografieren	folytat (-ott)	fortsetzen
tárgy (-ak, -at, -a)	Gegenstand	Argentina (-t, -ja)	Argentinien
térbeli (-ek)	räumlich	szabadalom (szabadal-	Patent
életmű	Lebenswerk	mak, szabadalmat,	
mű (művek, művet, műve)	Werk	szabadalma)	
gyufa (-k, -t, -ja)	Zündholz, Streichholz	cég (-ek, -et, -e)	Firma
szerep (-ek, -et, -e)	Rolle, Bedeutung	úgynevezett, ún.	sogenannte(r/s), sog.
tűzveszélyes (-ek)	feuergefährlich		
foszforos (-ak)	Phosphor-, phosphorhaltig	dzsessz, jazz	Jazz
		lift (-ek, -et, -je)	Lift
mérgező (-ek)	giftig	hírlap (-ok, -ot, -ja)	(Tages-)Zeitung
méreg (mérgek, mérget, mérge)	Gift	figyelem (figyelmet, figyelme)	Achtung, Aufmerksamkeit
hangos (-ak)	laut	csendes (-ek)	ruhig, still
hang (-ok, -ot, -ja)	Ton; Stimme; Laut	terv (-ek, -et, -e)	Plan
zajtalan (-ok)	geräuschlos	fénykép (-ek, -et, -e)	Foto
zaj (-ok, -t, -a)	Lärm; Geräusch	fényképez (-ett)	fotografieren
működik (-ött)	funktionieren	fényképész (-ek, -t, -e)	Fotograf, Fotolaborant
nyugodt (-ak)	ruhig		
ég (-ett)	brennen	fényképezőgép (-ek, -et, -e)	Fotoapparat
újságíró (-k, -t, -ja)	Zeitungsjournalist	tudat (-ott)	bekanntgeben
újság (-ok, -ot, -ja)	Zeitung; Neuigkeit	tudat (-ot, -a)	Bewußtsein
nedves (-ek)	feucht	tudás (-t, -a)	Wissen
labda (-k, -t, -ja)	Ball	szül (-t)	gebären, zur Welt bringen
figyel (-t)	beachten, (aufmerksam) verfolgen	súly (-ok, -t, -a)	Gewicht
kő (kövek, követ, köve)	Stein	egészséges (-ek)	gesund
által (Postpos.)	durch, vermittels	egészség (-et, -e)	Gesundheit
vonal (-ak, -t, -a)	Linie	küld (-eni, -ött)	schicken, senden
golyóstoll	Kugelschreiber		
golyó (-k, -t, -ja)	Kugel		

14B Nyelvtan (Grammatik)

1. Das Präteritum der bestimmten Konjugation

	Präsens	Präteritum
(én)	vár-om, kér-em	vár-t-**am**, kér-t-**em**
(te)	vár-od, kér-ed	vár-t-**ad**, kér-t-**ed**
(ő, ön)	vár-ja, kér-i	vár-t-**a**, kér-t-**e**
(mi)	vár-juk, kér-jük	vár-t-**uk**, kér-t-**ük**
(ti)	vár-játok, kér-itek	vár-t-**átok**, kér-t-**étek**
(ők, önök)	vár-ják, kér-ik	vár-t-**ák**, kér-t-**ék**

14B

Die fettgedruckten Stellen zeigen **sämtliche** Personalsuffixe der best. Konjug. Präteritum. Es sei daran erinnert, daß die best. Konjug. nur verwendet wird, wenn dem Verb ein bestimmtes Objekt zugeordnet ist, das heißt: Verben die ohne Objekt stehen, wie **születik** *geboren werden*, **meghal** *sterben*, **sikerül** *gelingen*, **sétál** *spazierengehen*, **marad** *bleiben*, **mosakodik** *sich waschen*, **létezik** *existieren*, **érkezik** *ankommen*, **siet** *sich beeilen* usw. erhalten immer die Suffixe der unbestimmten Konjugation. Wenn Sie Fragen zur best. Konjug. haben, lesen Sie noch einmal Punkt 2 bis 5 unter 5B.

Wie bei der unbest. Konjug. erhalten auch hier die Verben auf **-ít** sowie **süt, jelent, tekint, ugrik, játszik, oszt, ért** und **tart** in allen Personen Sg. und Pl. Bindevokal und -**tt**-:

	ért (unbest. Konjug.)	ért (best. Konjug.)
(én)	ért-ett-em	ért-ett-em
(te)	ért-ett-él	ért-ett-ed
(ő, ön)	ért-ett	ért-ett-e
(mi)	ért-ett-ünk	ért-ett-ük
(ti)	ért-ett-etek	ért-ett-étek
(ők, önök)	ért-ett-ek	ért-ett-ék

Die anderen Verben haben in der best. Konjug. vor **jedem** Personalsuffix -**t**-, z. B.:

	lát (unbest. Konjug.)	lát (best. Konjug.)
(én)	lát-t-am	lát-t-am
(te)	lát-t-ál	lát-t-ad
(ő, ön)	**lát-ott**	**lát-t-a**
(mi)	lát-t-unk	lát-t-uk
(ti)	lát-t-atok	lát-t-átok
(ők, önök)	lát-t-ak	lát-t-ák

2. Das Partizip Präteritum

a legtöbb Magyarországon **született** tudós
die meisten in Ungarn geborenen Wissenschaftler
az ő ötletei alapján **készült** gép
die auf der Grundlage seiner Ideen gebaute/gefertigte Maschine
a labda által „**leírt**" vonal   *die durch den Ball „geschriebene" Linie*

Die Form des Partizips Präteritum entspricht der Verbform 3. Pers. Sg. unbest. Konjug. Präteritum.

Beispiele:

a **tanult** lecke   *die gelernte Lektion*
használt cikkek   *gebrauchte Artikel, Gebrauchtwaren*
elmúlt évek   *vergangene Jahre*
ismert ember   *ein bekannter (wörtl.: gekannter) Mensch*
elterjedt nyelv   *eine verbreitete Sprache*
fejlődött ország   *ein entwickeltes Land*
(aber: a fejlődő országok   *die Entwicklungsländer*)
rakott káposzta
geschichtetes Kraut (siebenbürgische Speise aus Hackfleisch, Reis und Sauerkraut)
úgynevezett (ún.)   *so genannte(r/s)*

3. Konstruktionen mit Adverbialbestimmung und Partizip

Die Partizipien können wie im Deutschen als Attribut gebraucht werden. Oft sind sie der Kern einer Konstruktion, die sich in einen Relativsatz auflösen läßt:

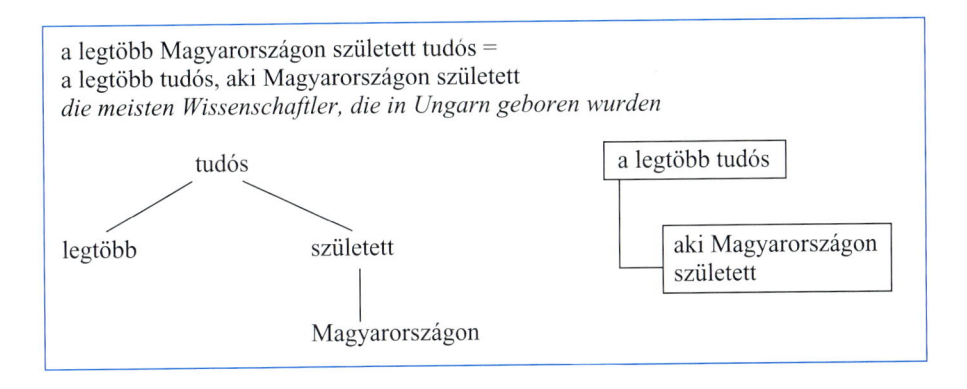

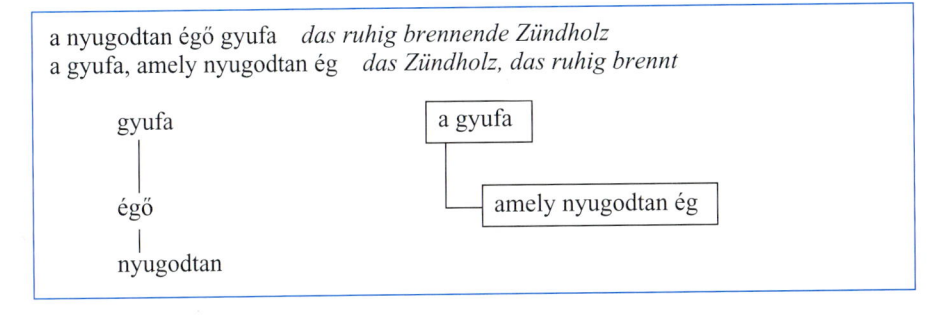

```
a legtöbb Magyarországon született tudós =
a legtöbb tudós, aki Magyarországon született
die meisten Wissenschaftler, die in Ungarn geboren wurden

              tudós                         ┌─ a legtöbb tudós
           ╱    │                           │
       legtöbb  született                   └─ aki Magyarországon
                │                              született
            Magyarországon
```

```
a nyugodtan égő gyufa   das ruhig brennende Zündholz
a gyufa, amely nyugodtan ég   das Zündholz, das ruhig brennt

       gyufa                    ┌─ a gyufa
        │                       │
        égő                     └─ amely nyugodtan ég
        │
       nyugodtan
```

169

14B/14C

Um sich kompakter als im Relativsatz auszudrücken, werden im Ungarischen gern Konstruktionen mit den Partizipien **való** und **levő/lévő** verwendet:

> az ott lévő emberek *die dort anwesenden Leute*
> (wörtl.: *die dort „seienden" Leute*)
>
> az ott lévőek *die dort Anwesenden*
> (wörtl.: *die dort „Seienden"*)

> a C-vitamin paprikából **való** előállításának eljárása
> *das Verfahren der Herstellung von Vitamin C aus Paprika*
>
> ```
>                    eljárása
>                       |
>                 előállításának
>                  /          \
>            C-vitamin        való
>                               |
>                           paprikából
> ```

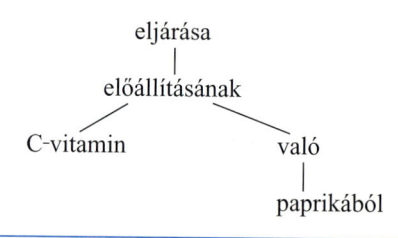

14C Nyelvhasználat (Sprachgebrauch)

1. Rektionen

> vkivel/vmivel **együtt**
> *mit jmdm./etwas zusammen/gemeinsam*

Goldstine-nal együtt *zusammen mit Goldstine*

> vki vmivel/vkivel **foglalkozik**
> *jmd. beschäftigt sich mit etwas/jmdm.*

A számítógép tervezésével foglalkozott.
Er beschäftigte sich mit der Konstruktion des Computers.

14C

> vminek az **alapján**
> *auf der Grundlage von etwas*

annak alapján, hogy ...   *auf der Grundlage davon, daß ...*

> vki/vmi nagy **szerepet játszik** vmiben
> *jmd./etwas spielt eine große Rolle bei etwas*
>
> vkinek/vminek nagy **szerepe van** vmiben
> *jmd./etwas hat eine große Bedeutung (Rolle) bei etwas*

Nagy szerepe volt a biztonsági gyufa feltalálásában.
Er spielte eine große Rolle bei der Erfindung des Sicherheitszündholzes.
Ez nagy szerepet játszik.   *Das spielt eine große Rolle.*

2. Gar nicht

Sokszor **nem is** tudjuk, hogy magyarok voltak.
Oftmals wissen wir gar nicht, daß sie Ungarn waren.
Nem is tudtam, hogy, ...   *Ich wußte gar nicht, daß ...*
Nem is mondtad, hogy ...   *Du hast gar nicht gesagt, daß ...*

3. Többek között *unter anderem*

Külföldön dolgozott, **többek között** Németországban is.
Er arbeitete im Ausland, unter anderem auch in Deutschland.

4. USA, Egyesült Államok, Amerika

Auch im Ungarischen bezeichnet man die USA als „Vereinigte Staaten" oder nicht ganz korrekt als „Amerika". Achtung, die amerikanische Abkürzung USA wird wie ein ungarisches Wort ausgesprochen:

USA [uʃɔ], az **USA-ban** [ɔz uʃaːbɔn]
az Egyesült Államok   *die Vereinigten Staaten,*
az Egyesült Államokból   *aus den Vereinigten Staaten*

171

14C

5. Számítógép ~ computer ~ komputer ~ kompjúter

Fremdwörter aus dem Englischen und Amerikanischen nimmt das Ungarische erst seit relativ kurzer Zeit in größerem Umfang auf. Um sie richtig aussprechen zu können, muß oft die Schreibweise angepaßt werden: **kompjúter, dzsessz** *Jazz*. Daneben existiert oft auch die Originalschreibweise: **computer, jazz**. Am meisten gebräuchlich ist inzwischen die Form **komputer** bzw. das dafür kreierte ungarische Wort **számítógép** *Rechner*.

6. Működik, nem működik

Irinyi gyufája zajtalanul **működött**.
Das Zündholz von Irinyi funktionierte geräuschlos.

A lift nem működik!

7. Újság *Neuigkeit; Zeitung*

Mi újság (van)?   *Was gibt's Neues?*
újságot olvas   *Zeitung lesen*
hírlap   *(Tages-)Zeitung*

8. Figyel *achten, beachten*

Bíró **figyelt** egy nedves labdát, ahogy gurult a köveken át.
Bíró beobachtete einen feuchten Ball, wie er über die Pflastersteine rollte. [und erfand so den Kugelschreiber]
Oda kell **figyelni**.   *Man muß achtgeben/aufpassen.*
Figyelem, figyelem ...!   *Achtung, Achtung ...!*

9. Prägen Sie sich die Wörter für *laut* und *leise* ein:

| hangos | *laut* | ≠ | csendes | *leise, still* |
| | | | zajtalan | *geräuschlos* (wörtl.: *ohne Lärm*) |

A régi gyufa használata **hangos** volt, az újé **zajtalan**.
Der Gebrauch des alten Zündholzes war laut, der des neuen ist lautlos.
A városi élet elég **hangos**, a vidéki **csendesebb**.
Das Stadtleben ist recht laut, das auf dem Lande ruhiger.

10. Szócsaládok (Wortfamilien)

dolgozik *arbeiten*	dolgozó *Beschäftigte(r)*
kidolgozik *erarbeiten, ausarbeiten*	

terv *Plan*	tervez *planen;* *entwerfen,* *konstruieren*	tervezés *Planung; Entwerfen,* *Konstruieren*

	fénykép *Foto*
	fényképez *fotografieren*
	fényképezés *Fotografieren*
	fényképész *Fotograf*
	fényképezőgép *Fotoapparat*

talál *finden*	feltaláló *Erfinder*
feltalál *erfinden*	feltalálás *Erfindung*

tud *wissen*	tudós *Wissenschaftler*
tudat *bekanntgeben*	tudat *Bewußtsein*
	tudás *Wissen*

születik *geboren werden*	születés *Geburt*
szül *gebären*	szülő *Eltern* (Sg.)

14C/14D

> Örömmel tudatom a nénikkel és bácsikkal,
>
> hogy 198**6** év **június** hó **8** -n megszülettem
>
> Súlyom: **3700** gr
> Hosszúságom: **52** cm
> Hajam: **fekete**
> Szemem: **kék**
>
> Anyukámmal együtt mindketten egészségesek vagyunk
>
> Sok puszit küld: *Tamás*

14D Gyakorlatok (Übungen)

1. *Setzen Sie alles ins Präteritum. Achten Sie auf die unbest. bzw. best. Konjug.*

    Pétert nem látom. Megnézem a házat.
    Tudom, hogy nehéz lesz. Látjuk egymást. Elolvasom a könyvedet.
    Mit tanulsz? – Megtanulom a 14. leckét.
    Kit vár? – A családomat várom.
    Mit csináltok? – Azt csináljuk, amit megígértünk.
    Mit írnak? – Leírják a történetet.
    Mit kérsz? – Ugyanazt kérem, mint tegnap.
    Megtalálod a kulcsodat? – Kulcsot nem találok, csak napszemüveget.
    Elmesélitek a történetet? – Történekeket nem mesélünk.
    Sokat nem érünk el, de a legfontosabbat elérjük.
    Sokat nem ígérek meg, de azt megígérem, hogy kevesebb lesz a nyelvtan.
    Kint játszanak. Ugyanazt játsszák, mint tegnap.

14D

Ferenc földrajzat tanít, Magyarország földrajzát tanítja.
Rokonokat látogatok meg, meglátogatom a nagybátyámékat.
Halat sütök, megsütöm ezt a nagy halat.
Megértik ezt az egy mondatot, de ezen kívül semmit nem értenek meg.
Lent vagyok és mosok, kimosom a ruháinkat.
Képeket nézek, megnézem a fényképeiteket.
Keresel valamit? – A pénzemet keresem.
Hozok neked egy kis ajándékot, de a könyvedet még nem hozom vissza.
Eszel süteményt? – Megeszem az egész tortát.
Isztok bort? – Megisszuk az egészet.

2. *Bilden Sie das Präteritum des Verbs* **van**. *Beachten Sie, daß es das nominale Prädikat nur im Präsens gibt.*

   Muster: **A ház a mienk. A ház a mienk volt.**

   A tudós magyar. A feltalálások fontosak. Szent-Györgyi híres orvos és kémikus. A régi gyufák tűzveszélyesek. Irinyi gyufája zajatalanabb, mint a régiek.
   Hol vagy? – A szobában vagyok.
   Jól vagytok? – Elég jól vagyunk.
   Ők is ott vannak? – Ők nincsenek ott, nem tudom, hol vannak.

3. *Erzählen Sie zunächst in der „wir"-Form und dann in der „ich"-Form, wie Sie* ✶
   Fischsuppe gekocht haben. Verwenden Sie dazu den Text unter 5A.

4. *Lösen Sie die Partizipialkonstruktionen in Relativsätze auf.*

   Muster: **az iskolában lévő gyerekek –**
   a gyerekek, akik az iskolában vannak

   a házban lévő emberek, Németországból származó tudósok, az Egyesült Államokból érkező repülő, a tárgy térbeli képét előállító fényképezési eljárás, Szent-Györgyi által kidolgozott eljárás, az újságíró által feltalált golyóstoll

5. *Verdichten Sie die Relativsätze zu Partizipialkonstruktionen:*

   Muster: **a gyerekek, akik az iskolában vannak –**
   az iskolában lévő gyerekek

   a tudósok és feltalálók, akik Magyarországon születtek – az orvos, aki külföldön dolgozik – a matematikus, aki az USA-ban számítógépekkel foglalkozik – a fizikus, aki Angliába települt – a gyufa, amely zajtalanul működik és nyogodtan ég – az újságíró, aki egy nedves labdát figyel – a vonal, amelyet a nedves labda „leírt" – a cég, amely az első golyóstollakat állította elő

14D

✳ 6. Beantworten Sie folgende Fragen zum Text 14A:

Hol dolgozott a legtöbb Magyarországról származó világhíres tudós? – Melyik növényből lehet a C-vitamint előállítani? – Hol tervezték az első számítógépeket? – Mi a holográfia? – Mikor készült az első biztonsági gyufa? – Mikor és hol született Bíró László, mikor és hol halt meg? – Mi adta az ötletet a golyóstoll feltalálásához?

7. Geben Sie die Lebensdaten folgender Persönlichkeiten an. Wiederholen Sie gegebenenfalls die Datumsangabe unter 9B4.

> **Muster:** Isaak Newton 1643. január negyedikén született és 1727. március 31-én halt meg.

Marie Curie (1867. XI. 7. – 1934. VII. 4.)
Semmelweis Ignác (1818. VII. 1. – 1865. VIII. 13.)
Charles Darwin (1809. II. 12. – 1882. IV. 19.)
Nikolaus Kopernikus (1473. II. 19. – 1543. V. 24.)

✳ 8. Berichten Sie, was Sie in der Zeitung gelesen haben. Verwenden Sie dazu die unten abgedruckten Ausschnitte. Berichten Sie auch über weitere Zeitungsnotizen anderer, auch deutscher Blätter.

> **Muster:** Mit olvasott az újságban? – Azt olvastam a Magyar Nemzetben, hogy holnap szép idő lesz.

Ötvenéves a francia film élő klasszikusa, Catherine Deneuve (október 22-én ünnepelte születésnapját).
(Mai nap, 1993. XI. 20.)

Húslevest a legtöbb családban főznek.
(Népszabadság, 1991. XII. 5.)

Lehet, hogy hamarosan más néven esszük a finom Pick-szalámit?
(Reform, 1993. IV. 1.)

1882. október 24-én született Kálmán Imre
(Heti Magyarország, 1992, X. 23.)

15A

15A Szöveg (Text)

Önéletrajz

(Forrás: Honffy Pál: Levelezési tanácsadó, IKVA Budapest 1993, 103-4. od.)

Önéletrajz

1959. október 18.-án születtem Budapesten. Érettségi vizsgát a budapesti Balassi Bálint Gimnáziumban tettem 1977-ben. 1978-ban fél esztendeig könyvtárban dolgoztam, majd intenzív angol nyelvtanfolyamon vettem részt. Ezután felvettek az egyetemre. 1984-ben magyar- -angol szakos tanári diplomát szereztem. Első munkahelyem az Ady Endre Gimnáziumban volt, Budapest XXIII. kerületében. Ott elsősorban angol nyelvet tanítottam. Saját nyelvtanítási módszereket dolgoztam ki. Ezekről két cikket is írtam szakfolyóiratokban.

1986-ban egy debreceni kollégával állást cseréltem. Azóta angol nyelvtanárként dolgozom egy debreceni szakközépiskolában. 1988 nyarán két hónapos nyelvi továbbképzésen vettem részt Londonban.

Tanári munkám mellett megpróbálkoztam egy-egy angol elbeszélés magyarra való fordításával is. 1990 óta a Horizont Kiadó rendszeresen megbíz fordítási munkával. 1986-ban megnősültem. Két gyermekem van. Szabadidőmben sportolni szoktam. Nagy szenvedélyem viszont a zene. Gyerekkorom óta hegedülök, jelenleg egy amatőr zenekarban játszom.

Szabó Ferenc

15A/15B

önéletrajz (-ok, -ot, -a)	Lebenslauf; Autobiografie	rendszeres (-ek)	regelmäßig
könyvtár (-ak, -t, -a)	Bibliothek	megbíz (-ott)	beauftragen
intenzív (-ek)	intensiv	megnősül (-t)	heiraten (ein Mann eine Frau)
nyelvtanfolyam	Sprachkurs	sportol (-t)	Sport treiben
tanfolyam (-ok, -ot, -a)	Kurs, Lehrgang	szenvedély (-ek, -t, -e)	Leidenschaft; Laster
részt vesz (vett)	teilnehmen	gyerekkor (-t, -a)	Kindheit
felvesz (-vett)	aufnehmen	hegedül (-t)	Geige spielen
szakos (-ok)	im Fach	hegedű (-k, -t, -je)	Geige
szak (-ok, -ot, -ja)	Fach(-gebiet)	jelenleg	momentan
szakma (ˊk, ˊt, ˊja)	Beruf, Fach	amatőr (-ök)	Amateur-
diploma (ˊk, ˊt, ˊja)	Diplom	zenekar (-ok, -t, -a)	Orchester
szerez (szerzett)	beschaffen, besorgen; erlangen; bereiten	következésképpen	infolgedessen
munkahely (-ek, -et, -e)	Arbeitsplatz	kirándulás (-ok, -t, -a)	Ausflug
kerület (-ek, -et, -e)	(Stadt-)Bezirk	kirándul (-t)	einen Ausflug machen
elsősorban	in erster Linie	csirke (ˊk, ˊt, ˊje)	Huhn
nyelvtanítás	Sprachlehre		
tanítás (-ok, -t, -a)	Lehre	férjhez megy (ment)	heiraten (eine Frau einen Mann)
módszer (-ek, -t, -e)	Methode		
szakfolyóirat	Fachzeitschrift	(össze-)házasodik (-ott)	(sich ver-)heiraten
folyóirat (-ok, -ot, -a)	Zeitschrift	házas (-ok)	verheiratet
kolléga (ˊk, ˊt, ˊja)	Kollege	nős (-ek)	verheiratet (Mann)
cserél (-t)	tauschen, wechseln	nőtlen (-ek)	unverheiratet (Mann)
állás (-ok, -t, -a)	(Arbeits-)Stelle	férjes (-ek)	verheiratet (Frau)
szakközépiskola (ˊk, ˊt, ˊja)	Fachoberschule	férjezett (-ek)	verheiratet (Frau) (Amtssprache)
továbbképzés	Weiterbildung	hajadon (-ok)	unverheiratet (Frau)
képzés (-ek, -t, -e)	Ausbildung	öröm (-öt, -e)	Freude
megpróbálkozik (-ott) vmivel	sich an etwas versuchen	tapasztalat (-ok, -ot, -a)	Erfahrung
		tapasztal (-t)	Erfahrung machen
elbeszélés (-ek, -t, -e)	Erzählung	Finnország (-ot, -a)	Finnland
fordítás (-ok, -t, -a)	Übersetzung	fordító (ˊk, -t, -ja)	Übersetzer
fordít (-ott)	übersetzen	hegedűs (-ök, -t, -e)	Geiger
kiadó (ˊk, -t, -ja)	Verlag		

15B Nyelvtan (Grammatik)

1. Die spezielle Bedeutung des Präteritums von szokik

Das Präteritum des unpräfigierten Verbs **szokik** (siehe auch 15C6) wird mit dem Infinitiv eines weiteren Verbs für die spezielle Bedeutung *etwas zu tun pflegen* verwendet. Es erfüllt dabei die Funktion eines Hilfsverbs und hat trotz der **Präteritumform Präsensbedeutung**:

> Szabadidőm alatt sportolni **szoktam**.
> *In meine Freizeit pflege ich Sport zu treiben/treibe ich gewöhnlich Sport.*

Die Formen lauten:

	unbest. Konj.	best. Konj.
(én)	szoktam	szoktam
(te)	szoktál	szoktad
(ő, ön)	szokott	szokta
(mi)	szoktunk	szoktuk
(ti)	szoktatok	szoktátok
(ők, önök)	szoktak	szokták

Beispiele:

Nem szoktam matematikával foglalkozni.
Ich beschäftige mich gewöhnlich nicht mit Mathematik.
Reggelire kávét szoktál inni?
Trinkst du zum Frühstück (gewöhnlich) Kaffee?
Reggeli után újságot szoktunk olvasni.
Nach dem Frühstück lesen wir gewöhnlich Zeitung.
Ki szokott nálatok fényképezni?
Wer fotografiert bei euch gewöhnlich?
Külföldre el szoktuk vinni a fényképezőgépet.
Ins Ausland nehmen wir gewöhnlich den Fotoapparat mit.

2. Die Adverbialbestimmung mit dem Suffix -ként

Angol nyelvtanár**ként** dolgozom Debrecenben.
Ich arbeite in Debrecen als Englischlehrer.

Die Adverbialbestimmung kann auch durch einen Nebensatz mit der Konjunktion **mint** ausgedrückt werden:

Debrecenben dolgozom, **mint** angol nyelvtanár.

Das Relationssuffix **-ként** steht ohne Bindevokal direkt am Wortstamm bzw. nach der Plural- oder Possessivendung.

Te másként gondolkodol, mint én,
következésképpen én másként, mint te.
Most ki a másként gondolkodó?

Pesti Hírlap, február 26-27.

15B

3. Das adjektivbildende Suffix -s

Durch Anfügen von **-s** werden aus Substantiven Adjektive. Endet das Substantiv auf einen Konsonanten, so wird als Bindevokal **-o-** oder **-e-** eingefügt. Endet das Substantiv auf **-a** oder **-e**, werden diese zu **-á** und **-é**.

Beispiele:

hónap – hónapos	két **hónapos** továbbképzés
	eine zweimonatige Weiterbildung
óra – órás	három **órás** út *ein dreistündiger Weg*
nap – napos	három **napos** kirándulás *ein dreitägiger Ausflug*
hét – hetes	két **hetes** szabadság *ein zweiwöchiger Urlaub*
perc – perces	Örkény István Egy**perces** novellái
	die Minuten-Novellen (wörtl.: ein-Minuten-Novellen) von István Örkény
szín – színes	**színes** fénykép *Farbfoto*
alma – almás	**almás** rétes *Apfelstrudel*
vaj – vajas	**vajas** kenyér *Butterbrot*
jég – jeges	**jeges** tea *Eistee*
paprika – paprikás	**paprikás** csirke *Paprikahuhn*
só – sós	**sós** leves *salzige Suppe*
víz – vizes	**vizes** ruha *nasses Kleidungsstück*
napsütés – napsütéses	**napsütéses** lakás *sonnige Wohnung*
kert – kertes	**kertes** ház *Haus mit Garten*
vicc – vicces	**vicces** ember *ein Mensch mit Witz*
szemüveg – szemüveges	**szemüveges** fiatalember *ein junger Mann mit Brille*
szak – szakos	magyar-angol **szakos** tanári diploma
	Lehrerdiplom im Fach Ungarisch-Englisch
év – éves	36 **éves** vagyok *ich bin 36 Jahre alt*
láz – lázas	Emese **lázas**. *Emese hat Fieber.*

4. Die Reihenfolge der verschiedenen Suffixe

Sie haben bereits eine Vielzahl von Suffixen kennengelernt. Man unterscheidet im Ungarischen zwischen **Ableitungssuffixen, Grund-** und **Endsuffixen**. Die folgende Tabelle zeigt die Ihnen bekannten Suffixe in einer Übersicht:

	Verbsuffixe	Nomensuffixe
Ableitungssuffixe	-ni (Infinitiv) -at/et/tat/tet -gat/get -hat/het	-i (Adjektivsuff.) -ik (Ordnungszahl) -ék (‚Szabóék') -s (Adjektivsuff.)
Grundsuffixe	-ó/ő (Part. Präs.) -t/tt (Part. Prät.)	Possessivsuffixe -k (Plural) -bb (Komparation)
Endsuffixe	Personalsuffixe aller Konjugationen	alle Relationssuffixe: -t (Akk.) -ba/be, u. die anderen Lokalsuff. -kor (Temporalbest.) -val/vel (Instrumentalbest.) -nak/nek (Dativ) -ként (Modalbest.)

Beachten Sie, daß bei der Suffigierung die Reihenfolge eingehalten werden muß:

Wortstamm – Ableitungssuffix – Grundsuffix – Endsuffix

Beispiele:

olvas-ó-k-nak   *den Lesern*
a ügy-es-ebb-ek-nek   *den Geschickteren* (Pl.)
lát-hat-ó   *sichtbar*
munkás-ok-ként   *als Arbeiter* (Pl.)

15C

15C Nyelvhasználat (Sprachgebrauch)

1. Rektionen

> vki **részt vesz** vmin
> *jmd. nimmt an etwas teil*

Továbbképzésen vettem részt.
Ich nahm an einer Weiterbildung teil.

> vki **megpróbálkozik** vmivel
> *jmd. versucht sich an etwas*

Fordításokkal próbálkoztam meg.
Ich versuchte mich an Übersetzungen.

> vki **megbíz** vkit vmivel
> *jmd. beauftragt/betraut jmdn. mit etwas*

A kiadó rendszeresen megbíz (engem) fordítási munkával.
Der Verlag gibt mir regelmäßig Übersetzungsarbeiten (beauftragt, betraut mich damit).

2. Das ungarische Schulsystem

általános iskola   *Grundschule*
Sie erstreckt sich über acht Jahre und ist eingeteilt in jeweils vier Jahre Unter- und vier Jahre Oberstufe. Die Lehrer der Unterstufe (1. bis 4. Klasse) heißen **tanító**, Lehrer, die ab 5. Klasse unterrichten, heißen **tanár**. Die achtjährige Grundschule ist für alle obligatorisch.

szakiskola   *Berufsschule*
Sie endet mit einem Facharbeiterabschluß.

szakközépiskola   *Fachoberschule*
Vierjährige Ausbildung mit Abschluß in einem Beruf sowie dem Abitur.

gimnázium   *Gymnasium*
Vier- bis sechsjährige Ausbildung mit dem Abitur als Abschluß.

3. Heiraten auf Ungarisch

megnősül (ein Mann) *heiratet* (eine Frau)
Ferenc 1986-ban nősült meg.   *Ferenc hat 1986 geheiratet.*

férjhez megy   (eine Frau) *heiratet* (einen Mann)   (wörtl.: *sie geht zum Gatten*)
Kati 1986-ban ment férjhez.   *Kati hat 1986 geheiratet.*

(össze)házasodik   *sich (miteinander) verheiraten* (neutral)
1986-ban összeházasodtunk.   *Wir haben 1986 geheiratet.*

vki **házas**   *jmd. ist verheiratet* (neutral)
Kati és Ferenc házasok.   *Kati und Ferenc sind (miteinander) verheiratet.*

vki **nős** (ein Mann ist) *verheiratet* (wörtl.: *hat eine Frau*)
Ferenc nős.   *Ferenc ist verheiratet.*

vki **nőtlen**   (ein Mann ist) *ledig* (wörtl.: *fraulos*)
Péter nőtlen.   *Peter ist ledig.*

vki **férjnél van/férjes/férjezett**   (eine Frau ist) *verheiratet*
Kati férjnél van/férjes/férjezett.   *Kati ist verheiratet.*

vki **hajadon**   (eine Frau ist) *ledig*   (wörtl.: *ohne Kopfbedeckung*)
Anna hajadon.   *Anna ist ledig.*

elválik   *sich scheiden lassen, sich trennen*
1990-ben elváltam.   *1990 ließ ich mich scheiden.*

özvegy   *Witwe(r)*
Nagy Jánosné özvegy.   *Frau Nagy ist Witwe.*

4. Szerez *besorgen, beschaffen; erlangen; bereiten*

lakást szerez   *eine Wohnung beschaffen*
diplomát szerez   *das Diplom erlangen*
örömöt szerez vkinek   *jmdm. Freude bereiten*
tapasztalatot szerez   *Erfahrung sammeln*

Beachten Sie bei der Konjugation von **szerez** das flüchtige **-e-**:

	unbest. Konj.	
	Präsens	Präteritum
(én)	szerzek	szereztem
(te)	szerzel	szereztél
(ő, ön)	szerez	szerzett
(mi)	szerzünk	szereztünk
(ti)	szereztek	szereztetek
(ők, önök)	szereznek	szereztek

15C

In der bestimmten Konjugation wird meist das vollendete Verb **megszerez** verwendet:

Megszereztem azt a lakást, amelyiket akartam.
Ich habe mir die Wohnung beschafft, die ich wollte.

	best. Konj.	
	Präsens	Präteritum
(én)	megszerzem	megszereztem
(te)	megszerzed	megszerezted
(ő, ön)	megszerzi	megszerezte
(mi)	megszerezzük	megszereztük
(ti)	megszerzitek	megszereztétek
(ők, önök)	megszerzik	megszerezték

5. egy-egy

Megpróbálkoztam egy-egy angol elbeszélés fordításával.
Ich versuchte mich an der Übersetzung einzelner englischer Erzählungen (immer mal an einer).

Neben der Bedeutung *immer mal ein/eine, einzelne* drückt man im Ungarischen auch eine zahlenmäßig gleiche Aufteilung mit dieser Form aus:

A diákok **egy-egy** feladatot kaptak.   *Die Schüler bekamen je eine Aufgabe.*
A gyerekek **tíz-tíz** forintot kaptak.   *Die Kinder bekamen jeder zehn Forint.*

6. (meg-/hozzá-)szokik *sich gewöhnen*

Péter megszokja a nehéz munkát.   *Peter gewöhnt sich an die schwere Arbeit.*
Finnországban hozzászoktam a hideghez.
In Finnland habe ich mich an die Kälte gewöhnt.

megszoktam vmit
hozzászoktam vmihez } *ich habe mich an etwas gewöhnt*

aber: **szoktam** vamit csinálni   *ich pflege etwas zu tun* (vgl.: 15B1)

7. Szócsaládok (Wortfamilien)

fordít *übersetzen*	fordítás *Übersetzung*
	fordító *Übersetzer*

15C/15D

hegedül *Geige spielen*	hegedű *Geige*
	hegedűs *Geiger*

szokik (szokott)	szokás
sich gewöhnen (zu tun pflegen)	*Brauch, Gewohnheit*
	népszokás *Volksbrauch*

15D Gyakorlatok (Übungen)

1. *Formen Sie die Sätze in eine Infinitivkonstruktion mit **szokott** um.*

   Muster: **Vasárnap rendszeresen sportolunk. –
   Vasárnap sportolni szoktunk.**

   Szombaton rendszeresen a kertemben dolgozom. Nyáron rendszeresen részt veszek nyelvi továbbképzésen. A cég rendszeresen megbíz engem munkával. Csütörtök este rendszeresen hegedülök.

2. *Ordnen Sie die folgenden Tätigkeiten ein in gute und schlechte Gewohnheiten.*

   Muster: **Sportolni jó szokás. Sokat enni rossz szokás.**

   sokat ülni, sokat beszélni, leveleket írni, mindenhova autóval járni, népdalokat énekelni, a gyerekeinknek mesélni, a parkban sétálni, állatoktól félni, éjjel dolgozni, a lakásban labdázni, egymásnak segíteni, mindig sietni, házasodni

15D

3. *Wiederholen Sie die Berufsbezeichnungen aus Lektion 2 und 7. Als was arbeiten Sie oder haben Sie gearbeitet?*

   ■ **Muster: tanár – Tanárként dolgozom. Tanárként dolgoztam.**

   orvos(nő), mérnök, autószerelő, titkárnő, pincér, asztalos, ápolónő, postás, hentes

4. *Übersetzen Sie ins Ungarische. Verwenden Sie dabei das adjektivbildende Suffix -s.*

   ■ **Muster: zweimonatiger Lehrgang – két hónapos tanfolyam**

   zweistündiger Unterricht, fünfzehnminütige Pause, dreijährige Ausbildung, sechswöchige Weiterbildung, Deutsch-Französisch-Lehrerdiplom, Farbfernseher, Brötchen mit Salz, Mädchen mit Brille.

5. *Ergänzen Sie die richtige Form des Verbs **(meg-)szerez** und übersezten Sie ins Deutsche:*

   ... (te) már lakást az öccsédnek? A múlt héten nagy römöt ... (én) az édesanyámnak. 1990-ben tanári diplomát ... (mi). Ön már ... tanári tapasztalatot?

6. *Setzen Sie die fehlenden Suffixe ein:*

   Egy magyar nyelvtanfolyam ... veszünk részt. Már megpróbálkoztam egy-egy magyar levél olvasás ... Nagy munka ... bizott meg a cég.

7. *Welche Form von ‚heiraten' ist hier richtig?*

   István 1980-ban ... . Mária 1985-ben ... . Lajos nyáron ... fog ... . Erika ... akar ... . A férjem és én tíz éve ... .

8. *Setzen Sie das jeweils richtige Wort für ‚ledig' ein.*

   Péter barátom még ..., Anna barátnőm még ...

9. *Welche Wörter fehlen hier?*

   Mária néninek a férje meghalt: Mária néni ...
   Erika és László házasok voltak, de ..., már egy éve nem élnek együtt.

10. *Mit lehet a hírlapboltban venni?*

11. *Schreiben Sie Ihren eigenen Lebenslauf. Verwenden Sie dazu auch die folgenden* ✴
 Stichworte:

 ... születtem
 ... jártam iskolába
 ... elvégeztem a szakiskolát/az egyetemet
 ... dolgoztam
 ... továbbképzésen vettem részt
 ... megnősültem/férjhez mentem/ ...
 ... gyerekem van/nincs
 szabadidőm alatt ...

12. *Beantworten Sie folgende Fragen zu Ihrem Lebenslauf. Stellen Sie dann einem Ge-* ✴
 sprächspartner, den Sie duzen, die gleichen Fragen.

 Mikor és hol született? Milyen iskolát végzett? Milyen szakmát tanult? Hol dolgozott? Milyenek voltak a munkahelyei? Milyenek voltak a kollegái? Melyik munkahelyét szerette a legjobban? Milyen lakásai voltak? Milyen a jelenlegi lakása? Ön házas? Vannak gyerekei? Mit szokott a szabadideje alatt csinálni? Vannak szenvedélyei?

16A

16A Szöveg (Text)

Mit nézzünk meg Budapesten?

Klaus és Gabi először vannak Budapesten. Még nem tudják pontosan, mit nézzenek meg az első napon. Ezért tanácsot kérnek Sanyi bácsitól, a házigazdájuktól:

Sanyi bácsi: Mit tetszenek ma csinálni?
Gabi: Még nem tudjuk, talán megnézzük a várat.
Sanyi bácsi: Nagyon helyes. Kezdjenek a várral. A Blaha Lujza térnél szálljanak fel a metróra és a Moszkva térnél szálljanak le. Onnan busszal vagy gyalog lehet felmenni a várba.
Gabi: Gyalog biztos érdekesebb.
Sanyi bácsi: Ez igaz, gyalogoljanak fel a Bécsi kapu térig. Onnan menjenek egyenesen. Majd balra látják a Mátyás-templomot, mögötte a Halászbástyát. Onnan már nincs messze a Dísz tér, amely mögött van a budavári palota.

BUDAPEST CITY

16A

Klaus:	Ezt mind meg kell néznünk. Délelőtt maradjunk a várnegyedben, de délután ne járkáljunk, hanem pihenjünk egy kicsit.
Sanyi bácsi:	Akkor menjenek el gyógyfürdőbe, ott igazán jól lehet pihenni.
Gabi:	Ez jó ötlet. Merre van ez a híres Gellértfürdő?
Sanyi bácsi:	Ha a várpalotát megnézték, sétáljanak le a Duna felé. Ott szálljanak fel a 49-es villamosra. Ez elviszi önöket a Gellért Szállodához. Ott van a gyógyfürdő is.
Klaus:	Melyik irányba menjünk a villamossal?
Sanyi bácsi:	A Móricz Zsigmond körtér felé.
Gabi:	A fürdő után menjünk a belvárosba kirakatokat nézni!
Sanyi bácsi:	Akkor a Gellért Szállodával szemben szálljanak fel a 7-es buszra és menjenek át a Dunán. Rögtön az Erzsébet híd után, a Ferenciek terénél, szálljanak le. Ott van a belváros.
Klaus:	Persze a Margitszigetet is meg akartuk nézni.
Gabi:	Oda szerintem menjünk holnap. Ma este inkább igyunk egy jó bort.
Sanyi bácsi:	Mondjak egy jó borpincét?
Klaus:	Csak nyugodtan!
Sanyi bácsi:	A Ferenciek teréről sétáljanak egy darabig a Váci utcán. Majd kanyarodjanak be balra a Régiposta utcába. Az utca végén jobbra van ez a borpince.
Gabi:	Nagyon szépen köszönjük, Sanyi bácsi. De most gyere Klaus, siessünk, mert elég sűrű a programunk.

először	zum ersten Mal; zuerst	mind	alles
pontos (-ak)	genau; pünktlich	délelőtt	vormittags; Vormittag
megnéz (-ett, -zen)	sich (etwas) ansehen	várnegyed (-ek, -et, -e)	Burgviertel
tanács (-ok, -ot, -a)	Rat	járkál (-t, -jon)	herumlaufen
házigazda (´-k, ´-t, ´-ja)	Hausherr; Gastgeber	gyógyfürdő	Heilbad
vár (-ak, -at, -a)	Burg	fürdő (-k, -t, -je)	Bad
helyes (-ek)	richtig	igazán	wirklich
felszáll (-t, -jon)	einsteigen; starten, aufsteigen (Flugzeug)	merre?	wo?, in welche Richtung?
		szálloda (´-k, ´-t, ´-ja)	Hotel
érdekes (-ek)	interessant	belváros (-ok, -t, -a)	Innenstadt
gyalogol (-t, -jon)	zu Fuß gehen	kirakat (-ok, -ot, -a)	Schaufenster; Auslage
kapu (-k, -t, -ja)	Tor, Pforte	rögtön	sofort
Halászbástya (´-t, ´-ja)	Fischerbastei	híd (hidak, hidat, -ja)	Brücke
budavári palota	Budaer Burg(palast)	persze	natürlich, selbstverständlich
palota (´-k, ´-t, ´-ja)	Palast		

16A

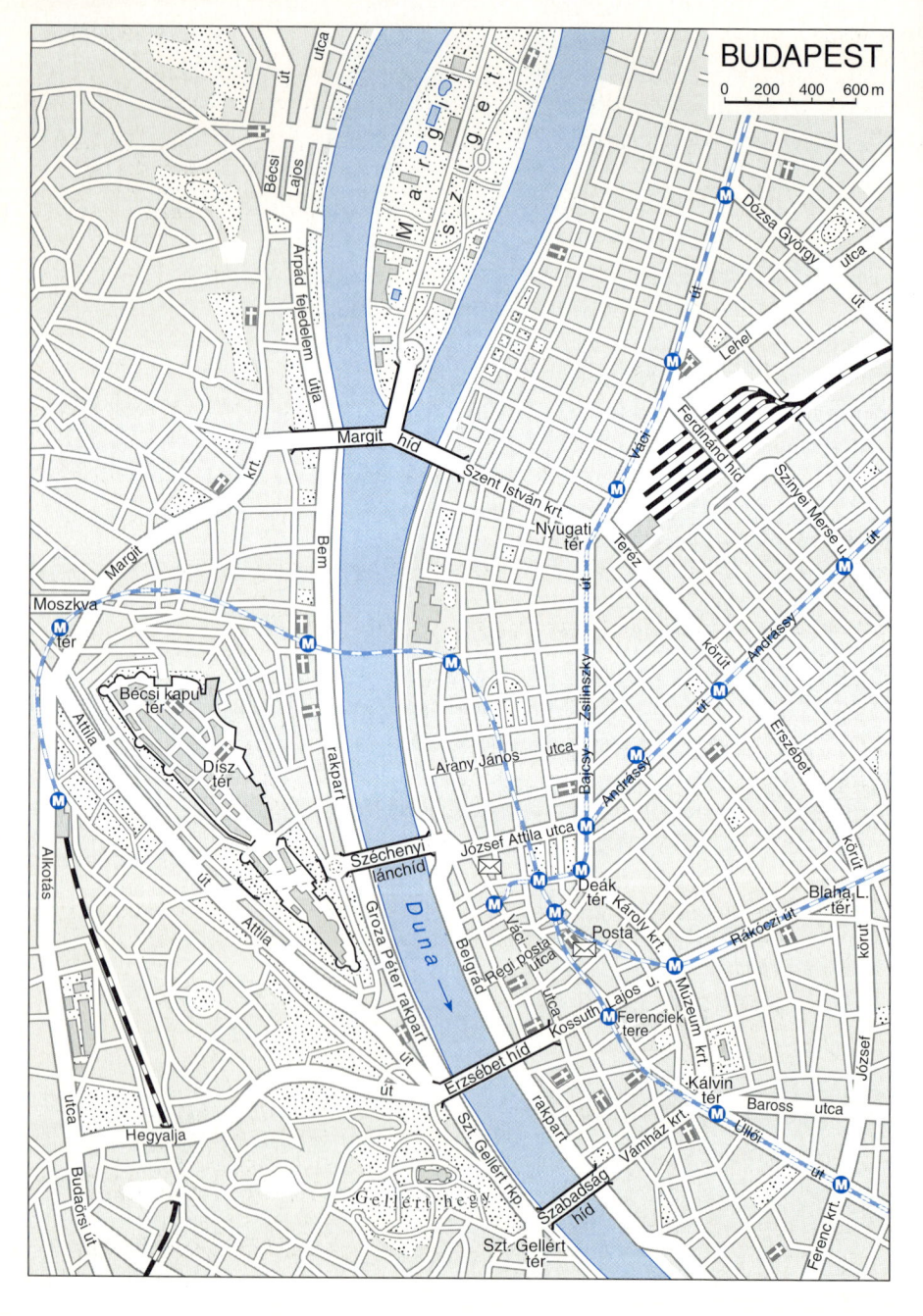

16A/16B

borpince — *Weinkeller*
pince (´-k, ´-t, ´-je) — *Keller*
Csak nyugodtan! — *Nur zu!*
vég (-et, -e) — *Ende; Schluß*
sűrű (-ek) — *dicht*
program (-ok, -ot, -ja) — *Programm; Vorhaben*
szerkeszt (-ett, -szerkesszen) — *verfassen; konstruieren*

foglal (-t, -jon) — *besetzen; (Platz) nehmen*
foglalt (-ak) — *besetzt*
jármű (-művek, -művet, -műve) — *Fahrzeug*
kormány (-ok, -t, -a) — *Regierung; Lenkung*
szövegszerkesztő program — *Textverarbeitungsprogramm*
fröccs (-ök, -öt, -e) — *Gespritzter, Schorle*

16B Nyelvtan (Grammatik)

1. Den Imperativ kennzeichnet das Grundsuffix -j-.

Kezd-**j**-enek a várral.   *Beginnen Sie mit der Burg.*
Sétál-**j**-anak le a Duna felé.   *Spazieren Sie hinunter zur Donau.*

Unbestimmte Konjugation Imperativ: (best. Konjug. siehe 17B)

(én)	Kezd-j-ek?	*Soll ich beginnen?*
(te)	Kezd-j(-él)!	*Fang an! Beginne!*
(ő, ön)	Kezd-j-en!	*Beginnen Sie!* (Sg.)
(mi)	Kezd-j-ünk!	*Beginnen wir!*
(ti)	Kezd-j-etek!	*Beginnt!*
(ők, önök)	Kezd-j-enek!	*Beginnen Sie!* (Pl.)

Vor dem Imperativsuffix werden die Bindevokale **-a-** oder **-e-** verwendet; in der 3. Pers. Sg. jedoch **-o-** oder **-e-**. In der Aussprache verschmelzen Endkonsonant und **-j-** miteinander. Man spricht:

    kezdj wie ‚kezggy' [kɛzɟɟ]
    sétálj wie ‚sétájj' [ʃeːtaːjj].

(én)	Sétál-j-ak?	*Soll ich spazierengehen?*
(te)	Sétál-j(-ál)!	*Geh spazieren!*
(ő, ön)	Sétál-j-on!	*Gehen Sie spazieren!* (Sg.)
(mi)	Sétál-j-unk!	*Laßt uns spazierengehen!*
(ti)	Sétál-j-atok!	*Geht spazieren!*
(ők, önök)	Sétál-j-anak!	*Gehen Sie spazieren!* (Pl.)

16B

Weitere Beispiele in der 2. und/oder 3. Pers. Sg.:

ülj, üljön [yjjøn]
állj, álljon [aːjjon]
örülj, örüljön [øryjjøn]
tanulj, tanuljon [tɔnujjon]
beszélj, beszéljen [bɛseːjjen]
várj, várjon
csinálj, csináljon [tʃinaːjjon]
ebédelj, ebédeljen [ɛbeːdɛjjen]
kérj, kérjen
kívánj, kívánjon
mosakodj, mosakodjon [moʃɔkoɟɟon]
fésülködj, fésülködjön [feːʃylkøɟɟøn]
indulj, induljon [indujjon]
vásárolj, vásároljon [vaːʃaːrojjon]
pihenj, pihenjen
tudj, tudjon [tuɟɟon]
akarj, akarjon
nyugodj, nyugodjon [ɲugoɟɟon]
szeletelj, szeleteljen [sɛlɛtɛjjen]
használj, használjon [hɔsnaːjjon]
szűrj, szűrjön
rakj, rakjon
szórj, szórjon
keverj, keverjen
találj, találjon [tɔlaːjjon]
fájjon
hívjál, hívjon
lakj, lakjon
sikerüljön [ʃikeryjjøn]
barkácsolj, barkácsoljon [bɔrkaːtʃojjon]
mondj, mondjon
járj, járjon
énekelj, énekeljen [eːnɛkɛjjen]
mesélj, meséljen [mɛʃeːjjen]
készülj, készüljön [keːsyjjøn]
csapj, csapjon

locsolj, locsoljon [lotʃojjon]
szedj, szedjen
kerülj, kerüljön [kɛryjjøn]
kanyarodj, kanyarodjon [kɔɲɔroɟɟon]
fordulj, forduljon [fordujjon]
érj, érjen
emelkedj, emelkedjen [ɛmɛlkɛɟɟɛn]
kedvelj, kedveljen [kɛdvɛjjen]
gondolj, gondoljon [gondojjon]
(múlik) múljon [muːjjon]
függjön
félj, féljen [feːjjen]
ismerj, ismerjen
ígérj, ígérjen
élj, éljen [eːjjen]
vándorolj, vándoroljon [vaːndorojjon]
fejlődj, fejlődjön [fɛjløːɟɟøn]
száradj, száradjon [saːrɔɟɟon]
vonulj, vonuljon [vonujjon]
maradj, maradjon [mɔrɔɟɟon]
olvadj, olvadjon [olvɔɟɟon]
kapj, kapjon
halj meg, haljon meg [hɔjjon mɛg]
települj, településöjön [tɛlɛpyjjøn]
működj, működjön [myːkøɟɟøn]
égj, égjen
figyelj, figyeljen [fiɟejjen]
szülj, szüljön [syjjøn]
küldj, küldjön [kylɟɟøn]
cserélj, cseréljen [tʃɛreːjjen]
nősülj, nősüljön [nøːʃyjjøn]
sportolj, sportoljon [ʃportojjon]
hegedülj, hegedüljön [hɛgɛdyjjøn]
kirándulj, kirándulj [kiraːndujjon]
tapasztalj, tapasztaljon [tɔpɔstɔjjon]

Im Wörterverzeichnis wird ab sofort neben der Präteritumform die Imperativform 3. Pers. Sg. unbest. Konjug. angegeben, von der sich die anderen Imperativformen ableiten lassen.

16B

2. Lautveränderungen beim Imperativ

Nach **s, sz, z, t, szt** wird die Verschmelzung von Endkonsonant und **-j-** auch in der Schreibweise realisiert:

s + j → -ss-	sz + j → -ssz-	z + j → -zz-
(olvas)	(játszik)	(dolgozik)
Olvassak?	Játsszak?	Dolgozzak?
Olvass(ál)!	Játssz(ál)!	Dollgozz(ál)!
Olvasson!	Játsszon!	Dolgozzon!
Olvassunk!	Játsszunk!	Dolgozzunk!
Olvassatok!	Játsszatok!	Dolgozzatok!
Olvassanak!	Játsszanak!	Dolgozzanak!

(esik) essen	(úszik) ússzon	főzzön
keressen	halásszon	öltözzön
	vadásszon	reggelizzen
	tetsszen	vacsorázzon
		nézzen
		labdázzon
		sózzon
Sie finden hier die Grundform des Imperativs für sämtliche Verben, die Sie bereits kennengelernt haben.		passzírozzon
		érezzen
		hozzon
		jutalmazzon
		űzzön
		öntözzön
		nevezzen
		létezzen
		találkozzon
		tartozzon
		érkezzen
		(bízik) bízzon
		gondolkozzon
		változzon
		végezzen
		érettségizzen
		folglalkozzon
		tervezzen
		fényképezzen
		szerezzen

16B

kurzer Vokal + t + j → -ss-	langer Vokal + t + j → -ts-	Konsonant + t + j → -ts-
(si**e**t) Siessek? Siess(él)! Siessen! Siessünk! Siessetek! Siessenek!	(seg**í**t) Segítsek? Segíts(él)! Segítsen! Segítsünk! Segítsetek! Segítsenek!	(é**r**t) Ertsek? Erts(él)! Ertsen! Ertsünk! Ertsetek! Ertsenek!

beszélgessen szeressen (süt) süssön hallgasson (mutat) mutasson ismertessen ültessen etessen itasson fektessen látogasson meg fizessen legeltessen szülessen folytasson tudasson	tanítson készítsen (lát) lásson építsen fordítson tisztítson Prägen Sie sich die einzelnen Imperativformen ein und wiederholen Sie gleichzeitig die Verben.	tekintsen

-szt + -j- → -ssz- oszt → osszon szerkeszt → szerkesszen

- Ausnahmen:

eszik	→	egyen
iszik	→	igyon
tesz	→	tegyen
vesz	→	vegyen
visz	→	vigyen
hisz	→	hi**ggy**en!!!
fekszik	→	feküdjön
alszik	→	aludjon
haragszik	→	haragudjon
megy	→	menjen
van/lesz	→	legyen, légy ~ legyél

	jön	van
(én)	Jöjjek?	legyek
(te)	Jöjj!, **Gyere!**	legyél, **légy**
(ő, ön)	Jöjjön!	legyen
(mi)	Jöjjünk!, **Gyerünk!**	legyünk
(ti)	Jöjjetek!, **Gyertek!**	legyetek
(ők, önök)	Jöjjenek!	legyenek

3. Verneinung des Imperativs mit ne

Ne kezdjenek a várral, hanem a Margitszigettel.
Beginnen Sie nicht mit der Burg, sondern mit der Margareteninsel.
Ne beszélj!   *Sprich nicht!*
Ne várjon (engem)!   *Warten Sie nicht auf mich!*
Ne induljunk még!   *Laßt uns noch nicht losgehen!*
Ne énekeljetek!   *Singt nicht!*
Ne félj!   *Hab keine Angst!*

4. Wortfolge beim Imperativ

Meist steht das Präfix nach dem Verb:

Menj el!   *Geh weg!*
Hívjon fel (engem)!   *Rufen Sie mich an!*
Látogassatok meg (engem)!   *Besucht mich!*

Beim verneinten Imperativ gibt es zwei Möglichkeiten:

ne + Verb + Präfixe	→	einfache Verneinung
Ne menj el!		*Geh nicht weg!*
Präfixe + ne + Verb	→	nachdrücklichere Verneinung
El ne menj!		*Geh doch nicht weg!*

Ne hívjon fel!   *Rufen Sie mich nicht an!*
Fel ne hívjon!   *Rufen Sie mich bloß nicht an!*
Ne essenek el!   *Fallen Sie nicht hin!*
El ne essenek!   *Fallen Sie nur nicht hin!*

5. Imperativformen in der Bedeutung *sollen*

In der 1. und 3. Pers. Sg. und Pl. wird der Imperativ auch in der Bedeutung *sollen* verwendet, z. B.:

16B/16C

Még nem tudják, mit **nezzenek meg**.
Sie wissen noch nicht, was sie sich ansehen sollen.
Délelőtt **maradjunk** a várnegyedben, de délután ne **járkáljunk**, hanem **pihenjünk** egy kicsit.
Laßt uns am Vormittag im Burgviertel bleiben, doch am Nachmittag sollten wir nicht herumlaufen, sondern uns ein wenig ausruhen.

Diese Aufforderung zu einer gemeinsamen Handlung bezeichnet man als **Adhortativ**, im Deutschen z. B. die Formulierungen *Laßt uns ..., Gehen wir!*, usw.
Alle Formen des Imperativs – außer der ich-Form – können in der Grundbedeutung, der Befehlsform, verwendet werden, z. B.:

  Gyere! *Komm!*
  Jöjjön! *Kommen Sie!*
  Gyerünk! *Los!, Laßt uns gehen/anfangen!*
  Gyertek! *Kommt!*
  Jöjjenek! *Kommen Sie!*

Die ich-Form wird ausschließlich in der Bedeutung *sollen* oder im Finalsatz (siehe 17B2) verwendet: Jöjjek? *Soll ich kommen?*

16C Nyelvhasználat (Sprachgebrauch)

1. Einige Redewendungen mit dem Imperativ (unbest. Konjug.)

Ülj le! *Setz dich!* ≈ Foglaljon helyet! *Nehmen Sie Platz*
Állj! *Stehenbleiben!, Stillgestanden!*
Örülj neki! *Freu dich darüber!*
Várjál! *Warte!*
Induljunk már! *Gehen wir endlich los!*
Nyugodjon meg! *Beruhigen Sie sich!*
Hívjál fel! *Ruf mich an!*
Fordulj meg! *Dreh dich um!*
Éljen ...! *Es lebe ...!*
Maradjanak a helyükön! *Bleiben Sie auf Ihren Plätzen!*
Figyelj! *Paß auf!*
Nézz ide! *Schau her!*
Bízzál benne, hogy ...! *Vertrau darauf, daß ...!*
Gondolkozzál rajta! *Denk darüber nach!*

16C

Hallgass! *Sei still!*
Tekintsünk el attól, hogy ...! *Laßt uns davon absehen, daß ...*
Egyél még! *Iß noch etwas!*
Igyunk az egészségünkre! *Trinken wir auf unsere Gesundheit!*
Vegyél belőle! *Nimm dir davon!*
Aludj jól! *Schlaf gut!*
Ne haragudj! *Sei (mir) nicht böse!*
Légy szíves, ...! *Sei so gut, ...!*
Isten éltessen! *Gott erhalte dich!* (Geburtstagsglückwunsch; dazu ist es üblich, das Geburtstagskind am Ohr zu ziehen.)

2. Szemben *gegenüber*

> vmivel **szemben**
> *gegenüber von etwas*

a Gellért Szállodával szemben   *gegenüber dem Gellért-Hotel*

3. Benutzung von Verkehrsmitteln

> vki **felszáll** a buszra, a villamosra, a metróra, a vonatra, a repülőre

> vki **beszáll** a repülőgépbe, az autóba, a kocsiba, a taxiba

Beispiele:

Ma Budapesten szállunk fel a vonatra, holnap Németországban szállunk le.
Heute steigen wir in Budapest in den Zug, morgen steigen wir in Deutschland aus.

Szálljunk már be a kocsiba.
Laßt uns endlich in den Wagen einsteigen.

> (a jármű) **elvisz** vkit vhova
> *(das Verkehrsmittel) bringt jmdn. irgendwohin*

A 49-es villamos elviszi önöket a Gellért Szállodához.
Die 49-er Straßenbahn bringt Sie zum Gellért-Hotel.

16C

4. Erkundigung nach dem Weg

Hier werden eine typische Frage und drei typische Antworten aufgeführt.

Tessék mondani, merre van a Gellértfürdő?
Bitte sagen Sie (mir/uns), wo (wörtl.: in welcher Richtung) sich das Gellért-Hotel befindet?
Menjen egyenesen.   *Gehen Sie geradeaus.*
Forduljon/kanyarodjon be jobbra/balra.   *Biegen Sie nach rechts/links ein.*
Forduljon meg!   *Wenden Sie/drehen Sie sich um!*

5. Program

Vorhaben:	Van ma este valami programod?
	Hast du heute abend etwas vor?
Programm:	a rádió/a tévé programja
	das Programm von Radio/Fernsehen
	a kormány programja *Regierungsprogramm*
Computerprogramm:	szövegszerkesztő program
	Textverarbeitungsprogramm

6. Pontos

genau:	Még nem tudjuk pontosan.
	Wir wissen es noch nicht genau.
pünktlich:	Mennyi a pontos idő?
	Wie ist die genaue Uhrzeit?

7. Komme gleich wieder   **8. Besetzt**

9. Egy vicc

Nem emlékszem pontosan, mit mondott a feleségem: hogy egy fröccsöt igyak és tízre menjek haza, vagy tíz fröccsöt igyak és egyre menjek haza?
(Forrás: Nevessünk, Vicc- és anekdotagyűjtemény, Presztízs kiadó Budapest 1991, 31. od.)

16D Gyakorlatok (Übungen)

1. *Setzen Sie die folgenden Imperativformen in den Plural:*

   Muster: **Foglaljon helyet. – Foglaljanak helyet.**

   Örüljön neki! Hívjon fel! Ne haragudj! Fordulj meg!

2. *Setzen Sie die folgenden Imperativformen in den Singular:*

   Figyeljetek! Nézzenek ide! Hallgassatok! Egyetek, igyatok! Legyetek szívesek, segítsetek! Gondolkozzatok egy kicsit!

3. *Wie heißen die Aufforderungen in der Höflichkeitsform?*

   Muster: **Tanulj nyelveket! – Tanuljon nyelveket!**

   Kérjél tanácsot! Pihenjetek egy kicsit! Még egy kis borsot keverj bele a levesbe! Ne féljetek a macskától!

4. *Verwenden Sie die Aufforderungen in der Du- bzw. Ihr-Form:*

   Mondjon valamit! Ne járjon mindenhova autóval! Alaposan készüljenek a vizsgára! Ne ígérjen semmit! Csináljanak már valamit!

5. *Bilden Sie den Imperativ, stellen Sie das Verb an die erste Stelle im Satz.*

   Muster: **Képeslapot küldtök. – Küldjetek képeslapot!**

   Helyet cserélsz. Sokat sportol. Szépen játszotok. Halászlét főzünk. Nálunk vacsoráztok. Este nem járkálsz a városban. Sietünk.

6. *Verneinen Sie die Aufforderungen.*

   Muster: **Menj el! – Ne menj el!**

   Játsszatok! Kezdj el! Labdázzatok a lakásban! Fényképezzen! Használj sok vizet!

199

16D

7. *Setzen Sie das richtige Suffix ein.*

   A busz a Gellért Szálloda... szemben áll meg. A posta... szemben van az iskola. A házunk... szemben van egy park. A könyvesbolt... szemben szállunk fel a buszra.

8. *Was muß eingesetzt werden,* **fel-, le-, be-** *oder* **ki-***?*

   A Móricz Zsigmond körtérnél ... akartunk szállni a 7-es buszra. Nagyon sokan voltak benne. Ezért nem sikerült ...szállnunk. Megvártuk a következő buszt. Ez elvitt a Ferenciek teréig. Ott ...szálltunk és elmentünk a belvárosba.

✻ 9. *Planen Sie ein gemeinsames Freizeitprogramm. Verwenden Sie Formulierungen in der 1. Pers. Pl. Imperativ.*

   ▪ **Muster:** **Délelőtt menjünk várost nézni!**

✻ 10. *Fragen Sie nach dem Weg vom Park zur Post. Lassen Sie ihn sich einmal zu Fuß und einmal mit Verkehrsmitteln erklären.*

17A

17A Szöveg (Text)

Felszólító mód gyerekeknek

(Forrás: Janikovszky Éva: Ha én felnőtt volnék, Réber László rajzaival, Móra, Budapest 1965.)

A **felnőtt** azt csinál, amit akar, a gyereknek pedig azt kell csinálnia, amit a **felnőtt** akar. A **felnőtt** folyton rászól a gyerekre:

Vedd fel a pulóvered!

Mosd meg a kezed!

NE RÁGD A KÖRMÖD!

A lábad elé nézz!

Rakd el a játékaidat!

201

17A

És ha a gyerek nem fogad szót, akkor az következik, hogy:

Hányszor mondjam, hogy mosd meg a kezed, így nem lehet asztalhoz ülni!

Hányszor mondjam, hogy vedd fel a pulóvered, meg akarsz fázni?

Hányszor mondjam, hogy a lábad elé nézz, mert orra fogsz esni!

HÁNYSZOR MONDJAM, HOGY NE RÁGD A KÖRMÖD, MÉG NÉZNI IS ROSSZ!

Hányszor mondjam, hogy rakd el a játékaidat, mindig én rakodjak utánad?

És ha a gyerek még mindig nem fogad szót,
akkor az következik, hogy:

Mondd, édes fiacskám, hányszor mondjam, hogy

mosd meg a kezed!

Vedd fel a pulóvered!

A lábad elé nézz!

NE RÁGD A KÖRMÖD!

Rakd el a játékaidat!

Hányszor mondjam?

Hányszor mondjam?

HÁNYSZOR MONDJAM?

17A/17B

felszólító mód	Befehlsform, Imperativ	rakod (-ott, -jon)	räumen
felszólít (-ani, -ott, -son)	auffordern	fiacska (⁻k, ⁻t, ⁻ja)	Söhnchen
mód (-ok, -ot, -ja)	Art und Weise; Modus	cél (-ok, -t, -ja)	Ziel
felnőtt (-ek, -et, -je)	Erwachsene(r)	hagy (-ott, -jon)	lassen
folyton	fortwährend	levesz (ruhát)	(Kleidung) ausziehen
rászól	ermahnen	levetkőzik (-ött, -zön)	sich ausziehen
szól (-t, -jon)	sprechen; klingen; tönen	blúz (-ok, -t, -a)	Bluse
		szoknya (⁻k, ⁻t, ⁻ja)	Rock
felvesz (-venni, -vett, -vegyen)	anziehen (Kleidung)	ing (-ek, -et, -e)	(Ober-)Hemd
		nadrág (-ok, -ot, -ja)	Hose
pulóver (-ek, -t, -e)	Pullover	zakó (-k, -t, -ja)	Sakko
rág (-ott, -jon)	nagen, knabbern	náthás (-ak)	verschnupft
köröm (körmök, körmöt, körme)	Fingernagel, Zehennagel; Kralle	nátha (⁻t, ⁻ja)	Schnupfen
		köhög (-ött, -jön)	husten
elrak (-ott, -jon)	wegräumen, wegpakken	meghívó (-k, -t, -ja)	Einladung
		személy (-ek, -t, -e)	Person
szót fogad	gehorchen	híradó (-k, -t, -ja)	Nachrichten(-sendung)
fogad (-ott, -jon)	empfangen, annehmen; wetten		
		időjárásjelentés	Wetterbericht
következik (-ett, -zen)	folgen, an der Reihe sein	jelentés (-ek, -t, -e)	Bericht; Bedeutung
		sürgős (-ek)	dringend, eilig, hier für: Blitztelegramm
hányszor?	wie oft?		
megfázik	sich erkälten	váratlan (-ok)	unerwartet
fázik (-ott, -zon)	frieren		

17B Nyelvtan (Grammatik)

1. Die bestimmte Konjugation Imperativ

(én)	Mond-j-am?	Soll ich es sagen?
(te)	Mond-(ja-)d!	Sag(e) es!
(ő, ön)	Mond-j-a!	Sagen Sie es! (Sg.)
(mi)	Mond-j-uk!	Sagen wir es!
(ti)	Mond-j-átok!	Sagt es!
(ők, önök)	Mond-j-ák!	Sagen Sie es! (Pl.)
(én)	Kér-j-em?	Soll ich ... bitten?
(te)	Kér-(je-)d!	Bitte ...!
(ő, ön)	Kér-j-e!	Bitten Sie ...!
(mi)	Kér-j-ük!	Bitten wir ...!
(ti)	Kér-j-étek!	Bittet ...!
(ők, önök)	Kér-j-ék!	Bitten Sie ...!

17B

Bei Aufforderungen ist in der 2. Pers. Sg. die Kurzform gebräuchlich, z.B.:

> **Mondd**, édes fiacskám, hányszor mondjam, hogy **mosd meg** a kezed!
> *Sag mal, mein liebes Kind (wörtl.: Söhnchen), wie oft soll ich dir noch sagen, daß du dir die Hände waschen sollst!*

Die Spezialform mit dem Suffix **-lak/lek** (vgl. 5B5) erhält im Imperativ die Endung **-jalak/jelek**:

Kérlek. *Ich bitte dich.*
Kérjelek? *Soll ich dich bitten?*
Meglátogatlak. *Ich besuche dich.*
Meglátogassalak? *Soll ich dich besuchen?*

In der bestimmten Konjugation Imperativ geschehen die gleichen Lautveränderungen, wie unter 16B2 beschrieben:

	Zischlaut + -j-	-t + -j-
(én)	Olvassam?	Értsem?
(te)	Olvas(sa)d!	Érts(e)d!
(ő, ön)	Olvassa!	Értse!
(mi)	Olvassuk!	Értsük!
(ti)	Olvassátok!	Értsétek!
(ők, önök)	Olvassák!	Értsék!

Dabei stimmen manche Formen im Indikativ und Imperativ überein, z.B.:

Indikativ: Péter **olvassa** a könyvet. *Peter liest das Buch.*
Imperativ: **Olvassa el** ezt a könyvet! *Lesen Sie dieses Buch durch!*

-szt + -j-

oszt → osszam, osszad, ossza, osszuk, osszátok, osszák
szerkeszt → szerkesszem, szerkesszed, szerkessze, szerkesszük, szerkesszétek, szerkesszék

- Achtung: Die 2. Pers. Sg. der **mehrstämmigen Verben** lautet in Langform und Kurzform:

eszik	→	egyed, **edd**	vesz	→	vegyed, **vedd**
iszik	→	igyad, **idd**	visz	→	vigyed, **vidd**
tesz	→	tegyed, **tedd**	hisz	→	higgyed, **hidd**

2. Die Verwendung des Imperativs im Finalsatz

Finalsätze sind Relativsatzkonstruktionen, deren Nebensatz (in den Beispielen fett hervorgehoben) ein angestrebtes Ziel zum Ausdruck bringt, z.B.:

> Miért (milyen célból) adom Péternek a könyvet?
> *Warum (mit welchem Ziel) gebe ich Peter das Buch?*
> Azért adom Péternek a könyvet, **hogy elolvassa.**
> *Ich gebe Peter das Buch (deshalb), (wörtl.: damit er es lese) weil er es lesen soll.*
> Mire van Péternek kedve?   *Wozu hat Peter Lust?*
> Péternek kedve van ahhoz, **hogy nyelveket tanuljon.**
> *Peter hat Lust (dazu), Sprachen zu lernen.*

Im ungarischen Finalsatz steht das Verb im Imperativ. Im Deutschen wird an dieser Stelle der Konjunktiv *(lese)* oder eine Infinitivkonstruktion mit *zu* oder *um zu* verwendet.

3. Die Funktionen des Imperativs (Zusammenfassung)

Im Ungarischen wird der Imperativ nicht nur als Befehlsform, sondern noch in zwei weiteren Funktionen verwendet (Beachten Sie dabei auch die Stellung des Verbalpräfixes):

> a) Aufforderung, Befehl, z.B.:
>   Olvasd el a könyvet!   *Lies das Buch durch!*
> b) Adhortativ, z.B.:
>   Olvassuk el ezt a könyvet!   *Laßt uns dieses Buch lesen!/Lesen wir dieses Buch!*
>   Elolvassam ezt a könyvet?   *Soll ich dieses Buch lesen?*
> c) Finalsatz, z.B.:
>   Azért vettem ezt a könyvet, hogy elolvassam.
>   *Ich habe dieses Buch (deshalb) gekauft, um es zu lesen.*

4. Das Multiplikativ-Suffix -szor/szer/ször

Hány**szor** mondjam, hogy vedd fel a pulóvered?
Wie oft soll ich dir sagen, daß du den Pullover anziehen sollst?

> egyszer   *einmal*   Hatszor hét az negyvenkettő.   többször   *mehrmals*
> kétszer   *zweimal*   *Sechs mal sieben ist zweiundvierzig.*   sokszor   *oftmals*
> ötször   *fünfmal*   másodszor   *zum zweiten Mal*   hányszor?   *wie oft?*

17C Nyelvhasználat (Sprachgebrauch)

1. Einige Redewendungen mit dem Imperativ (best. Konjug.)

Nézd meg!   *Sieh dir das an!*
Tanuld meg a leckédet!   *Lerne deine Lektion!*
Ezt beszéld meg Péterrel!   *Besprich das mit Peter!*
Mondd meg nekem, ...!   *Sage mir, ...!*
Meséld el!   *Das erzähl mal!*
Szedd össze magad!   *Nimm dich zusammen!*
Gondold meg!   *Überleg es dir!*
Ismerd el, hogy ...!   *Erkenne an, daß ...!*
Küldd el!   *Schicke es ab!*
Cseréld el!   *Tausche es aus!*
Keresd meg!   *Suche es!*
Hozd el!   *Bring es her!*
Mutasd meg!   *Zeig es mal!*
Lásd fent!   *Siehe oben!*
Fordítsd le!   *Übersetze es!*
Edd meg!   *Iß das auf!*
Ezt ne tedd!   *Mach das nicht!*
Vedd fel a kabátod!   *Zieh deinen Mantel an!*
Vedd fel a telefont!   *Nimm den Hörer ab!/Geh ans Telefon!*
Vidd el!   *Bring das weg!*
Hidd el, hogy ...!   *Glaube (mir), daß ...!*
Találd ki!   *Find es heraus!*
Isten éltesse!   *Gott erhalte Sie!*   (Geburtstagsgruß in der Höflichkeitsform)

2. Eine verselbständigte Imperativform

Hadd (wörtl.: *laß*), 2. Pers. Sg. Imperativ von **hagy** *lassen* wird häufig unpersönlich verwendet, um einer Bitte, einem Wunsch Nachdruck zu verleihen. Es bildet dann eine Konstruktion mit einem Verb in der 1. oder 3. Pers. Imperativ:

Hadd menjek.	*Ich möchte gehen.*
Hadd menjen.	*Er/sie möchte gehen.*
Hadd lássa mindenki!	*Ich möchte, daß es jeder sieht (sehe)!*

17C

3. Felvesz – levesz *anziehen – ausziehen*
   felöltözik – levetkőzik *sich anziehen – sich ausziehen*

Felveszem a blúzom, a szoknyám, a cipőm, a kabátom.

Felöltöztem.

Felveszem az ingem, a nadrágom, a pulóverem, a zakóm.

Felöltöztem.

Leveszem a kabátom, a cipőm, a szoknyám, a blúzom.

Levetkőztem.

Leveszem a zakóm, a pulóverem, a nadrágom, az ingem.

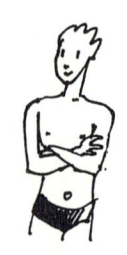

Levetkőztem.

4. Fázik *frieren*, megfázik *sich erkälten*

Hideg van, fázom. *Es ist kalt, ich friere.*
Náthás vagyok és köhögök, megfáztam.
Ich habe Schnupfen und Husten, ich habe mich erkältet.

5. Antonyme

melegem van	*mir ist warm*	≠	fázom	*ich friere*
melegeD van	*dir ist warm*	≠	fázol	*du frierst*
melege van	*ihm/ihr ist warm*	≠	fázik	*er/sie/es friert*
melegünk van	*uns ist warm*	≠	fázunk	*wir frieren*
melegetek van	*euch ist warm*	≠	fáztok	*ihr friert*
melegük van	*ihnen ist warm*	≠	fáznak	*sie frieren*

6. Szól bezeichnet Verlautbarungen verschiedener Art.

Péter egy szót sem szól. *Peter sagt kein Wort.*
Szóljál Péternek! *Sag Peter Bescheid.*
Mit szólsz hozzá? *Was sagst du dazu?*
Ránk szólt a tanár. *Der Lehrer hat uns ermahnt.*
Szól a rádió. *Das Radio spielt.*
Szól a zene. *Die Musik erklingt.*
Miről szól ez a könyv? *Wovon handelt dieses Buch?*
A meghívó két személyre szól. *Die Einladung gilt für zwei Personen.*

7. Fogad

Látógatókat fogadnak. *Sie empfangen Besuch.*
fogadóóra *Sprechzeit, Sprechstunde*
tanácsot fogad *einen Rat befolgen*
szót fogad *gehorchen*
Fogadjunk száz forintba. *Wetten wir um hundert Forint.*

8. Következik

A híradó után az időjárásjelentés következik.
Nach den Nachrichten folgt der Wetterbericht.
A Blaha Lujza tér következik. *Nächste Haltestelle Blaha-Lujza-Platz.*
Most ön következik. *Jetzt sind Sie an der Reihe.*
Ebből az következik, hogy ... *Daraus folgt, daß ...*

17C/17D

9. Telegramm

(Forrás: Honffy Pál: Levelezési tanácsadó, IKVA Budapest, 1993)

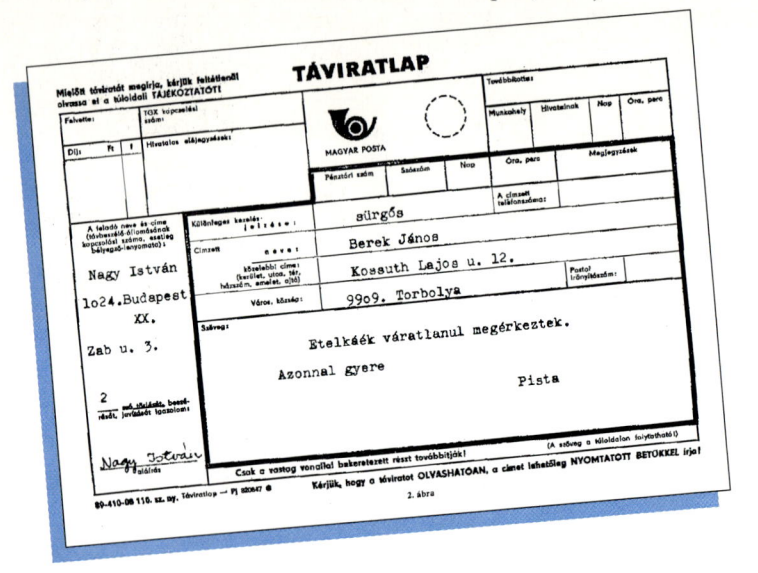

17D Gyakorlatok (Übungen)

1. Füllen Sie die Sprechblasen aus. Kontrollieren Sie Ihre Sätze anhand des Textes unter 17A.

17D

2. *Setzen Sie die Aufforderungen von Übung 1 in den Plural:*

   Muster: Vedd fel a pulóvered! –
   Vegyétek fel a pulóvereitek!

3. *Setzen Sie die Redewendungen unter 17C1 (außer der letzten) in die Höflichkeitsform Singular und Plural sowie in die Ihr-Form.*

   Muster: Nézd meg! *Sie dir das an!* –
   Nézze meg! *Sehen Sie sich das an!* (Sg.)
   Nézzék meg! *Sehen Sie sich das an!* (Pl.)
   Nézzétek meg! *Seht euch das an!*

4. *Fordern Sie mit Hilfe der Imperativform zum gemeinsamen Handeln auf.*

   Muster: Megnézzük a várat. Wir sehen uns die Burg an. –
   Nézzük meg a várat. Sehen wir uns die Burg an!

Megtanuljuk a magyar nyelvet. Megvárjuk a barátainkat. Megcsináljuk a vacsorát. Elküldjük a csomagot. Megfőzzük a halat. Elvégezzük a gyakorlatokat. Megértjük egymást. Megsütjük a húst. Megmutatjuk az utat. Kifizetjük az ebédet. Tanítjuk a gyerekeinket. Látjuk a célt. Lefordítjuk a szöveget. Megesszük a süteményt. Megisszuk a sört.

17D

5. *Antworten Sie mit einem Finalsatz.*

   Muster: **Miért keresik Pétert? (beszélgetnek vele) –
   Azért keresik Pétert, hogy beszélgessenek vele.**

   Miért mennek a vendéglőbe? (ebédelnek)
   Miért mennek el a belvárosba? (vásárolnak)
   Miért mennek szabadságra? (pihennek)
   Miért találkoztunk? (együtt tanulunk)
   Miért mesélünk a gyerekeknek? (jobban alszanak)
   Miért készülünk a vizsgára? (sikerül)

✷ 6. *Beschreiben Sie die Bilder.*

7. *Setzen Sie eine Form von **fázik** oder **megfázik** ein.*

   Emesének fáj a torka, biztos ...
   Péter náthás és köhög, ő is ...
   ..., tehát felveszem a pulóverem.
   Ha ... a lábunk, könnyen ... (mi).
   Nem tudok énekelni, mert ...

8. *Rechnen Sie laut:*

   Muster: 4×3 – Négyszer három az tizenkettő.

   5×3, 2×8, 9×7, 10×10, 6×4, 3×7, 5×200, 2×30, 3×50, 2×150

18A

18A Szöveg (Text)

A Hortobágyi Nemzeti Park

(Forrás: Hortobágy, Corvina kiadó Budapest, 1980)

A Hortobágy Európa legnagyobb füves pusztáinak egyike. Legnagyobb értéke a töretlen látóhatár, a táj csendje, különleges hangulata, valamint híres természeti jelensége, a délibáb.

A nemzeti park, amely Debrecen és a Tisza között terül el, 1973-ban alakult meg. Kiterjedése 63000 hektár. Az a rendeltetése, hogy védje és fejlessze a puszta jellegzetes természeti értékét, őrizze meg a Hortobágy sajátos tájképét, növény- és állatvilágát valamint a hagyományos pusztai életformát.

A Hortobágy legnagyobb része vízfelület simaságú táj. Ezt a képet csak itt-ott töri meg kunhalmok vagy erdőfoltok. Rendkívül jellegzetes a puszta növényzete, amely melegkedvelő keleti és déli elterjedésű fajokból áll. Az itt élő állatok alkalmazkodtak a puszta szélsőséges viszonyaihoz. Nagy számban találhatók keleti, délkeleti, kontinentális, balkáni és mediterrán növények. Kiemelkedő jelentőségű a Hortobágy gazdag madárvilága. A nemzeti park területén tilos a vízi vad vadászata.

Csontváry Kosztka Tivadar, A hortobágyi Kilenclukú híd

18A

Az ősi magyar háziállatok száma országszerte erősen csökkent. Ezek az ellenállóképes és igénytelen állatfajok, mint pl. a szürkemarha, a magyar ló és a pásztorkutya, szinte csak a Hortobágyon éltek meg. A csordák, nyájak és ménesek a puszta egyik legszebb látnivalója. Az eredeti puszta jellegzetes építményei a tanyák, a csárdák, a kunyhók és a híres gémeskutak. Közülük sok elpusztult, egyesek azonban most is működnek. A természetvédelem arra törekszik, hogy rendbe hozzák ezeket és rendeltetésük szerint használják.

füves (-ek)	Gras-	viszony (-ok, -t, -a)	Verhältnis, Beziehung
fű (füvek, füvet, füve)	Gras	kontinentális (-ak)	Kontinental-
töretlen (-ek)	ungebrochen	balkáni (-ak)	Balkan-
tör (-t, -jön)	brechen	mediterrán (-ok)	mediterran
látóhatár (-ok, -t, -ja)	Horizont	elem (-ek, -et, -e)	Element
táj (-ak, -at, -a)	Landschaft, Gegend	kiemelkedő (-ek)	herausragend
csend (-et, -je)	Ruhe, Stille	kiemelkedik (-ett, -jen)	herausragen
különleges (-ek)	spezifisch, besonders	jelentőség (-ek, -et, -e)	Bedeutung, Bedeutsamkeit
hangulat (-ok, -ot, -a)	Stimmung		
jelenség (-ek, -et, -e)	Erscheinung	gazdag (-ok)	reich
délibáb (-ok, -ot, -ja)	Fata Morgana	vad (-ak, -at, -ja)	Wild; wild
(meg-)alakul (-t, -jon)	gegründet werden	vadászat (-ok, -ot, -a)	Jagd
kiterjedés (-ek, -t, -e)	Ausdehnung	országszerte	landesweit
hektár (-ok, -t, -ja)	Hektar	erős (-ek)	kräftig, stark
rendeltetés (-ek, -t, -e)	Bestimmung	erő (-k, -t, ereje)	Kraft
véd (-eni, -ett, -jen)	schützen	csökken (-t, -jen)	weniger werden, zurückgehen, abnehmen
fejleszt (-ett, fejlesszen)	entwickeln		
jellegzetes (-ek)	charakteristisch, typisch		
		ellenállóképes (-ek)	widerstandsfähig
(meg-)őriz (-örzött, -zen)	hüten, erhalten, bewahren	ellenáll (-t, -jon)	Widerstand leisten
		ellen (Postpos.)	gegen
sajátos (-ak)	eigentümlich, typisch	igénytelen (-ek)	anspruchslos
hagyományos (-ak)	traditionell	igény (-ek, -t, -e)	Anspruch
hagyomány (-ok, -t, -a)	Tradition	szürkemarha	Steppenrind, ungarisches Urrind
vízfelület	Wasseroberfläche, Wasserspiegel		
		marha (-́k, -́t, -́ja)	Rind
felület (-ek, -et, -e)	Oberfläche	ló (lovak, lovat, lova)	Pferd
simaság (-ok, -ot, -a)	Ebenheit, Glattheit	pásztorkutya	Hirtenhund
sima (-́k)	glatt, eben	kutya (-́k, -́t, -́ja)	Hund
kunhalom	Erdhügel in der Pußta	szinte	beinahe, quasi
erdőfolt	Waldflecken	megél (-t, -jen)	überleben
folt (-ok, -ot, -ja)	Fleck	csorda (-́k, -́t, -́ja)	Rinderherde
megtörik (-t, -jön) (intrs.)	unterbrechen	nyáj (-ak, -at, -a)	Schafherde
		ménes (-ek, -t, -e)	Pferdeherde; Gestüt
rendkívül	außerordentlich	látnivaló (-k, -t, -ja)	Sehenswürdigkeit
növényzet (-ek, -et, -e)	Pflanzenwelt, Flora	építmény (-ek, -t, -e)	Gebäude, Bauwerk
melegkedvelő (-k)	Wärme liebend	tanya (-́k, -́t, -́ja)	Einzelgehöft in Ungarn
elterjedés (-ek, -t, -e)	Verbreitung		
faj (-ok, -t, -a)	Art (Biologie)	csárda (-́k, -t, -ja)	Tscharda Wirtshaus in der Pußta
alkalmazkodik (-ott, -jon)	sich anpassen		
		kunyhó (-k, -t, -ja)	Hütte
szélsőséges (-ek)	extrem	gémeskút	Ziehbrunnen
szélsőség (-ek, -et, -e)	Extrem	gém (-ek, -et, -e)	Reiher

18A/18B

elpusztul (-t, -jon)	veröden; vernichtet werden; verenden	jeles (-ek, -t)	sehr gut (Schule)
egyes (-ek) (Adj.)	einzeln	közepes (-ek)	befriedigend (Schule); mittelmäßig; mittlere(r)
természetvédelem	Naturschutz		
törekszik (törekedni, törekedett, törekedjen)	(nach etwas) streben	gulyás (-ok, -t, -a)	Rinderhirte
		csikós (-ok, -t, -a)	Pferdehirte
luk/lyuk (-ak, -at, -a)	Loch	juh (-ok, -ot, -a)	Schaf
		juhász (-ok, -t, -a)	Schäfer
szemtelen (-ek)	frech	(ki-)tölt (-eni, -ött, -sön)	(aus-)füllen, einsetzen
elégséges (-ek)	genügend (Schule)	felel (-t, -jen)	antworten
elégtelen (-ek)	ungenügend (Schule)	hiányzik (hiányozni, -ott, -hiányozzon)	fehlen
bizonytalan (-ok)	unsicher		
nélkül (Postpos.)	ohne	végződés (-ek, -t, -e)	Endung, Suffix
szokatlan (-ok)	ungewohnt	megfelelő	entsprechender
szőke (́-k)	blond	ige (́-k, ́-t, ́-je)	Verb
szűk (-ek)	eng	palacsinta (́-k, ́-t, ́-ja)	Palatschinta, Eierkuchen, Pfannkuchen
tárgyas (-ak)	transitiv, trs., mit Objekt		
		deci (́-k, -t, -je), dl, deciliter	Deziliter
tárgyatlan (-ok)	intransitiv, intrs., ohne Objekt		
		deka (́-k, ́-t, ́-ja), dekagramm	Dekagramm (1 deka = 10g)
jelentős (-ek)	bedeutsam		
emel (-t, -jen)	heben	tészta (́-k, ́-t, ́-ja)	Teig; Teigware, Nudeln
kiemel	hervorheben		
(el-)pusztít (-ani, -ott, -son)	zerstören, verwüsten	kissé	ein wenig, leicht, etwas
		disznó (-k, -t, disznaja)	Schwein
építész (-ek, -t, -e)	Architekt, Baumeister	pörkölt (-ek, -et, -je)	Gulasch
ellentét (-ek, -et, -e)	Gegenteil	darál (-t, -jon)	durchmahlen, durch den Wolf drehen
szegény (-ek, -t, -e)	arm; Arme(r)		
bő (-vek)	weit reichlich	tejföl (-t, -e)	saure Sahne
gyenge (́-k)	schwach	petrezselyemzöld (-ek, -et, -je)	Petersilienstengel
sovány (-ak)	mager; schlank		
karcsú (-ak)	schlank	petrezselyem (petrezselymet)	Petersilie
kövér (-ek)	dick, beleibt		

18B Nyelvtan (Grammatik)

1. Bildung adjektivischer Antonyme mit dem Suffix -tlan/tlen/talan/telen

Es entsteht z.B. ein Antonym zu einem mit dem Suffix -s gebildeten Adjektiv. Sowohl -s als auch -tlan/tlen/talan/telen stehen dabei am Substantivstamm:

igény: igény-es ≠ igény-telen
Anspruch: anspruchsvoll ≠ anspruchslos

18B

kedv: kedves, **kedvtelen**   *Lust: nett, lustlos*
ízlés: ízléses, **ízléstelen**   *Geschmack: geschmackvoll, geschmacklos*
só: sós, **sótlan**   *Salz: salzig, salzarm/ungesalzen*
zsír: zsíros, **zsírtalan**   *Fett: fettig, fettarm*
siker: sikeres, **sikertelen**   *Erfolg: erfolgreich, erfolglos*
nő: nős, **nőtlen**   *Frau: verheiratet, unverheiratet* (Mann, vgl. 15C3)
pont: pontos, **pontatlan**   *Punkt: pünktlich/genau, unpünktlich/ungenau*
példa: példás, **pédátlan**   *Beispiel: beispielhaft, beispiellos*
érték: értékes, **értéktelen**   *Wert: wertvoll, wertlos*
határ: határos, **határtalan**   *Grenze: angrenzend, grenzenlos*
eredmény: eredményes, **eredménytelen**   *Ergebnis: ergebnisreich, ergebnislos*
figyelem: figyelmes, **figyelmetlen**   *Aufmerksamkeit: aufmerksam, unaufmerksam*
egészség: egészséges, **egészségtelen**   *Gesundheit: gesund, ungesund*
tanács: tanácsos, **tanácstalan**   *Rat: ratsam, ratlos*
vég: véges, **végtelen**   *Ende: endlich, unendlich*

Bei vielen Wörtern ist der Zusammenhang der Bedeutung zwischen Substantiv/Zahlwort, positivem und negativem Adjektiv nicht mehr erkennbar. Es sind eigenständige Adjektive entstanden, denen z.T. der mit -s suffigierte Partner fehlt, z.B.:

ügyes ≠ **ügyetlen**   *geschickt ≠ ungeschickt*
képes ≠ **képtelen**   *fähig ≠ unfähig*
kellemes ≠ **kellemetlen**   *angenehm ≠ unangenehm*
szemtelen   *frech*
egyetlen   *einzige(r/s)*
névtelen   *namenlos/anonym*
helyes ≠ **helytelen**   *richtig ≠ unrichtig*
elégséges ≠ **elégtelen**   *genügend ≠ ungenügend* (Schule)
boldog ≠ **boldogtalan**   *glücklich ≠ unglücklich*

Aus einem Verbstamm gebildete Adjektive mit Negativbedeutung erhalten vor dem Suffix -tlan/tlen den Bindevokal -a- oder -e-, z.B.:

vár: **váratlan**   *unerwartet* (várt *erwartet*)
tud: **tudatlan**   *unbewußt* (tudatos *bewußt*)
lakik: **lakatlan**   *unbewohnt* (lakott *bewohnt*)
szokik: **szokatlan**   *ungewohnt* (szokásos *gewohnt*)
ismer: **ismeretlen**   *unbekannt* (ismert *bekannt*)
befejez: **befejezetlen**   *unvollendet* (befejezett *beendet, vollendet*)
következik: **következetlen**   *inkonsequent* (következetes *konsequent, folgerichtig*)
lehet: **lehetetlen**   *unmöglich*
láthat: **láthatatlan**   *unsichtbar* (látható *sichtbar*)
megbízhat: **megbízhatatlan**   *unzuverlässig* (megbízható *zuverlässig*)
olvashat: **olvashatatlan**   *unleserlich* (olvasható *leserlich*)

18B

Adjektive mit dem Suffix **-tlan/tlen/talan/telen** bilden das **Adverb** mit **-ul/ül** (vgl. 3B3):

A szöveg **olvashatatlan**. *Der Text ist unleserlich.*
Péter **olvashatatlanul** ír. *Peter schreibt unleserlich.*

2. Die Postposition nélkül *ohne*

Sie erfüllt eine ähnliche Funktion wie das Suffix **-tlan/tlen/talan/telen** mit dem Unterschied, daß sie lediglich mit Substantiven verwendet wird. Dabei kommen alle denkbaren Substantive in Frage.

névtelen = név **nélkül**	sikertelen = siker nélkül
namenlos = ohne Namen	értéktelen = érték nélkül
	határtalan = határ nélkül
	végtelen = vég nélkül

Possessivsuffigierung der Postposition nélkül:

(én)	nélkülem	*ohne mich*	(mi)	nélkülünk	*ohne uns*
(te)	nélküled	*ohne dich*	(ti)	nélkületek	*ohne euch*
(ő)	nélküle	*ohne ihn/sie/es*	(ő)	nélkülük	*ohne sie* (Pl.)
	ön nélkül	*ohne Sie* (Sg.)		önök nélkül	*ohne Sie* (Pl.)

3. Das adjektivbildende Suffix -ú/ű/jú/jű

jelentőség → (kiemelkedő) jelentöség**ű**
Bedeutung → von (herausragender) Bedeutung

vízfelület **simaságú** táj   *eine Gegend, glatt wie ein Wasserspiegel*
keleti és déli **elterjedésű** fajok   *Arten östlicher und südlicher Ausbreitung(sgebiete)*
Kilenclukú híd   *Neunbogenbrücke (wörtl.: Brücke mit neun Löchern)*
szőke **hajú** lány   *Mädchen mit blondem Haar*
négy**lábú** állat   *Tier mit vier Beinen*
barna **szemű** fiú   *Junge mit braunen Augen*
hosszú **újjú** ing   *Hemd mit langen Ärmeln*
Álomarcú lány   *Mädchen mit dem Traumgesicht* (Titel der Rockgruppe LGT)
szűkszavú ember   *wortkarger Mensch (wörtl.: Mensch mit schmalem Wort)*
nagyvonalú ember   *großzügiger Mensch*
sárga **színű** ruha   *Kleid von gelber Farbe, gelbes Kleid*
múlt **idejű** ige   *Verb in der Vergangenheit/im Präteritum*

18B

4. Das Suffix -szerte

Az ősi magyar háziállatok száma ország**szerte** erősen csökkent.
Die Zahl der ungarischen Urhaustiere ging landesweit stark zurück.
világ**szerte**   *weltweit*
európa**szerte**   *europaweit*

5. Transitive und intransitive Verben

Transitiv (**tárgyas**) sind Verben, die ein Objekt verlangen, intransitiv (**tárgyatlan**) solche, die ohne Objekt im Satz stehen, z.B.:

transitiv:	Péter **leveszi** a kabátját.
	Peter zieht seinen Mantel aus.
intransitiv:	Péter **levetkőzik**.
	Peter zieht sich aus.

Die Suffixe -ít und -at/et/tat/tet bilden transitive Verben, z.B.:

vki **tanít** vmit/vkit   *jmd. lehrt etwas/jmdn.*   ≠ vki **tanul**   *jmd. lernt*
vmi **foglalkoztat** vkit   *etwas beschäftigt jmdn.*   ≠ vki **foglalkozik** vmivel   *jmd. beschäftigt sich mit etwas*
vki **lefektet** vkit   *jmd. legt jmdn. schlafen*   ≠ vki **lefekszik**   *jmd. legt sich schlafen*

Beachten Sie, daß nur **transitive** Verben in der bestimmten Konjug. stehen können, z.B. die Wörter:

csinál, kér, kíván, tud, akar, tesz, vesz, visz, mond, hoz, meglátogat, ismer, szerez.

Für **intransitive** Verben wird stets **nur** die unbestimmte Konjug. verwendet. Intransitiv sind die meisten Verben der Bewegung, Verben, die eine Existenz oder einen Zustand ausdrücken, darunter auch viele ik-Verben, z.B.:

van, indul, esik, pihen, alszik, jön, megy, fáj, létezik, folyik, tartozik, érkezik, bízik, múlik, vándorol, elterjed, vonul, marad, születik, meghal, érettségizik, települ, működik, megnősül, hegedül, járkál, fázik.

Viele Verben können sowohl transitiv (trs.) als auch intransitiv (intrs.) gebraucht werden, z.B.:

Mit csinál Péter? – **Olvas.** (intrs.)
Péter újságot **olvas**. (trs.)
Péter **olvassa** a mai újságot. (trs.)

18C Nyelvhasználat (Sprachgebrauch)

1. Szócsaládok (Wortfamilien)

fejlődik (intrs.) *sich entwickeln* fejleszt (trs.) *entwickeln*	fejlett *entwickelt* fejletlen *unterentwickelt* fejlődő ország *Entwicklungsland*	

jelent *bedeuten*	jelentős *bedeutsam*	jelentőség *Bedeutung* jelentés *Bericht*

emel *heben* kiemel *hervorheben*	emelkededik *sich erheben* kiemelkedik *herausragen* kiemelkedő *herausragend*

puszta *Ödland*	(el)pusztul *verwüstet werden* (el)pusztít *verwüsten*

véd *schützen* védekezik *sich schützen*	védett *geschützt* védtelen *ungeschützt*	védelem *Schutz* védekezés *(Selbst-)Schutz*

épít *bauen*	építmény *Bauwerk* építész *Architekt, Baumeister* építészet *Architektur, Baukunst*

2. Ellentétek (Gegensätze)

gazdag — szegény — szűk — bő

18C

erős  — gyenge  — sovány/karcsú  — kövér

3. Herden und Hirten

szarvasmarhák  — csorda  — gulyás

lovak  — ménes  — csikós

juhok  — nyáj  — juhász

4. Benotung in ungarischen Bildungseinrichtungen

5 (ötös)	jeles	*sehr gut*	
4 (négyes)	jó	*gut*	
3 (hármas)	közepes	*befriedigend* (wörtl.: *mittelmäßig*)	
2 (kettes)	elégséges	*genügend*	
1 (egyes)	elégtelen	*ungenügend*	

5. Olvasóinkhoz

▶ Ab sofort finden Sie im Abschnitt D einige Übungsanweisungen auf Ungarisch, z. B.:

Töltse ki! *Füllen Sie aus!*
Feleljen a kérdésekre! *Antworten Sie auf die Fragen!*
Írja be a hiányzó végződéseket! *Setzen Sie die fehlenden Endungen ein!*
Írja be a megfelelő igét! *Setzen Sie das entsprechende Verb ein!*
Példa *Beispiel, Muster*

In den nächsten Lektionen steht die deutsche Übungsanweisung sicherheitshalber noch in Klammern dahinter.

6. Hortobágyi palacsinta

5 dl tejjel, 10 deka liszttel, 2 tojással, sóval készítsünk palacsintatésztát. Süssünk kissé vastagabb palacsintákat belőle. Sovány disznóhúsból készítsünk pörköltet. Majd vegyük ki a húst a léből, daráljuk meg és adjunk hozzá 1–2 kanál tejfölt, apróra vágott petrezselyemzöldet, kevés borsot. Ezzel töltsük meg a palacsintákat. A pörkölt levébe 3–4 kanál tejfölt keverjünk. Ezt öntsük rá a töltött palacsintákra.

7. Der Gulasch ist ein „falscher Freund"

Was wir im Deutschen als *Gulasch* bezeichnen, heißt auf Ungarisch **pörkölt**. Der ungarische **gulyás** bzw. **bográcsgulyás** *Kesselgulasch* wird aus Rindfleischstücken mit Paprikaschoten und gewürfelten Kartoffeln zubereitet. Übereinstimmung gibt es bei **gulyásleves** *Gulaschsuppe*.

18D

18D Gyakorlatok (Übungen)

✳ 1. *Schreiben Sie ungarischen Freunden ein deutsches Kochrezept auf. Orientieren Sie sich an 18C6 sowie an den Vokabeln der Lektionen 3 und 5. Verwenden Sie den Imperativ.*

✳ 2. Feleljen a kérdésekre! *(Antworten Sie auf die Fragen!)*
Hol terül el a Hortobágyi Nemzeti Park?
Mikor alakult meg a Hortobágyi Nemzeti Park?
Miből áll a Hortobágy növényzete?
Szabad a vízi vad vadászata a nemzeti park területén?
Melyek az eredeti puszta jellegzetes építményei?

3. Írja le a szavak ellentétét!
(Schreiben Sie das Gegenteil der Wörter auf, verwenden Sie, wo es möglich ist, die Form mit -tlan/tlen/talan/telen!)

sós, egészséges, kellemes, ízléses, értékes, helyes, ügyes, boldog, nős, pontos, megbízható, szokásos, ismert, olvasható, szegény, bő, gyenge, kövér

✳ 4. Írjon egy-egy mondatot a 3. gyakorlat szavaival!
(Schreiben Sie je einen Satz mit den Wörtern von Übung 3!)

5. Töltse ki! *(Füllen Sie aus!)*

   Példa: cukor: ... vagy ... nélkül issza a kávét?
   Cukorral vagy cukor nélkül issza a kávét?

   citrom: ... vagy ... nélkül issza a teát?
   tej: ... vagy .... nélkül kéri a kávét?
   jég: ... vagy ... nélkül szereti az üdítőt?
   tojás: ... vagy ... nélkül csinálod a tésztát?
   tészta: ... vagy ... nélkül csinálod a levest?
   ásványvíz: ... vagy ... nélkül kéred a bort?

6. Írja be a megfelelő tárgyas vagy tárgyatlan igét!
(Setzen Sie das entsprechende transitive oder intransitive Verb ein!)

tanít – tanul: Ferenc földrajzat ... a diákoknak. Anna sokat ..., ezért ötöst kapott.
készít – készül: A palacsinta lisztből, tojásból és tejből ... Kati palacsintát ... ebédre.
elpusztít – elpusztul: Az ember ... az erdőt. A tanyák, csárdák és gémeskutak egy része ...
véd – védekezik: A nemzeti park ... a ritka növény- és állatfajokat. Aki nem ... a hideg ellen, megfázhat.

19A

19A Szöveg (Text)

Ha én felnőtt volnék

A tizenhetedik leckében látták, hogy Janikovszky Éva könyvében milyenek a felnőttek. Most azt fogják olvasni, hogy a mesélő kisgyerek milyen felnőtt akar majd lenni:

JANIKOVSZKY ÉVA

ha én
FELNŐTT
volnék

RÉBER LÁSZLÓ RAJZAIVAL

MÓRA

19A

Én egészen másmilyen felnőtt volnék, és annyi mindennek örülnék.
Először is annak örülnék, hogy azt csinálhatom, amit akarok.
Ha én **felnőtt** volnék, akkor

sosem ülnék a széken,
hanem mindig térdelnék,

fehér kesztyűs kezem végighúznám minden vaskerítésen,

a fogmosó pohárban
csíráztatnám a datolyamagot,

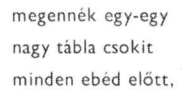

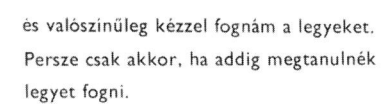

megennék egy-egy
nagy tábla csokit
minden ebéd előtt,

és valószínűleg kézzel fognám a legyeket.
Persze csak akkor, ha addig megtanulnék
legyet fogni.

19A

rajz (-ok, -ot, -a)	Zeichnung	történik (-t, -jen, -ne)	geschehen, passieren
másmilyen (-ek)	ein(e) andere(r/s) (gehoben)	tinó (-k, -t, -ja)	junger Ochse
annyi minden	so vieles	malac (-ok, -ot, -a)	Ferkel
térdel (-t, -jen, -ne)	knien	megegyezik (-ett, -zen, -ne)	sich einigen
kesztyű (-k, -t, -je)	Handschuh	vitatkozik (-ott, -zon, -na)	diskutieren
végighúz	entlangziehen bis zum Ende	éhes (-ek)	hungrig
húz (-ott, -zon, -na)	ziehen	éhgyomorra	auf nüchternen Magen
vaskerítés	Eisenzaun	rágyújt (-ott, -son, -ana)	sich eine anzünden
vas (-at, -a)	Eisen	tömköd (-ött, -jön, -ne)	stopfen
fogmosó pohár	Zahnputzbecher	nyúl (-t, -jon, -na)	(nach etwas) langen
pohár (poharak, poharat, pohara)	Becher, (Trink-)Glas	parázs (parazsak, parazsat, parazsa)	Glut
csíráztat (-ott, csíráztatson, -na)	keimen lassen	feldönt	umstoßen
csíra (⁻k, ⁻t, ⁻ja)	Keim	dönt (-ött, -sön, -ene)	umstoßen, entscheiden
datolyamag	Dattelkern	szid (-ott, -jon, -na)	ausschimpfen
datolya (⁻k, ⁻t, ⁻ja)	Dattel	lóg (-ott, -jon, -na)	(herunter-)hängen
mag (-ok, -ot, -ja)	Kern	megijed (-t, -jen, -ne)	erschrecken
tábla (⁻k, ⁻t, ⁻ja)	Tafel	sír (-t, -jon, -na)	weinen
csoki (-k, -t, -ja)	Schokolade	kész (-ek)	fertig
(Kosewort für: csokoládé)		bajusz (-ok, -t, -a)	Oberlippenbart
fog (-ott, -jon, -na)	fassen, fangen	(meg-)csókol (-t, -jon, -na)	küssen
légy (legyek, legyet, legye)	Fliege	csakugyan	allerdings, tatsächlich
bárcsak	wenn ... doch ... nur	hozzálát (-ott, -lásson, -na) vmihez	sich an etwas heranmachen, beginnen
mese (⁻k, ⁻t, ⁻je)	Märchen	ízlik (-ett, -ene)	(jmdm.) schmecken (intrs.)
kívánság (-ok, -ot, -a)	Wunsch	falat (-ok, -ot, -ja)	Bissen, Happen
tűz (tüzek, tüzet, tüze)	Feuer	ablak (-ok, -ot, -ja)	Fenster
suhanás (-ok, -t, -a)	Huschen	fegyver (-ek, -t, -e)	Waffe
tündér (-ek, -t, -e)	Fee, Elfe	szalámi (-k, -t, -ja)	Salami
megszólal (-t, -jon, -na)	zu sprechen anfangen	virsli (-k, -t, -je)	Würstchen
eltűnik (-t, -jen, -ne)	verschwinden	felvágott (-ak, -at, -ja)	Aufschnitt
szál (-ak, -at, -a)	Faden; Stengel; (einzelnes) Stück	(fel-)vág (-ott, -jon, -na)	etwas (auf-)schneiden
kolbász (-ok, -t, -a)	(Dauer-)Wurst	hurka (⁻k, ⁻t, ⁻ja)	Blut-/Leberwurst im Naturdarm
kémény (-ek, -t, -e)	Schornstein	jóllakik (-ott, -jon, -na)	satt werden
lábas (-ok, -t, -a)	Topf	szomjas (-ak)	durstig, Durst haben
beállít (-ott, -son, -ana)	sich einstellen (volkst.)		

19B Nyelvtan (Grammatik)

1. Der Konjunktiv Präsens

Én egészen másmilyen felnőtt **volnék**, és annyi mindennek **örülnék**.
*Ich **wäre** ein ganz anderer Erwachsener und **würde mich** über so vieles **freuen**.*

Die Konjunktiv-Suffixe der beiden Konjugationen lauten:

	unbest. Konj.		best. Konj.
(én)	-nék		-nám/ném
(te)	-nál/nél		-nád/néd
(ő, ön)	-na/ne		-ná/né
(mi)		-nánk/nénk	
(ti)		-nátok/nétek	
(ők, önök)	-nának/nének		nák/nék
(én ... téged/titeket)			-nálak/nélek

Beispiele:

(én)	látnék (valamit)	látnám (a képet)
(te)	látnál (valamit)	látnád (a képet)
(ő, ön)	látna (valamit)	látná (a képet)
(mi)	látnánk (valamit)	látnánk (a képet)
(ti)	látnátok (valamit)	látnátok (a képet)
(ők, önök)	látnának (valamit)	látnák (a képet)
(én)		látnálak (téged/titeket)

(én)	szeretnék (írni)	szeretném (Annát)
(te)	szeretnél (írni)	szeretnéd (Annát)
(ő, ön)	szeretne (írni)	szeretné (Annát)
(mi)	szeretnénk (írni)	szeretnénk (Annát)
(ti)	szeretnétek (írni)	szeretnétek (Annát)
(ők, önök)	szeretnének (írni)	szeretnék (Annát)
(én)		szeretnélek (téged/titeket)

19B

Ab sofort finden Sie neben der Präteritum- und der Imperativform die Konjunktivform in der 3. Pers. Sg., unbestimmte Konjugation im Wörterverzeichnis.
Damit entfällt jetzt die Angabe der Infinitivform mehrstämmiger Verben im Wörterverzeichnis, da diese aus der Konjunktivform hergeleitet werden kann.

Konjunktiv der mehrstämmigen Verben
(Grundform → 3. Pers. Sg. unbest. Konjug.):

eszik (enni)	→	enne
iszik (inni)	→	inna
tesz (tenni)	→	tenne
vesz (venni)	→	venne
visz (vinni)	→	vinne
hisz (hinni)	→	hinne
fekszik (feküdni)	→	feküdne
alszik (aludni)	→	aludna
haragszik (haragudni)	→	haragudna
jön (jönni)	→	jönne
megy (menni)	→	menne
hiányzik (hiányozni)	→	hiányozna
pusztít (pusztítani)	→	pusztítana
törekszik (törekedni)	→	törekedne
véd (védeni)	→	védene
felszólít (felszólítani)	→	felszólítana

Das Verb van (lenni) bildet zwei Konjunktivformen:
volna *wäre* und **lenne** *würde (sein/werden)*.

Beispiel:

Ha Péter jó tanuló **volna**, orvos **lenne**.
*Wenn Peter ein guter Schüler **wäre**, **würde** er Arzt **werden**.*

2. Der Konjunktiv Präteritum

Präteritumform des Verbs + **volna**

Beispiele:

Konjunktiv Präsens: Ülnék a széken. *Ich säße auf dem Stuhl.*
Konjunktiv Präteritum: **Ültem volna** a széken. *Ich **hätte** auf dem Stuhl **gesessen**.*
Megennék egy-egy nagy tábla csokit minden ebéd előtt.
Vor jedem Mittagessen würde ich eine große Tafel Schokolade essen.

Megettem volna egy-egy nagy tábla csokit minden ebéd előtt.
*Vor jedem Mittagessen **hätte** ich eine große Tafel Schokolade **gegessen**.*
Kézzel fognám a legyeket, ha addig megtanulnék legyet fogni.
Ich würde die Fliegen mit der Hand fangen, wenn ich bis dahin lernen würde, Fliegen zu fangen.
Kézzel **fogtam volna** a legyeket, ha addig **megtanultam volna** legyet fogni.
*Ich **hätte** die Fliegen mit der Hand **gefangen**, wenn ich bis dahin **gelernt hätte**, Fliegen zu fangen.*

3. Das Suffix -ért

Es kennzeichnet kausale oder finale Adverbialbestimmungen, z.B.:

kausal: Dénes Gábor az **életművéért** kapta a Nobel-díjat.
*Gábor Dénes bekam **für sein Lebenswerk** den Nobel-Preis.*

final: Nyúlt a **parázsért**. (siehe Text 19C2) *Er langte **nach der Glut**.*
Péter elmegy **almáért**. *Peter geht **um Äpfel zu** holen.*
Elmegyek **érted**. *Ich gehe **dich abholen**.*

Das Suffix **-ért** steht direkt am Wortstamm bzw. nach dem Possessivsuffix. Die Endvokale **-a** und **-e** werden vor **-ért** zu **-á-** und **-é-** gedehnt, z.B. **almáért**.

Personalpronomen + -ért:

(én)	értem	*für mich, meinetwegen*
(te)	érted	*für dich, deinetwegen*
(ő)	érte	*für ihn/sie, seinetwegen, ihretwegen* (Sg.)
	önért	*für Sie, Ihretwegen* (Sg.)
(mi)	értünk	*für uns, unseretwegen*
(ti)	értetek	*für euch, euretwegen*
(ő)	értük	*für sie, ihretwegen* (Pl.)
	önökért	*für Sie, Ihretwegen* (Pl.)

Das Fragewort der kausal-finalen Adverbialbestimmung lautet **miért**? Die Antwort wird häufig im Relativsatz mit folgender Konstruktion formuliert:

Azért (...), mert ...

Beispiel:

Miért kéri Gabi és Klaus Sanyi bácsi tanácsát?
Warum bitten Gabi und Klaus Onkel Sanyi um seinen Rat?

19B/19C

Azért (kéri Gabi és Klaus Sanyi bácsi tanácsát), **mert** először vannak Budapesten.
(Gabi und Klaus bitten Onkel Sanyi) deshalb (um seinen Rat), weil sie zum ersten Mal in Budapest sind.

4. Das Suffix -stul/stül

Es steht immer an der Grundform des Substantivs (Nom. Sg. ohne Possessivsuffix). Konsonantisch auslautende Substantive erhalten vor -**stul/stül** einen Bindevokal (-**a**-, -**o**-, -**e**-, -**ö**-). Die Bedeutung wird im Deutschen oft mit *samt* wiedergegeben, z. B.:

Feldöntötte a lábast **kolbászostul**. (siehe Text 19C2)
Er stieß den Topf samt der Wurst um.

19C Nyelvhasználat (Sprachgebrauch)

1. Redewendungen mit Konjunktivformen

Nem lenne/volna jobb, ha ...?   *Wäre es nicht besser, wenn ...?*
Mi lenne, ha ...?   *Was wäre, wenn ...?*
Ennek nagyon örülnék.   *Darüber würde ich mich sehr freuen.*
Szeretnék bemutatkozni.   *Ich würde mich gern vorstellen.*
Szeretnék fizetni.   *Ich würde gern zahlen.* (Restaurant)
Szeretnék ...   *Ich würde gern ...*
Mit csinálna, ha ...?   *Was würden Sie tun, wenn ...?*
Kérnék még egy darabot.   *Ich hätte gern noch ein Stück.*
Kérnék ...   *Ich hätte gern ...*
Kellene dolgozni.   *Es müßte gearbeitet werden.*
Kellene ...   *Es müßte ...*
Segítenél egy kicsit?   *Würdest du (mir/uns) ein wenig helfen?*
Tudnál segíteni?   *Könntest du (mir/uns) helfen?*
El tudna jönni?   *Könnten Sie kommen?*
Tudnál ...?   *Könntest du ...?*
Bárcsak jönne már!   *Wenn er/sie/es nur bald käme!*
Ez mennyibe kerülne?   *Was würde das kosten?*
Mikor találkozhatnánk?   *Wann könnten wir uns treffen?*

2. Egy magyar népmese *(Ein ungarisches Volksmärchen)*

(Forrás: Illyés Gyula: Hetvenhét magyar népmese, Móra Ferenc könyvkiadó, Budapest, 1977, 287-8. od.)

Három kívánság

Hol volt, hol nem volt, volt egyszer[1] egy szegény ember meg annak a felesége. Az asszony megcsinálta a tüzet és egy kis leveshez tett fel vizet. Akkor hallott valami suhanást maga mellett, hát egy tündér száll eléje. Az pedig meg is szólalt, azt mondta:
– Legyen három kívánságod. – Azzal el is tűnt, ahogyan jött, a tündér.

Hát az asszony nem is hitt a szemének és a fülének, de azért az első kívánság már megszületett a fejében. Egy szál kolbászt kívánt. És abban a pillanatban már szállt is le a kéményből egy lábas, benne a szép szál kolbász.

Mikor beállított az ember[2], az asszony elmondta, mi történt, hát mindjárt elkezdtek gondolkodni, mi legyen még a két kívánság. Az ember lovat, tinót, malacot akart, az asszony meg mást, nem tudtak megegyezni. Csak vitatkoztak, mintha éhesek se lettek volna. Az ember képes lett volna éhgyomorra rá is gyújtani; tömködte a pipáját, nyúlt a parázsért, de olyan ügyetlenül csinálta, hogy feldöntötte a lábast kolbászostul.

Az asszony szidta az urát[3]:
– Nőtt volna inkább az orrodra, mint a tűzbe fordítod[4] ezt a kolbászt!

Akkor a kolbász már ott is lógott az ember orrán. A szegény kis asszony megijedt, el is sírta magát[5]. Tudták mind a ketten, hogy már csak egy kívánságuk volt.

– Most már, ha így van – mondta az ember –, kívánjuk vissza a lábasba a kolbászt, aztán kész!
– De hát a tinó, a ló meg a malac! – így az asszony.

Az ember erre azt felelte:
– De hát ilyen bajusszal csak nem járhatok, te se csókolsz meg, ha kolbász lóg le az orromról!

Na, végül csakugyan az lett, az volt a harmadik kívánság, hogy a kolbász menjen vissza a lábasba. Most láthattak csak vacsorához, de nem nagyon ízlett szegényeknek a jó falat.

1 hol volt, hol nem volt, volt egyszer ...
    es war einmal ...
2 ember   hier: *Mann* (arch.)
3 az ura   *ihr Mann/Gatte*
    (arch., wörtl.: *ihr Herr*)
4 tűzbe fordít   wörtl.: *ins Feuer wenden,*
    umwerfen, so daß es ins Feuer fällt
5 elsírja magát   *in Tränen ausbrechen*

19C

3. Leicht zu verwechseln

pohár (Trinkgefäß aus Glas oder anderem Material)   **üveg**   *Glas* (Material)
        Becher, (Trink-)Glas   *Flasche* (aus Glas)

Egy üveg bort kérek.   *Bitte eine Flasche Wein.*
Egy pohár bort kérek.   *Bitte ein Glas Wein.*
Az ablak üvegből van.   *Das Fenster ist aus Glas.*

4. Die verschiedenen Bedeutungen von `fog`

fog   1. fogja a tollat   *den Stift nehmen/halten*
          fegyvert fog   *zu den Waffen greifen*
          legyet fog   *Fliegen fangen*
          magyar rádiót fog   *ungarisches Radio empfangen*
          fogja magát   *sich aufraffen*
   2. *werden* (Hilfsverb zur Futurbildung)
   3. *Zahn*

5. Rektion

> vki **(hozzá)lát** vmihez
> *jmd. macht sich an etwas heran/beginnt etwas*

Hozzálátnak enni.   *Sie machen sich ans Essen.*
Most láthattak csak vacsorához.   *Nun erst konnten sie sich ans Abendessen machen.*

6. Ungarische Wurstsorten

Im Ungarischen existiert kein Wort, das die Bedeutung des deutschen Wortes *Wurst* völlig deckt. Vielmehr gibt es verschiedene Bezeichnungen für spezielle Wurstsorten:

szalámi	*Salami*	felvágott	*Aufschnitt*
kolbász	*Dauerwurst (ähnlich wie Knacker)*	hurka	*Leberwurst/Blutwurst*
virsli	*Wiener Würstchen*		*im Naturdarm*

7. Hunger und Durst

éhes vagyok   jóllaktam   szomjas vagyok

19D

19D Gyakorlatok (Übungen)

1. Olvassa el a 19A alatti szöveget és válaszoljon a kérdésre, valaszát írja le! ✽
   (Lesen Sie den Text unter 19A und beantworten Sie die Frage. Schreiben Sie Ihre Antwort nieder und vergleichen Sie sie mit dem Text 19A!)
   Mit csinálna a gyerek, ha felnőtt volna?

2. Egészítse ki a mondatokat!
   (Vervollständigen Sie die Sätze!)

   > Példa: Mit csinálna, ha rossz idő lenne? (újság; olvas) –
   >   Ha rossz idő lenne, újságot olvasnék.

   Mit csinálna, ha elégtelen lenne a magyar nyelvtudása? (több; tanul) – Mi lenne, ha szabad lenne a vadászat a Hortobágyon? (elpusztul; ritka állatfajok) – Mit csinálnál, ha szűk lenne a ruhád? (visszavisz; bolt) – Mit csinálnál, ha folt lenne az ingeden? (kimos; ingem) – Mit csinálnátok, ha náthásak lennétek? (nem; megy; úszni) – Mit csinálnánk, ha folglalt lenne a helyünk? (más; hely; keres) – Mit csinálnának, ha holnap nem lenne programjuk? (10 óra; lefekszik /ők/)

3. Alakítsa át a mondatokat! *(Formen Sie die Sätze um!)*

   > Példa: Örülök, mert találkozunk. –
   >   Örülnék, ha találkoznánk.

   Szeretek olvasni, mert érdekes könyveim vannak. Be kell vásárolni, mert nincs itthon tej. Tudsz segíteni, ha nehéz a feladat? Boldog voltam, mert sikerült a viszga. Felvette a pulóverét, mert fázott. Gyalog mentünk át a hídon, mert nem járt a busz.

4. Mit csinálna ön, ha gyerek volna? ✽

5. **Ízlik, ízlett** vagy **ízleni**? Töltse ki!
   (Ízlik, ízlett oder ízleni? Setzen Sie ein!)

   ... a bor? – Igen, ma ..., de tegnap nem ... – Tegnap olcsóbb bort ittunk, talán ezért nem ... – De általában az olcsóbb borok ist szoktak ... – Akkor nem tudom, miért nem ... tegnap, talán nem voltál szomjas.

233

19D

6. Használja az **-ért** végződést!
   (Verwenden Sie das Suffix -ért!)

   ■ Példa: **Elmegyek bort venni. – Elmegyek borért.**

   Anna elment kenyeret venni. Szegedre mentek munkát szerezni. Postára megyek felvenni a pénzemet.

7. Feleljen a kérdésekre!
   (Beantworten Sie die Fragen!)

   ■ Példa: **Magyarul akarok tanulni. Miért veszel részt a nyelvtanfolyamon? – Azért veszek részt a nyelvtanfolyamon, mert magyarul akarok tanulni.**

   Jó fényképeket szeretnék készíteni. Miért viszed magaddal ezt a nehéz fényképezőgépet? –
   Sűrű a programunk. Miért siettek? –
   TV-t nézünk. Miért nem figyeltek rám? –
   Nem működik a lift. Miért mentek fel gyalog?

✳ 8. Olvassa el a szöveget 19C2 alatt és feleljen a kérdésekre! *(Lesen Sie den Text unter 19C2 und beantworten Sie die Fragen!)*

   Mit mondott a tündér? Mit kívánt a szegény asszony elsőnek? Mit akart a férje második és harmadik kívánságnak kérni? Miért döntötte fel a lábast? Mit mondott erre az asszony? Mi történt a kolbásszal. Miért nem tudtak a kolbászon kívül mást kívánni a tündértől? Miért nem ízlett nekik a jó falat?

9. **Pohár** vagy **üveg**? Töltse ki!
   (Pohár oder üveg? Setzen Sie ein!)

   Ebédre veszünk egy ... vörösbort. Vacsora után a vendégek isznak egy-egy ... bort. A ... az asztalon vannak. Hozzál fel egy ... bort a pincéből!

20A

20A Szöveg (Text)

A magyar tenger

A Balaton Közép-Európa legnagyobb tava. Hossza 78 kilométer, szélessége 5–12,5 kilométer. A tihanyi félsziget és Szántód között viszont csak másfél kilométer a távolság. A tó kb. húszezer évvel ezelőtt keletkezett. Előbb a Pannon tenger borította a Dunántúlt, majd az Ős-Duna folyt át rajta. Erős vulkáni tevékenység által keletkezett a mai Balaton.

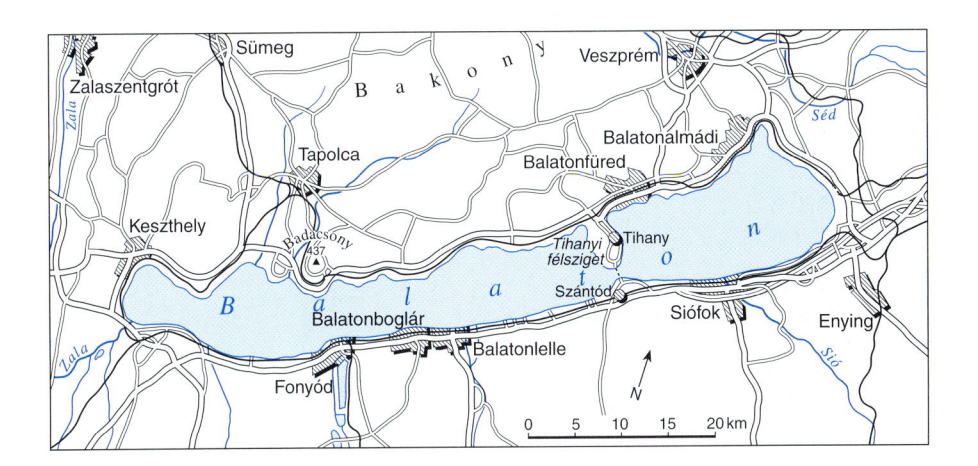

Átlagos mélysége csak három méter. A legmélyebb pont Tihany mellett található, ott 11 méter mély. Sekélysége miatt vizének hőmérséklete gyakran változik. Nyáron fölmelegszik 20–26 fokra, télen vastagon befagy. Sekély vizét a szél könnyen felkavarja. Ennek következtében sok oxigént tartalmaz. Ezért halakban és más élőlényekben igen gazdag a tó. Ha jön a vihar, háborgó tengerré válik. Másnap pedig már megint olyan nyugodt és sima a vize, mintha mi sem történt volna.

Az északi parton vulkáni eredetű hegyek vannak, ott terem a finom badacsonyi szőlő. A tó körül van véve kisebb-nagyobb üdülőhelyekkel, a legrégibb Balatonfüred. A déli parton nagyon sekély a víz. Az ottani üdülőhelyeket főleg kisgyerekes családok kedvelik.

20A

SZÉLES A BALATON

Tempo giusto Sárpilis (Tolna m.), K.Gygy.

1. Széles a Balaton,, azért ingadozik.
Szerelmes a legény, azért házasodik.
Szerelmes nem volna, nem is házasodna,
Egyik faluból a másikba nem járna.

2. Kinek van, kinek van karikagyűrűje,
Annak a lánynak van igaz szeretője,
Nékem van egy szőke, cseréljük el érte,
Amivel többet ér, csókot adok érte.

(Forrás: Tiszán innen, Dunán túl, 150 magyar népdal, Zeneműkiadó Budapest, 1970, 39. od.)

20A

tenger (-ek, -t, -e)	Meer
Közép-Európa	Mitteleuropa
hossz (-ak, -at, -a)	Länge
kilométer (-ek, -t, -e)	Kilometer
félsziget (-ek, -et, -e)	Halbinsel
keletkezik (-ett, -zen, -ne)	entstehen
előbb	vorher
borít (-ott, -son, -ana)	bedecken
vulkáni (-ak)	vulkanisch, Vulkan-
vulkán (-ok, -t, -ja)	Vulkan
tevékenység (-ek, -et, -e)	Tätigkeit
átlagos (-ak)	durchschnittlich
átlag (-ok, -ot, -a)	Durchschnitt
mélység (-ek, -et, -e)	Tiefe
mély (-ek)	tief
sekélység (-ek, -et, -e)	Flachheit
sekély (-ek)	flach
hőmérséklet (-ek, -et, -e)	Temperatur
gyakran	oft
(föl-)melegszik (melegedett, melegedjen, melegedne)	sich erwärmen
fok (-ok, -ot, -a)	Grad; Stufe
vastag (-ok)	stark, dick
befagy (-ott, -jon, -na)	gefrieren
szél (szelek, szelet, szele)	Wind
felkavar (-t, -jon, -na)	aufwühlen
ennek következtében	infolgedessen
oxigén (-t, -je)	Sauerstoff
tartalmaz (-ott, -zon, -na)	beinhalten
élőlény	Lebewesen
lény (-ek, -t, -e)	Wesen
vihar (-ok, -t, -a)	Sturm, Unwetter, Gewitter
háborog (háborgott, -jon, -na)	tosen
vmivé válik (-t, -jon, -na)	zu etwas werden (sich verändern)
másnap	am anderen Tag
mintha (Konj.)	als wenn
eredet (-ek, -et, -e)	Ursprung
terem (termett, -jen, -ne)	gedeihen
finom (-ak)	fein, wohlschmeckend
üdülőhely (-ek, -et, -e)	Urlaubsort
üdül (-t, -jön, -ne)	Urlaub machen, in der Sommerfrische sein
széles (-ek)	breit
ingadozik (-ott, -zon, -na)	schwanken, wanken, hier: wogen
szerelmes (-ek)	verliebt
karikagyűrű	Verlobungs-/Trauring
karika (´-k, ´-t, ´-ja)	Ring (Figur)
gyűrű (-k, -t, -je)	(Finger-)Ring
ér (-t, -jen, -ne)	wert sein
csók (-ok, -ot, -ja)	Kuß
érte	dafür
üzlet (-ek, -et, -e)	Geschäft; Laden
(be-)zár (-t, -jon, -na)	(ab-)schließen
(ki-)nyit (-ott, -nyisson, -na)	aufschließen, öffnen
tájban (Postpos.)	gegen (temp.)
ellenére (Postpos.)	im Gegensatz zu
részére (Postpos.)	für, zu Händen
segítség (-ek, -et, -e)	Hilfe
késés (-ek, -t, -e)	Verspätung
vékony (-ak)	dünn
szeretet (-et, -e)	Liebe, Zuneigung
szerelem (szerelmet, szerelme)	Liebe
puszi (-k, -t, -ja)	Küßchen
(meg-)puszil (-t, -jon, -na)	küssen
ad (-ott, -jon, -na)	geben
elad	verkaufen
eladó (-k, -t, -ja)	Verkäufer
feladó (-k, -t, -ja)	Absender
levélboríték	Briefumschlag
boríték (-ok, -ot, -a)	Umschlag

20B Nyelvtan (Grammatik)

1. Die Adverbialbestimmung mit dem Suffix -vá/vé

Ha jön a vihar, háborgó **tengerré** válik.
Wenn der Sturm kommt, wird er zu einem tosenden Meer.

Die Form **-vá/vé** steht nur nach Vokalen. Bei konsonantischem Auslaut (außer **-h**) gleicht sich **-v-** an. Es finden die gleichen Lautveränderungen statt wie beim Instrumentalsuffix **-val/vel** (vgl. 9B1).

Beispiele:

A lány **nővé** fejlődik.   *Das Mädchen entwickelt sich zur Frau.*
A fiú **férfivá** fejlődik.   *Der Junge entwickelt sich zum Mann.*
A gyerek **felnőtté** válik.   *Das Kind wird zum Erwachsenen.*
A fekete **szürkévé** lett.   *Das Schwarz wurde zum Grau.*
A szőlő **borrá** válik.   *Die Trauben werden zu Wein.*
továbbá   *des weiteren*
Érthetőbbé válik a magyar nyelv.   *Die ungarische Sprache wird verständlicher.*
Ismertté vált a tudós.   *Der Wissenschaftler wurde bekannt.*
Péter **jóvá**teszi a hibáját.   *Peter macht seinen Fehler wieder gut.*

2. Das adverbiale Partizip mit dem Suffix -va/ve

A tó **körül van véve** kisebb-nagyobb üdülőhelyekkel.
Der See ist von größeren und kleineren Urlaubsorten umgeben.

Das adverbiale Partizip ist dem Verb im Satz untergeordnet und drückt einen Zustand aus, z.B.:

Péter **sírva** ül az asztalnál.   Peter sitzt *weinend* am Tisch.
Az üzlet **zárva/nyitva** van.   Das Geschäft ist *geschlossen/geöffnet.*
A rádió **be/ki** van **kapcsolva**.   Das Radio ist *ein-/ausgeschaltet.*
két hét **múlva**   *in zwei Wochen* (wörtl.: zwei Wochen *vergehend*)
Meg vagyok **elégedve**.   *Ich bin zufrieden.*
fordítva   *umgekehrt*

Das adverbiale Partizip einiger mehrstämmiger Verben:

tesz	→	téve	haragszik	→	haragudva
vesz	→	véve	pusztít	→	pusztítva
fekszik	→	feküdve/fekve	törekszik	→	törkedve
alszik	→	aludva/alva			

3. Zusammenfassung der Postpositionen

Postpositionen bringen lokale, temporale oder abstrakte Relationen zum Ausdruck. Die Postpositionen mit lokalem Bezug finden Sie unter 10B1.

Temporale Postpositionen sind:

előtt	vor	húszezer évvel ezelőtt	*vor 20 000 Jahren*
után	nach	egy nehéz év után	*nach einem schweren Jahr*
keresztül	hindurch	két napon keresztül	*zwei Tage hindurch*
át	hindurch, lang	két napon át	*zwei Tage lang*
között	zwischen	egy és két óra között	*zwischen ein und zwei Uhr*
múlva	nach, in	öt perc múlva	*in fünf Minuten*
óta	seit	hétfő óta	*seit Montag*
körül	gegen	dél körül	*gegen Mittag*
tájban	gegen	négy óra tájban	*gegen vier Uhr*
alatt	in(nerhalb)	egy óra alatt	*innerhalb einer Stunde*

Postpositionen mit abstraktem Bezug sind:

helyett	anstelle	Péter helyett	*anstelle von Peter*
ellen	gegen	a nép ellen	*gegen das Volk*
ellenére	im Gegensatz zu	annak ellenére	*im Gegensatz dazu*
részére	für/zu Händen	Molnár úr részére	*für/zu Händen Herrn Molnár*
számára	für	Péter számára	*für Peter*
szerint	laut, nach	terv szerint	*laut Plan*
miatt	wegen	Péter miatt	*wegen Peter*
nélkül	ohne	segítség nélkül	*ohne Hilfe*
által	durch	vulkáni tevékenység által	
			durch vulkanische Tätigkeit

Viele Postpositionen lassen sich mit dem Suffix **-i** als Adjektive gebrauchen:

        a parkkal **szembeni** lakás   *die Wohnung gegenüber dem Park*
        a dél **körüli** találkozó   *das Treffen gegen Mittag*
        a Péter **miatti** késés   *die Verspätung wegen Peter*

Die Suffigierung mit dem adjektivbildenden **-i** ist nicht möglich, wenn die Postposition auf ein produktives Kasussuffix endet, wie z. B.: **részé<u>re</u>, számá<u>ra</u>**. Lokale und abstrakte Postpositionen können auch mit den Personalsuffixen verbunden werden (vgl. 11B2), z. B.:

        mellettem   *neben mir*
        helyetted   *anstelle deiner*
        részemre   *zu meinen Händen, für mich*

20B/20C

Darüber hinaus gibt es Wörter, die in ihrer Funktion den Postpositionen gleichen, im Wörterbuch aber nicht als selbständige Lexeme vorkommen, z.B.:

> **következtében** *in Folge von*   ennek következtében   *in Folge dessen*
> **segítségével** *mit Hilfe von*   kanál segítségével   *mit Hilfe eines Löffels*

Die Satzstruktur betreffend unterscheidet man Postpositionen, die mit dem Nominativ stehen: **után, múlva, óta, körül, tájban, alatt, között, szerint, helyett, ellen, miatt, nélkül, által** und viele der lokalen von solchen, die einen anderen Kasus verlangen: **vmivel (ez)előtt, vmin át/keresztül, vminek a következtében, vminek/vkinek a segítségével.**

20C Nyelvhasználat (Sprachgebrauch)

1. Ellentétek *(Gegensätze)*

magas   alacsony   mély   sekély
hoch (groß)   *niedrig (klein)*   *tief*   *flach*

vastag   vékony
dick   *dünn*

2. Rektionen

> vmi/vki vmiben **gazdag**
> *etwas/jmd. ist reich an etwas*

A balaton halakban gazdag.   *Der Balaton ist reich an Fischen.*

> vmi/vki többet/kevesebbet **ér** vminél/vkinél
> *etwas/jmd. ist mehr/weniger wert als etwas/jmd.*

Az én munkám nem ér többet, mint a tied.
Meine Arbeit ist nicht mehr wert als deine.

3. Redewendung

mintha mi sem történt volna   *als wäre nichts geschehen*

4. Die beiden Nuancen der Liebe

szeretet *Liebe*
(zwischen Freunden, Geschwistern, zu den Eltern, den Kindern, usw.)

puszi (szeretetből)
Küßchen (z.B. zur Begrüßung, zum Abschied von Freunden, Verwandten)

szerelem *Liebe*
(zwischen Mann und Frau)

csók (szerelemből)
Kuß (innig, auf den Mund)

puszit ad, (meg-)puszil

csókot ad, (meg-)csókol

20C/20D

5. Szócsalád *(Wortfamilie)*

ad	*geben*	adó	*Steuer*
elad	*verkaufen*	eladó	*Verkäufer*
felad	*(Brief/Vorhaben) aufgeben*	feladat	*Aufgabe*
kiad	*(Geld) ausgeben; (Bücher) herausgeben*	feladó	*Absender*
		kiadó	*Verlag*
		híradó	*Nachrichten*

6. A levélboríték *(Der Briefumschlag)*

Feladó: Kovács Sándor
Budapest
Erkel Ferenc u. 10
1023

Molnár Mária
Budapest
Kodály Zoltán u. 20
1034

20D Gyakorlatok (Übungen)

* 1. Olvassa el a szöveget 20A alatt és feleljen a kérdésekre!
   (Lesen Sie den Text unter 20A und beantworten Sie die Fragen!)

   Mikor keletkezett a Balaton? Mennyi a Balaton átlagos mélysége? Hol van a tó legmélyebb pontja? Hány fokra melegszik föl a Balaton? Melyik partján vannak hegyek? Melyik partjánál sekélyebb a víz? Melyik a Balaton legrégibb üdülőhelye?

* 2. Hol szeret ön üdülni? *(Wo machen Sie gern Urlaub?)*

3. Töltse ki! *(Füllen Sie aus!)*

   Példa: **A ló ... (háziállat) vált. –**
   A ló háziállattá vált.

   A táj ... (pusztaság) vált. A húsvéti locsolás ... (hagyományos) vált. Minden gyerek ... (felnőtt) válik. A víz ... (jég) lett. Dénes Gábort a holográfia tette ... (híres).

4. Alakítsa át a mondatokat! *(Formen Sie die Sätze um!)*

   Példa: **Péter ül az asztalnál és gondolkodik. –**
   Péter gondolkodva ül az asztalnál.

   Anna ül a szobában és sír. A szegény ember feldöntötte a lábast, amikor a parázshoz nyúlt. A pusztai állatok megéltek, mert alkalmazkodtak. Gyalogolunk, mert így többet látunk a városból. Fordítsd meg a képet és így nézd meg!

5. Írja be a hiányzó névutókat! *(Setzen Sie die fehlenden Postpositionen ein!)*

   Egy óra ... visszajövök. Tizenkettő és egy óra ... zárva van az üzlet. Nyolc hónap ... tanulunk magyarul. Ezt félóra ... meg tudom csinálni. A bátyám ... egy barátom jön velünk kirándulni. Anna ... finom a sütemény. A gyerekek ... a Balaton déli partján üdülünk. Péter segítsége ... az ebédet nem tudtam volna elkeszíteni.

6. Setzen Sie die richtige Form von **(ki-)nyit** oder **(be-)zár** ein. Beschriften Sie auch das Schild an der Ladentür!

   Az üzlet ... van.

   Az üzlet ... van.

   Az eladó ... az üzletet.

   Az eladó ... az üzletet.

21A

21A Szöveg (Text)

Milyen lesz az időjárás?
Várható időjárás vasárnap

(Források: Magyar Nemzet, 1991. VIII. 31., Népszabadság, 1992. X. 03.)

Túlnyomóan derült, száraz időre lehet számítani a hét végén. Általában gyenge lesz a szél. Hűvösek lesznek az éjszakák, a hajnali órákra 7, 12 fok közé hűl le a levegő. A nappali felmelegedés lassan erősödik, szombaton 23, 24, vasárnap 25, 26 fok körüli hőmérsékleti maximum várható.

A hét elején általában kevés lesz a felhő, sok a napsütés, csapadék nem valószínű. A hét közepétől több lesz a felhő, eső, zápor is kialakulhat.

A hőmérséklet csúcsértéke a hét első napjaiban 26, 27 fok körül várható, majd a hét közepétől néhány fokkal mérséklődik a nappali felmelegedés. A hőmérsékleti minimum eleinte 10, 14, majd 12, 16 fok között alakul.

Orvosmeteorológia

Az időszak első felében nem kell fronthatástól tartani. A kicsit csípős reggeli órákat követően napközben kellemes hőmérsékletű idő várható. Szükséges a réteges öltözködés, különösen a kisgyerekek hajlamosabbak ilyenkor a megfázásra. Használjuk ki a napos időszakokat, tartózkodjunk minél többet a szabadban. Az időszak legvégén gyenge hidegfronti hatás várható, sokaknál fejfájás, szív és érgörcsök léphetnek fel.

Mezőgazdasági meteorológia

Előreláthatólag sem tartós eső, sem hosszantartó borús idő nem gátolja a gyümölcsök, szőlő érését. A kerti és szántóföldi munkákat sem akadályozza az időjárás

A pénteki előrejelzés sikeressége : 4

LÉGSZENNYEZŐDÉS a nagyvárosok belvárosaiban kissé csökken.

túlnyomóan	überwiegend
derült (-ek)	heiter
száraz (-ak)	trocken
számít (-ott, -son, -ana)	rechnen
hajnal (-ok, -t, -a)	Morgen
lehűl (-t, -jön, -ne)	sich abkühlen
levegő (-t, -je)	Luft
nappal	tagsüber
(fel-)melegedés (-ek, -t, -e)	Erwärmung
erősödik (-ött, -jön, -ne)	sich verstärken, kräftiger werden
a hét elején	zum Wochenbeginn
felhő (-k, -t, -je)	Wolke
csapadék (-ok, -ot, -a)	Niederschlag
valószínű (-ek) (Adj.)	wahrscheinlich
eső (-t, -je)	Regen
zápor (-ok, -t, -a)	Schauer
kialakul (-t, -jon, -na)	sich herausbilden, entstehen
csúcsérték	Höchstwert
csúcs (-ok, -ot, -a)	Gipfel
mérséklődik (-ött, -jön, -ne)	sich mäßigen/mindern
eleinte	anfangs
orvosmeteorológia (́-t, ́-ja)	Gesundheitsmeteorologie
időszak (-ok, -ot, -ja)	Zeitraum
fronthatás	Wirkung einer Schlechtwetterfront
(hideg/meleg-)front (-ok, -ot, -ja)	Kalt-/Warmfront
hatás (-ok, -t, -a)	Wirkung
csípős (-ek)	scharf (Wind; Speise)
követ (-ett, kövessen, -ne)	(ver-)folgen
szükséges (-ek)	notwendig
réteges öltözködés	mehrschichtige Bekleidung (mehrere Kleidungsstücke übereinander)
réteg (-ek, -et, -e)	Schicht
öltözködés (-ek, -t, -e)	Bekleidung
hajlamas vmire (Adj.)	zu etwas neigen
megfázás (-ok, -t, -a)	Erkältung
kihasznál (-t, -jon, -na)	ausnutzen
tartózkodik (-ott, -jon, -na)	sich aufhalten
fejfájás (-ok, -t, -a)	Kopfschmerzen
szív (-ek, -et, -e)	Herz
érgörcs	Gefäßkrampf
ér (erek, eret, ere)	Blutgefäß, Ader
görcs (-ök, -öt, -e)	Krampf
fellép	auftreten
lép (-ett, -jen, -ne)	treten, schreiten
előreláthatólag	voraussichtlich
hosszantartó (-ak)	lang andauernd
borús (-ak)	trübe (Himmel)
gátol (-t, -jon, -na)	behindern, beeinträchtigen
érés (-ek, -t, -e)	Reifwerden, das Reifen
érik (-ett, -jen, -ne)	reifen
akadályoz (-ott, -zon, -na)	behindern, beeinträchtigen
előrejelzés (-ek, -t, -e)	Vorhersage
sikeresség (-ek, -et, -e)	Erfolg, Erfolgsrate
légszennyeződés (-ek, -t, -e)	Luftverschmutzung
állítólag	angeblich
fúj (-t, -jon, -na)	blasen
felhősödik (-ött, -jön, -ne)	sich bewölken
köd (-öt, -je)	Nebel
hó (havat, hava)	Schnee
havazik (-ott, -zon, -na)	schneien
jégeső (-k, -t)	Hagel
derűs (-ök)	heiter; sonnig
derűlátó (-k, -t, -ja)	Optimist; optimistisch
optimista (́-k, ́-t, ́-ja)	Optimist; optimistisch
borult (-ak)	bedeckt (Himmel)
borúlátó (-k, -t, -ja)	Pessimist; pessimistisch
pesszimista (́-k, ́-t, ́-ja)	Pessimist; pessimistisch
vizes (-ek)	naß
szám (-ok, -ot, -a)	Zahl
számol (-t, -jon, -na)	zählen
számla (́-k, ́-t, ́-ja)	Rechnung
kora délután	am frühen Nachmittag
korán	früh, zeitig
éjjel (-ek, -t, -e)	Nacht; nachts
vers (-ek, -et, -e)	Gedicht

21B Nyelvtan (Grammatik)

1. Das Suffix -lag/leg

Valószínűleg rossz idő lesz.   *Wahrscheinlich wird schlechtes Wetter.*

Das Suffix **-lag/leg** steht bis auf wenige Ausnahmen nur nach Adjektiven auf **-ú** oder **-i** sowie nach Partizipien auf **-ó/ő**. Mit **-lag/leg** suffigierte Adjektive können zu selbständigen Adverbien werden, z. B.:

valószínűleg	*wahrscheinlich*
viszonylag	*verhältnismäßig, relativ*
főleg	*hauptsächlich*
esetleg	*möglicherweise*
eredetileg	*ursprünglich*
jelenleg	*momentan*
állítólag	*angeblich*

2. Die Suffixe -nként, -nta/nte und -képp(en)

Diese drei Suffixe stehen (wie **-stul/stül**, vgl. 19B4) nur an Substantiven im Nominativ Singular ohne Personalsuffix.

A Dunántúlon **helyenként** eső, záporeső várható.
*In Transdanubien sind **örtlich** Regen und Schauer zu erwarten.*

Konsonantisch auslautende Wörter erhalten vor **-nként** den Bindevokal **-a-**, **-o-**, **-e-** oder **-ö-**.

Beispiele:

ház + -a	+ -nként	→	**házanként**
Haus			*pro/je Haus*
asztal + -o	+ -nként	→	**asztalonként**
Tisch			*pro/je Tisch*
fej + -e	+ -nként	→	**fejenként**
Kopf			*pro Kopf*
város + -o	+ -nként	→	**városonként**
Stadt			*pro/je Stadt*
ország + -o	+ -nként	→	**országonként**
Land			*pro/je Land*
család + -o	+ -nként	→	**családonként**
Familie			*pro/je Familie*
személy + -e	+ -nként	→	**személyenként**
Person			*pro Person*

reggelenként	(all-)morgentlich
naponként	pro Tag, täglich
percenként	pro Minute; aller Minuten
időnként	von Zeit zu Zeit, zeitweise
hónaponként	pro Monat, monatlich
csütörtökönként	jeden Donnerstag, donnerstags

Das Suffix -**nta/nte** hat die gleiche Funktion wie -**nként** in temporaler Bedeutung. Es kommt allerdings nur an bestimmten Substantiven vor, z.B.:

naponta	täglich, pro Tag
évente	jährlich, pro Jahr
hetente	wöchentlich, pro Woche
két hetente	alle(r) zwei Wochen
havonta	monatlich, pro Monat

Das Suffix -**képp** oder -**képpen** kennzeichnet Modal- oder Zustandsbestimmungen. Es wird ähnlich dem Suffix -**ként** (vgl. 15B2) verwendet, z.B.:

Ajándékként/ajándékképpen hoztam a gyerekeknek csokoládét.
Als Geschenk habe ich den Kindern Schokolade mitgebracht.
Én **másképpen** gondolkodom, mint te.   *Ich denke **anders** als du.*

Auch mit diesem Suffix entstehen selbständige Adverbien, z.B.:

tulajdonképpen	eigentlich

3. Die Fragepartikeln vajon, -e und ugye

Beachten Sie auch die Wortmelodie!

Entscheidungsfrage ohne Partikel:

Lesz eső a Dunántúlon?
Wird es in Transdanubien Regen geben?

Entscheidungsfrage mit **vajon**:

Vajon lesz eső a Dunántúlon?
*Wird es **denn/wohl** in Transdanubien Regen geben?*

Vajon ist ein undeklinierbares selbständiges Wort.

21B/21C

Entscheidungsfrage mit **-e**; die Satzmelodie ist wie beim Aussagesatz:

Lesz-e eső a Dunántúlon?
Ob es in Transdanubien Regen geben wird?
Das **-e** steht mit Bindestrich am Prädikat.

Die Partikel **ugye** *nicht wahr* drückt die Erwartung einer positiven Antwort aus, z.B.:

Ugye, szép idő lesz a hét végén?
Nicht wahr, am Wochenende wird schönes Wetter?
Ugye bildet einen in Kommas eingeschlossenen Teilsatz.

21C Nyelvhasználat (Sprachgebrauch)

1. Az időjárás jelenségei

Süt a nap.　　Fúj a szél.　　Felhősödik.　　Köd van.

Esik (az eső).　　Esik a hó./Havazik.　　Jégeső van.

2. Ellentétek

derült/derűs *heiter* ≠ **borult/borús** *trübe; betrübt*
derűlátó/optimista ≠ **borúlátó/pesszimista**
száraz *trocken* ≠ **nedves** *feucht* / **vizes** *naß*
vminek az **eleje** *Anfang* ≠ vminek a **vége** *Ende*

3. Szócsaládok

szám Zahl	számol zählen	számla Rechnung
	számít rechnen	számítógép Computer
		időszámítás Zeitrechnung

vég Ende	(el-)végez beenden, absolvieren	végre endlich
		végig bis zu Ende (Präfix)
a hét vége Wochenende		
végtag (Sg.) Extremitäten, Glieder		végtelen endlos
végződés Endung, Suffix		

| erő Kraft | erős kräftig, stark | (meg-)erősödik stärker werden |
| | erőtlen kraftlos | |

| siker Erfolg | sikeres erfolgreich | sikeresség Erfolg(srate) |
| sikerül Erfolg haben | sikertelen erfolglos | |

4. Rektionen

> vki **hajlamos** vmire
> *jmd. neigt zu etwas*

Különösen a kisgyerekek hajlamasabbak ilyenkor a megfázásra.
Besonders die Kleinkinder neigen in dieser Zeit verstärkt zur Erkältung.

> vki **tartózkodik** vhol
> *jmd. hält sich irgendwo auf*

Tartózkodjunk minél többet a szabadban.
Halten Sie sich (wörtl.: wir uns) so viel wie möglich im Freien auf.

21C

> vki/vmi **akadályoz/gátol** vkit/vmit
> jmd./etwas behindert/beeinträchtigt jmdn./etwas

Borús idő gátolja a gyümölcsök érését.
Trübes Wetter beeinträchtigt das Reifen des Obstes.
A kerti és szántóföldi munkákat sem akadályozza az időjárás.
Auch die Arbeiten im Garten und auf dem Feld werden vom Wetter nicht beeinträchtigt.

> vki/vmi **akadályoz/gátol** vkit vmiben
> jmd./etwas behindert/beeinträchtigt jmdn. bei etwas

Az eső akadályozta/gátolta Pétert a kerti munkában.
Der Regen behinderte Peter bei der Gartenarbeit.

5. A tart ige jelentései

vmit:	Péter táskát tart a kezében.
	Peter **hält** eine Tasche in der Hand.
	Állatokat tartanak.
	Sie **halten** Tiere.
szavát:	Péter tartja a szavát.
	Peter **hält** Wort.
vki vmit vmilyennek:	Ezt a fejlődést nem tartjuk jónak.
	Diese Entwicklung **halten** wir nicht für gut.
vmi vmeddig:	Meddig tart a rossz idő?
	Wie lange **dauert** das schlechte Wetter?
vki vmitől:	Attól tartok, hogy holnap esni fog.
	Ich **fürchte**, morgen wird es regnen.
vhol:	Hol tartottunk?
	Wo **waren** wir **stehengeblieben**?

6. Zusammenfassung der Zeitadverbien

(nap *Tag*) nappal   *tagsüber*
(hajnal *Morgen*) hajnalban, (reggel *Morgen*) reggel   *morgens*
(délelőtt *Vormittag*) délelőtt   *vormittags*
kora/késő délelőtt   *am frühen/späten Vormittag*
(dél *Mittag*) délben   *mittags*
(délután *Nachmittag*) délután   *nachmittags*
kora/késő délután   *am frühen/späten Nachmittag*
(este *Abend*) este   *abends*

kora/késő este   *am frühen/späten Abend*
(éjszaka *Nacht*) éjszaka, (éjjel *Nacht*) éjjel   *nachts*
(éjfél *Mitternacht*) éjfélkor   *um Mitternacht*
Éjjel-nappal dolgozol.   *Du arbeitest Tag und Nacht.*

7. **Kora, korán** *früh*, **korábban** *früher*

als Attribut:
kora délelőtt   *früher Morgen; am frühen Morgen*
kora délután   *früher Nachmittag; am frühen Nachmittag*
kora este   *früher Abend; am frühen Abend*
kora tavasz   *Vorfrühling*
kora nyár   *Frühsommer*
kora ősz   *früher Herbst*

als Prädikat:
Még korán van.   *Es ist noch früh.*

als Adverbialbestimmung:
Gyertek korábban!   *Kommt früher!*

8. Egy vers *(ein Gedicht)*

(Forrás: Petőfi Sándor összes költeményei, I. k., Szépirodalmi könyvkiadó, 1978, 93. od.)
© *Aufbau-Verlag Berlin und Weimar 1973*

Érik a gabona

Érik a gabona,
Melegek a napok,
Hétfőn virradóra
Aratásba kapok.

Érik szerelmem is,
mert forró a szivem;
Légy te aratója,
Édes egyetlenem!

(Petőfi Sándor, 1843)

Reif ist das Getreide

Reif ist das Getreide,
und die Sonne glüht,
Montag in der Frühe
ziehn wir aus zum Schnitt.

Reif ist meine Liebe,
heiß begehr ich dich,
Schnitterin, du süße,
komm und ernte mich.

(Nachdichtung: Martin Remané)

21D

21D Gyakorlatok (Übungen)

1. Írja le a várható időjárást!

2. Írja be a megfelelő időhatározószókat!
   (Setzen Sie die entsprechenden Zeitadverbien ein!)

   ▪ **Példa:** **(Nap) meleg idő lesz. – Nappal meleg idő lesz.**

   (Hajnal) fúj a szél. (Reggel) mindenki siet. (Kora délelőtt) a legjobban tudok dolgozni. (Dél) pihennünk kell. (Késő délután) bevásárolok. (Este) otthon szoktam lenni. Néha (éjfél) is olvasok még. (Késő este) lefekszünk. (Éjszaka) alszunk. A vizsga előtt (Tag und Nacht) tanulnak a diákok.

3. Milyen gyümölcsök, zöldségek magyar nevét ismeri?

   ▪ **Példa:** **Ismerem az almát, ...**

4. **Valószínűleg, viszonylag, főleg, esetleg, jelenleg** vagy **állítólag**? Töltse ki!

   110 Ft ezért a könyvért, ez ... olcsó. ... nyáron nagyon sokan vannak a Balaton mellett. Ősszel ... Magyarországon leszünk (úgy tervezünk). Akkor ... találkozhatunk (ha te is ott vagy). ... nemcsak nyáron van kellemes idő Magyarországon, hanem ősszel is (azt mondják).

21D

5. **Fejenként, országonként** vagy **családonként**? Töltse ki!
   ... különböző szokások vannak. ... egy lakásra van szükség. 15 deka húst veszünk ...

6. **Naponként, óránként, időnként** vagy **vasárnaponként**? Töltse ki!
   A néni ... templomba jár. A nagyvárosok között ... járnak gyorsvonatok. Nem gyakran, de ... meglátogatjuk a barátainkat. ... elolvassuk az újságot.

7. **Évente, hetente, havonta** vagy **naponta**? Töltse ki!
   ... egyszer van karácsony. ... háromszor eszünk. Folyóiratokat ... vagy ... veszünk.

8. Írja be a „**szám**" szócsalád szavait!
   (Setzen Sie Wörter aus der Wortfamilie „szám" ein!)
   Mindenki szeret pénzt ... A pincér hozza a ... A hét végén meleg idővel ... (mi).

9. Írja be a „**vég**" szócsalád szavait!
   (Setzen Sie Wörter aus der Wortfamilie „vég" ein!)
   ... itt vagytok! Péter még nem ... az egyetemet. Mit csináltok a hét ...?

10. Írja be az „**erő**" szócsalád szavait!
    (Setzen Sie Wörter aus der Wortfamilie „erő" ein!)
    A beteg még egy kicsit ... Minden fiú ... szeretne lenni. Ma délután ... a szél.

11. Írja be a „**siker**" szócsalád szavait!
    (Setzen Sie Wörter aus der Wortfamilie „siker" ein!)
    ... volt a vizsga? – Nem, sajnos ... volt. Sok ... kívánok!

12. *Sprechen Sie die folgenden Entscheidungsfragen laut nach. Zunächst ohne Partikel, dann mit **vajon, -e** und **ugye**. Achten Sie auf die richtige Intonation!*
    Szép idő lesz a hét végén? Budapesten esik az eső? Télen sokat havazott? Angliában gyakran van köd? Erősen fúj a szél kint?

13. Beszélgessenek a légszennyeződésről! Hol erősebb, hol kevésbé erős a légszennyeződés? Mit kellene a légszennyeződés ellen csinálni?

22A

22A Szöveg (Text)

Két európai rangú magyar szobrász

*(Források: P. Brestyánszky Ilona: Kovács Margit, Corvina kiadó, Budapest 1976.
Harangozó Márta: Varga Imre, A rézkarcoló művészek alkatóközösségének kiadása, Budapest 1989.)*

Kovács Margit 1902-ben született Győrben. Jövő-menő falusiak, nehéz csomagokat cipelő asszonyok, állatokat szállító szekerek, a piac vidámsága voltak jellemzőek erre a századeleji magyar kisvárosra. Ezek a gyermekkori emlékei átalakítva jelennek meg későbbi műveiben. Abban az utcában, ahol gyermekéveit töltötte, egy kályhásmester is lakott. Ő ismertette meg vele az agyagot meg a korongot. Akkor persze még nem tudta, hogy ennek milyen nagy jelentősége lesz az eljövendő életében.

Édesapja korai halála miatt már gyermekkorában megismerkedett az anyagi gondokkal. Édesanyja sok áldozatot vállalva lehetővé tette, hogy Budapesten tanulhasson. Később Bécsben, majd Münchenben, a Staatsschule für Angewandte Kunstban, folytatta tanulmányait.

Pólyázó Madonna

Münchenből hazatérte után Budapesten bérelt egy kis lakást, melynek konyhájában dolgozott. Fiatal iparművészként edényeket, dísztárgyakat, vázákat, gyertyatartókat, lámpákat készített.

Érett művészetének fő témája viszont az ember. Vissza-visszatérő motívumai: női figurák, az anya gyermekével, bibliai jelenetek, a magyar történelem alakjai. A húszas évek második felében a magyar zenében, de az irodalomban és a képzőművészetben is újra megjelenik a népiesség. A magyar népművészet Kovács Margit munkájára is nagy hatást gyakorolt. Műveit 1935 óta önálló kiállításokon mutatták be. A harmincas évektől kezdve végre anyagi gondoktól mentesen élhetett.

Aki ma akarja műveit látni, különböző középületekben talál rá. Például a hegyeshalmi határállomáson, vagy a Déli pályaudvaron. Legnagyobb állandó kiállítása a Kovács Margit gyűjtemény Szentendrén. Szentendrén töltötte élete utolsó éveit. Ott halt meg 1977-ben.

Teljesen más műfajt csodálhatunk meg **Varga Imre** szobraiban. Köztéri műveit legtöbbször talajszintre helyezi, hogy a néző közvetlenül felvehesse vele a kapcsolatot. Ha például Dunaújvárosban járunk, Bartók Bélával és Kodály Zoltánnal, a két nagy magyar zeneszerzővel, „találkozhatunk", akik éppen ott jönnek le a lépcsőn. Pécsen viszont Liszt Ferenc néz le az egyik erkélyről. És aki a debreceni egyetemet látogatja meg, a főépület mellett egy hatalmas fa alatt találja meg a „Professzort", aki fáradtan, de méltóságteljesen ül egy karosszékben, mellette az asztalon könyv és gyertyatartó. Nyilvánvalóan egész éjszaka dolgozott a professzor.

Varga Imre állandó kiállítása Óbudán, mégpedig a kerület szép régies részében tekinthető meg. Az oda érkező látogató az óbudai Fő téren látja a művész egyik legszebb alkotását: négy századeleji hölgy, kezükben retikül, fejük fölött esernyő. Kicsit impresszionisztikus, kicsit nosztalgikus és különösen hangulatos ez a kompozíció, címe: „Várakozók".

Várakozók (1985)

22A

európai rangú	von europäischem Rang	újra	von neuem
rang (-ok, -ot, -ja)	Rang	népiesség (-ek, -et, -e)	Volkstümlichkeit
szobrász (-ok, -t, -a)	Bildhauer	népművészet (-ek, -et, -e)	Volkskunst
falusi (-ak, -t, -ja)	Dorfbewohner, Mensch vom Lande	gyakorol (-t, -jon, -na)	üben
cipel (-t, -jen, -ne)	schleppen	önálló (-ak)	selbständig
szállít (-ott, -son, -ana)	transportieren	bemutat (-ott, -mutasson, -na)	vorstellen
szekér (szekerek, szekeret, szekere)	Fuhrwerk	kiállítás (-ok, -t, -a)	Ausstellung
vidámság (-ok, -ot, -a)	Fröhlichkeit	mentes (-ek)	frei von
vidám (-ak)	fröhlich	Pólyázó Madonna	Madonna, ihr Kind wickelnd
jellemző (-ek)	charakteristisch	középület	öffentliches Gebäude
századeleji (-ek)	vom Anfang des Jahrhunderts	épület (-ek, -et, -e)	Gebäude
		rátalál (-t, -jon, -na)	darauf stoßen
századelő (-k, -t, -eleje)	Jahrhundertanfang	gyűjtemény (-ek, -t, -e)	Sammlung
gyermekkor (= gyerekkor)	Kindheit	gyűjt (-ött, -sön, -ene)	sammeln
		utolsó (-ak)	letzte(r/s)
átalakít (-ott, -son, -ana)	umgestalten	teljesen	völlig
megjelenik (-t, -jen, -ne)	erscheinen	teljes (-ek)	vollständig
tölt (-ött, -sön, -ene)	verbringen	műfaj (-ok, -t, -a)	Kunstgattung
kályhásmester	Ofensetzermeister	megcsodál (-t, -jon, -na)	bewundern
kályha (´-k, ´-t, ´-ja)	Ofen		
mester (-ek, -t, -e)	Meister	szobor (szobrok, szobrot, szobra)	Plastik, Statue
agyag (-ot, -ja)	Lehm, Ton(erde)		
korong (-ok, -ot, -ja)	Töpferscheibe	köztér (-terek, -teret, -tere)	öffentlicher Platz
halál (-t, -a)	Tod		
megismerkedik (-ett, -jen, -ne)	bekannt werden, sich bekannt machen	talajszinten, -re	zu ebener Erde
		szint (-ek, -et, -je)	Niveau
anyagi gondok	materielle Sorgen	helyez (-ett, -zen, -ne)	plazieren
anyag (-ok, -ot, -ja)	Stoff, Material	közvetlen (-ek)	unmittelbar
gond (-ok, -ot, -ja)	Sorge	kapcsolat (-ok, -ot, -a)	Verbindung
áldozat (-ok, -ot, -a)	Opfer	zeneszerző (-k, -t, -je)	Komponist
vállal (-t, -jon, -na)	übernehmen, auf sich nehmen	lépcső (-k, -t, -je)	Treppe
		erkély (-ek, -t, -e)	Balkon; Rang (Theater)
hazatér (-t, -jen, -ne)	heimkehren		
bérel (-t, -jen, -ne)	mieten	hatalmas (-ak)	mächtig
lakbér (-ek, -t, -e)	Miete	méltóságteljes (-ek)	würdevoll
iparművész	Kunsthandwerker	karosszék (-ek, -et, -e)	Lehnstuhl
ipar (-ok, -t, -a)	Industrie	nyilvánvaló (-ak)	offensichtlich
művész (-ek, -t, -e)	Künstler	mégpedig	und zwar
edény (-ek, -t, -e)	Gefäß	régies (-ek)	altertümlich
dísztárgy (-ak, -at, -a)	Schmuckgegenstand	megtekint (-ett, -sen, -ene)	sich ansehen, betrachten
gyertyatartó (-k, -t, -ja)	Kerzenhalter; -ständer	alkotás (-ok, -t, -a)	Werk
gyertya (´-k, ´-t, ´-ja)	Kerze	retikül (-ök, -t, -je)	Handtasche
művészet (-ek, -et, -e)	Kunst	esernyő (-k, -t, -je)	Regenschirm
visszatér (-t, -jen, -ne)	wiederkehren, zurückkehren	impresszionisztikus (-ak)	impressionistisch
		nosztalgikus (-ak)	nostalgisch
motívum (-ok, -ot, -a)	Motiv	hangulatos (-ak)	stimmungsvoll
figura (´-k, ´-t, ´-ja)	Figur	kompozíció (-k, -t, -ja)	Komposition
Biblia (´-k, ´-t, ´-ja)	Bibel	cím (-ek, -et, -e)	Titel; Adresse
jelenet (-ek, -et, -e)	Szene	várakozik (-ott, -zon, -na)	warten; parken
alak (-ok, -ot, -ja)	Gestalt, Figur		
képzőművészet (-ek, -et, -e)	bildende Kunst		

22A/22B

meghív (-ott, -jon, -na)	einladen	esküvő (-k, -t, -je)	Trauung
házasságkötő terem	Standesamt, Trauzimmer	szomorú (-ak)	traurig
		múzeum (-ok, -ot, -a)	Museum
házasságot köt	die Ehe schließen	vélemény (-ek, -t, -e)	Meinung
házasság (-ok, -ot, -a)	Ehe	veszélyes (-ek)	gefährlich
köt (-ött, kössön, -ne)	binden	veszély (-ek, -t, -e)	Gefahr
terem (termek, termet, terme)	Raum, Saal		

22B Nyelvtan (Grammatik)

1. Das Partizip Futur

Akkor még nem tudta, hogy ennek milyen nagy jelentősége lesz az **eljövendő** életében.
Damals wußte sie noch nicht, welch große Bedeutung das für ihr kommendes Leben haben wird.

Das Partizip Futur drückt eine in Zukunft eintretende Handlung aus. Es wird mit dem Suffix **-andó/endő** gebildet.

Beispiele:

van/lesz	→	a **leendő** férjem	*mein zukünftiger Ehemann*
megtanul	→	a **megtanulandó** szavak	*die zu lernenden Wörter*
megír	→	a **megírandó** levél	*der zu schreibende Brief*
tesz	→	Mi a **teendő**?	*Was ist zu tun?*
tart	→	Gyermekek elől elzárva **tartandó**!	
		Vor Kindern verschlossen aufzubewahren!	
meghal	→	Minden ember **halandó**.	*Jeder Mensch ist sterblich.*
marad	→	**maradandó** emlék	*bleibende Erinnerung*

Oft kann das Partizip Futur mit einem Nebensatz umschrieben werden, z.B.:

a leendő férjem = az, aki a férjem lesz
a megtanulandó szavak = a szavak, amelyeket meg kell tanulni
a megírandó levél = a levél, amelyet meg kell írni
Mi a teendő? = Mit kell tenni?

2. Das Partizip Präteritum mit Personalsuffix

Münchenből való **hazaérte** után   *nach ihrer Rückkehr aus München*

22B

In der gehobenen Sprache kann das Partizip Präteritum (vgl. 14B2) mit Possessivsuffix verwendet werden, z.B.:

> az én **építettem** ház das von mir gebaute Haus
> a te **építetted** ház das von dir gebaute Haus
> usw.

Diese Konstruktionen lassen sich stets mit einem Nebensatz umschreiben:

> Miután Münchenből hazatért, ...
> A ház, amit én építettem, ...
> usw.

3. Zusammenfassung der Partizipien

	Partizip Präsens	Partizip Präteritum	Partizip Futur	adverbiales Partizip
Suff.	-ó/ő	-t/tt	-andó/endő	-va/ve
Bedeutung	verlaufende Handlung	abgeschlossene Handlung	künftige Handlung	parallel verlaufende Handlung
Funktion/ Beispiel	Attribut: olvasó lány *lesendes Mädchen* als Substantiv: olvasó *Leser*	Attribut: olvasott könyv *gelesenes Buch* mit Poss.-suffix: Münchenből való hazatérte után *nach ihrer Rückkehr aus München*	Attribut: olvasandó könyv *zu lesendes Buch*	Adverbialbestimmung: olvasva ülnek *sie sitzen lesend*
vgl.:	12B4	14B2	22B1	20B2

22C Nyelvhasználat (Sprachgebrauch)

1. Meghívó

Glatz Csilla és Korompai Gábor

Szeretettel meghívjuk Önt és kedves családját 1993. május 8-án 16.00 órakor a XI. ker. Gellért téri házasságkötő teremben tartandó esküvőnkre.

Táviratcím: Glatz Csilla 1063 Budapest, Kmety u. 2.

2. Ellentétek

vidám *fröhlich* ≠ szomorú *traurig*
boldog *glücklich* ≠ boldogtalan *unglücklich*

3. Több jelentésű szavak

anyag: a szobor anyaga   das **Material** der Plastik
ruhaanyag   Kleider**stoff**
a múzeum anyaga   der **Bestand/Fundus** des Museums
az anyag megmaradása   das Erhaltenbleiben der **Materie**

vállal: munkát vállal   Arbeit **übernehmen**
áldozatot vállal   Opfer **auf sich nehmen**
vállalja a költséget   die Kosten **übernehmen**

22C

köz-:
közélet *öffentliches* Leben
közvélemény *öffentliche* Meinung
középület *öffentliches* Gebäude
köztér *öffentlicher* Platz
közismert *allgemein* bekannt
község **Gemeinde**
hétköznap **Werktag, Alltag**
közveszélyes *gemein*gefährlich
közhely *Allgemein*platz

4. Rektionen

> vki **megismertet** vkivel vmit
> *jmd. macht jmdn. mit etwas bekannt*

Ő ismertette meg vele az agyagot meg a korongot.
Er machte sie mit der Tonerde und der Töpferscheibe bekannt.

> vki **megismerkedik** vmivel/vkivel
> *jmd. wird (macht sich) mit etwas/jmdm. bekannt*

Már gyermekkorában megismerkedett az anyagi gondokkal.
Schon während der Kindheit wurde sie mit materiellen Sorgen konfrontiert (bekannt).

> vmi/vki **hatást gyakorol** vmire/vkire
> *etwas/jmd. hat (übt) Einfluß auf etwas/jmdn. aus*

A magyar népművészet Kovács Margit munkájára is nagy hatást gyakorolt.
Die ungarische Volkskunst hatte auch auf die Arbeit von Margit Kovács großen Einfluß.

> vmi/vki **hatással van** vmire/vkire
> *etwas/jmd. hat Einfluß auf etwas/jmdn.*

A magyar népművészet Kovács Margit munkájára is nagy hatással volt.

> vki **vár** vkit/vmit/vkire/vmire
> *jmd. wartet auf jmdn./etwas*

Várom a barátnőmet. Várok a barátnőmre.
Ich warte auf meine Freundin.

> vki **várakozik** (vhol)
> *jmd. wartet/parkt (irgendwo)*

Várakozni tilos!   Megállni tilos!

5. Szócsaládok

ismer *kennen*	ismeret *Kenntnis*	ismert *bekannt*
ismertet *bekannt machen*	országismeret	ismeretlen *unbekannt*
	Landeskunde	ismerős *bekannt, vertraut*
	ismerős *Bekannte(r)*	

mű *Werk*	működik *funktionieren*
életmű *Lebenswerk*	
művész *Künstler*	
művészet *Kunst*	
földművelés *Ackerbau*	
jármű *Fahrzeug*	

hely *Platz*	helyez *plazieren*	helyett *anstelle*
munkahely *Arbeitsplatz*		
üdülőhely *Urlaubsort*		helyes *richtig*
közhely *Allgemeinplatz*		helytelen *unrichtig*

hang *Laut, Ton*	hangos *laut*
hangulat *Stimmung*	hangulatos *stimmungsvoll*

22D

22D Gyakorlatok (Übungen)

✱ 1. Olvassa el a 22A alatti szövegeket és feleljen a kérdésekre!
(Lesen Sie den Text unter 22A und beantworten Sie die Fragen!)
Mit cipeltek az asszonyok a századeleji magyar kisvárosban? Mit szállítottak a szekerek? Milyen tárgyakat készített Kovács Margit fiatal iparművészként? Melyek a vissza-visszatérő motívumai? Hol lehet a Kovács Margit gyűjteményt megtekinteni? Miért vannak talajszintre helyezve Varga Imre köztéri szobrai? Ki ez a három híres magyar zeneszerző, akiről Varga Imre szobrot készített? Budapest melyik részén van Varga Imre állandó kiállítása?

✱ 2. Meséljen önmagáról! *(Erzählen Sie über sich selbst!)*
Hol töltötte ön a gyermekkorát? Voltak már anyagi gondjai? Saját vagy bérelt lakása van? (Mennyi a lakbér?) Van a lakásának erkélye? Milyen művészeteket szeret? Melyik múzeumot vagy kiállítást szeretné megnézni?

✱ 3. Feleljen a kérdésekre! *(Beantworten Sie die Fragen!)*
Mi az ön címe? Mondja meg egy érdekes könyvnek a címét! Mondja meg egy hangulatos filmnek a címét! Mondja meg egy nosztalgikus operettnek a címét!

4. Töltse ki!

   Példa: Mi a (te) vélemény... a tévéről? –
   Mi a véleményed a tévéről?

Nekem mindig optimista vélemény... van. Mi a (te) vélemény... a mai fiatalok öltözködéséről? Mi a fiatalok vélemény... a házasságról? Mi a (önök) vélemény... a magyar üdülőhelyekről?

✱ 5. Feleljen a 4. alatti kérdésekre! *(Beantworten Sie die Fragen unter 4.!)*

6. Alakítsa át: *(Formen Sie um:)*

   Példa: Anna a leendő feleségem – Anna a feleségem lesz.

A gyümöcs hidegen tartandó. Még három megtanulandó lecke van. A leírt szó maradandó értékű.

7. Alakítsa át: *(Formen Sie um:)*

   Példa: az én készítettem pulóver –
   a pulóver, amelyiket én készítettem

   a fiúk fogta hal, az én kidolgoztam terv, az építész tervezte ház

8. Hova valóak a melléknévi igenevek? *(Wohin gehören die Partizipien?)*

   író, megírt, megírandó:
   A ... leveleket a postára visszük. A könyv vége még ... Ki ez az ... kislány?

   vállaló, elvállalt, vállalva:
   Kész van az ... fordításunk. Péter minden munkát ... ember. Ezt a nagy munkát ... mással nem tudok foglalkozni.

   szállító, szállított, szállítandó, szállítva:
   Állatokat ... szekerek jártak a városban. Állatokat ... mentek át a városon. A ... állatok szomjasok. A ... állatokat felrakják a szekérre.

9. Töltse ki!

   Már gyermekkoromban megismerkedtem a magyar nyelv... Sanyi bácsi megismertetett néhány magyar szó... Egy házibulin ismerkedtem meg a feleségem... A barátom egy érdekes lány... akart megismertetni.

23A

23A Szöveg (Text)

A magyar történelem és a borok

(Forrás: Halász Zoltán, Székely Ildikó: Borkönyv, Agroinform, Budapest, 1989, 133. od.)

Amikor a magyarok Kr. u. 896 körül a Kárpát-medencébe érkeztek, már ismerték a szőlőművelést és a borkészítést. Ott, ahol letelepültek, szintén már volt szőlő, amelyet eredetileg a rómaiak hoztak be.

1241/42-ben súlyos pusztításokat hozott a tatárjárás, többek között tönkretette a szőlőket is. IV. Béla király (1235–1270) az elnéptelenedett vidékekre külföldi telepeseket hívott be. Így kerültek Tokaj[1] vidékére olaszok, akik saját szőlőket hoztak magukkal, pl. a furmintot. Az újjáépült városok körül felvirágzott a szőlőkultúra. A budai[2], a soproni[3] és az egri[4] borok ekkor váltak híressé.

A reneszánszkorban, Mátyás király (1458–1490) uralkodása alatt, felvirágzott az egész ország: az ipar, a kereskedelem, a humanista műveltség és a művészet. A bor az élet elmaradhatatlan részévé vált. Mátyás király visegrádi[5] palotájában márvány szökőkút volt, amely ma is látható. Ebből a kútból ünnepek alkalmával folyt a bor.

A visegrádi palota márvány kútja

De a magyar reneszánsz-kornak tragikus vége lett, amikor a törökök 1526-ban Mohácsnál[6] legyőzték a magyarokat. Az országot három részre osztották fel: a középső terület a törököké lett, a nyugati és északi részek a Habsburgok „magyar királyságává"[7] váltak, csak Erdély[8] tarthatta meg viszonylagos függetlenségét. A török megszállta vidéken a bortermelés erősen csökkent, de soha nem szűnt meg teljesen.

1686-ban végre felszabadult Buda a török uralkodása alól. A törökök maguk után elnéptelenedett és pusztasággá vált vidékeket hagytak. Oda külföldről, különösen Németországból érkeztek telepesek, akik többek között szőlőket is telepítettek új lakóhelyükön. Rövid időn belül több vidéken felvirágzott a bortermelés, pl. a Duna és a Tisza között, a Balaton és Somló[9] körül.

A „magyar kúra"

A közmondás szerint „az Egri bikavér[10] – orvosságnál többet ér". Valóban már régóta gyógyszerként használták a bort. Például Nagy Frigyes porosz király[11] is betegsége után jó eredménnyel itta a Tokajit. Mai

23A

tudásunk szerint néhány magyar bor valóban gyógyborként egészítheti ki az orvosi kezeléseket. Pl. a somlói bor elősegíti az emésztést, fokozza az étvágyat, az Egri bikavér megnyugtatja a beleket, a Badacsonyi kéknyelű[12] és a Szürkebarát[13] erősíti a vérkeringést, a Tokaji aszú[14] súlyosabb betegség után elősegíti a gyógyulást.

Mihez mit igyunk?

Étkezés előtt száraz fehér bort igyunk. A leves után is fehér borok ajánlatosak, pl. Leányka[15] vagy Hárslevelű[16]. Borjúhúsokhoz fűszeres illatú borokat igyunk, pl. Traminit[17]. Marhahúsokhoz illik a rizling[18], sült húsokhoz az Egri bikavér. Paprikás csirkéhez Soproni kékfrankos[19] ajánlható, halételre rizling vagy Szürkebarát. Édesség után Tokaji édes szamorodni[20] felel meg, sajt, gyümölcs, feketekávé után viszont a Tokaji aszú.

A múlt század vége óta Magyarországon divatos a fröccs. Itt néhány fröccs-specialitás:

  a spriccer: két deci bor, egy deci szódavíz
  a kisfröccs: egy deci bor, egy deci szódavíz
  a hosszúlépés[21]: egy deci bor, két deci szódavíz
  a házmester[22]: három deci bor, két deci szódavíz

  Hát akkor: KEDVES EGÉSZSÉGÜKRE!

1 Tokaj: Hauptort des Tokajer Weinbaugebiets in Nordost-Ungarn
2 Buda: Historische Hauptstadt Ungarns. 1873 wurden Buda und Pest zu Budapest zusammengeschlossen.
3 Sopron: Stadt in Westungarn mit historischem Stadtkern; Zentrum des Soproner Weinbaugebiets.
4 Eger: Historisch bedeutsame Stadt in Nordungarn, Zentrum des gleichnamigen Weinbaugebiets, dt. auch *Erlau*.
5 Visegrád: Ort am Donauknie mit Ruine und Ausgrabungen des Palastes König Matthias'.
6 Mohács: Stadt in Südungarn, Ort der verhängnisvollen Schlacht, der die über 150 Jahre währende Türkenherrschaft folgte; bekannt aber auch durch die Mohácser Fastnacht.
7 Ungarisches Königreich innerhalb der Habsburger Monarchie
8 Erdély *Siebenbürgen*, gehört heute zu Rumänien
9 Somló: Zentrum des Somlóer Weinbaugebiets nördlich des Balaton
10 Egri bikavér *Erlauer Stierblut*
11 der Preußenkönig Friedrich der Große
12 Badacsonyi kéknyelű *Badacsonyer Blaustengel*
13 Badacsonyi szürkebarát *Badacsonyer Grauer Mönch*
14 Tokaji aszú: Tokajer Ausbruchwein
15 Leányka *Mädchentraube*
16 Hárslevelű *Lindenblättriger*
17 Tramini *Traminer*
18 rizling *Riesling*
19 Soproni kékfrankos *Soproner Blaufränkischer*
20 Tokaji édes szamorodni: Tokajer Weinsorte mit Ausbruchanteil
21 wörtl.: *langer Schritt*
22 wörtl.: *Hausmeister*

szőlőművelés (-ek, -t, -e)	Weinbau	orvosság (-ok, -ot, -a)	Medizin, Medikament (volkst.)
borkészítés (-ek, -t, -e)	Weinherstellung	valóban	in Wirklichkeit, tatsächlich
római (-ak, -t, -ja)	Römer/in		
súlyos (-ak)	schwerwiegend	gyógyszer (-ek, -t, -e)	Medikament
pusztítás (-ok, -t, -a)	Zerstörung, Verwüstung	betegség (-ek, -et, -e)	Krankheit
		kiegészít (-ett, -sen, -ene)	ergänzen
tatárjárás (-ok, -t, -a)	Tatarenfeldzug	kezelés (-ek, -t, -e)	Behandlung
tönkretesz (-tett, -tegyen, -tenne)	káputtmachen	elősegít (-ett, -sen, -ene)	befördern, begünstigen
elnéptelenedett (-ek)	entvölkert	emésztés (-ek, -t, -e)	Verdauung
vidék (-ek, -et, -e)	Land(strich)	fokoz (-ott, -zon, -na)	steigern
telepes (-ek, -t, -e)	Siedler	bél (belek, belet, bele)	Darm
szőlőfajta	Weinsorte	erősít (-ett, -sen, -ene)	stärken
fajta (-k, -́t, -́ja)	Sorte	vérkeringés (-ek, -t, -e)	Blutkreislauf
újjáépül (-t, -jön, -ne)	neu gebaut werden	vér (-t, -e)	Blut
felvirágzik (-ott, -virágozzon, -ana)	auf-/erblühen	gyógyulás (-ok, -t, -a)	Heilung
		étkezés (-ek, -t, -e)	Essen
reneszánszkor	Renaissance-Zeitalter	ajánlatos (-ak)	empfehlenswert
reneszánsz (-ot, -a)	Renaissance	ajánl (-ott, -jon, -ana)	empfehlen
kor (-ok, -t, -a)	Zeitalter	borjú (-k, -t, -ja)	Kalb
uralkodik (-ott, -jon, -na)	herrschen	fűszeres (-ek)	würzig
		fűszer (-ek, -t, -e)	Gewürz
kereskedelem (kereskedelmek, kereskedelmet, kereskedelme)	Handel	illat (-ok, -ot, -a)	Duft
		illik (-ett, -ene)	passen
humanista (-́k)	humanistisch	édesség (-ek, -et, -e)	Süßigkeit
műveltség (-ek, -et, -e)	Bildung, Kultur	sajt (-ok, -ot, -ja)	Käse
elmaradhatatlan (-ok)	unabdingbar	divatos (-ak)	modern
márvány (-ok, -t, -a)	Marmor	divat (-ok, -ot, -ja)	Mode
szökőkút (-kutak, -kutat, -ja)	Springbrunnen	specialitás (-ok, -t, -a)	Spezialität
		szódavíz (-vizek, -vizet, -vize)	Soda
tragikus (-ak)	tragisch		
török (-ök, -öt, -je)	Türke/Türkin, türkisch	mennyiség (-ek, -et, -e)	Quantität
(le-)győz (-ött, -zön, -ne)	(be-)siegen	minőség (-ek, -et, -e)	Qualität
		vállalat (-ok, -ot, -a)	Betrieb, Unternehmen
középső (-k)	mittlere(r/s)	gyár (-ak, -t, -a)	Fabrik
királyság (-ok, -ot, -a)	Königreich	kereset (-ek, -et, -e)	Verdienst, Gehalt, Lohn
megtart (-ott, -son, -ana)	behalten; beibehalten		
függetlenség (-ek, -et, -e)	Unabhängigkeit	fizetés (-ek, -t, -e)	Verdienst, Bezahlung, Lohn
megszáll (-t, -jon, -na)	besetzen; übernachten	pályaudvar (-ok, -t, -a)	Bahnhof
bortermelés	Weinproduktion	személyvonat (-ok, -ot, -a)	Personenzug
termelés (-ek, -t, -e)	Produktion		
megszűnik (-t, -jön, -ne)	aufhören	sebesvonat	Eilzug
		gyorsvonat	Schnellzug
felszabadul (-t, -jon, -na)	sich befreien	vágány (-ok, -t, -a)	Bahnsteig
telepít (-ett, -sen, -ene)	ansiedeln	gyógyszertár (-ak, -t, -a)	Apotheke
kúra (-k, -́t, -́ja)	Kur	patika (-́k, -́t, -́ja)	Apotheke
közmondás (-ok, -t, -a)	Sprichwort		

23B

23B Nyelvtan (Grammatik)

Einige Wortbildungssuffixe der Substantive

-ás/és

Verb → Substantiv, oft mit abstrakter Bedeutung, z.B.:

áll *stehen* → állás *Stellung, Arbeitsstelle*
ül *sitzen* → ülés *Sitz; Sitzung*

Weitere Beispiele:

beszélgetés *Gespräch*, kilátás *Aussicht*, írás *Schrift*, evés *Essen*, ivás *Trinken*, tudás *Wissen*, érzés *Gefühl*, közmondás *Sprichwort*, szokás *Brauch*, létezés *Existenz*, érkezés *Ankunft*, indulás *Abfahrt*, fizetés *Bezahlung*, fejlődés *Entwicklung*, változás *Veränderung*, feltalálás *Erfindung*, foglalkozás *Beschäftigung*, fordítás *Übersetzung*, kirándulás *Ausflug*, fogadás *Empfang*, döntés *Entscheidung*, ízlés *Geschmack*

-ság/ség

verschiedene Wortarten → Substantive mit abstrakter oder zusammenfassender Bedeutung, z.B.:

szabad *frei* → szabadság *Freiheit*
rokon *verwandt* → rokonság *Verwandtschaft*

Weitere Beispiele:

zöldség *Gemüse*, szépség *Schönheit*, egészség *Gesundheit*, orvosság *Medizin*, többség *Mehrheit*, édesség *Süßigkeit*, mennyiség *Quantität*, kívánság *Wunsch*, királyság *Königreich*, magasság *Höhe*, szélesség *Breite*, nagyság *Größe*, síkság *Ebene*, apróság *Kleinigkeit*, képesség *Fähigkeit*, nehézség *Schwierigkeit*, alaposság *Gründlichkeit*, segítség *Hilfe*, házasság *Ehe*

-at/et

Verb oder Substantiv → Substantiv mit abstrakter Bedeutung; bezeichnet oft das Ergebnis einer Handlung, z.B.:

ír *schreiben* → irat *Schriftstück*
művész *Künstler* → művészet *Kunst*

23B/23C

Weitere Beispiele:

tudat *Bewußtsein*, akarat *Wille*, találat *Treffer*, kereset *Verdienst, Gehalt*, fordulat *Wende*, építészet *Architektur*, ismeret *Kenntnis*, használat *Gebrauch*, élet *Leben*, halászat *Fischfang*, vadászat *Jagd*, tapasztalat *Erfahrung*, vállalat *Betrieb, Unternehmen*

-alom/elem/dalom/delem

Verb → Substantiv mit abstrakter Bedeutung, z. B.:

    tart *halten* → tartalom *Inhalt*
    fáj *schmerzen* → fájdalom *Schmerz*

Weitere Beispiele:

történelem *Geschichte*, védelem *Schutz*, irodalom *Literatur*

23C Nyelvhasználat (Sprachgebrauch)

1. Ankunft und Abfahrt

A vonat/a busz/a repülő ... óra ... perckor indul/érkezik.
a vonat/a busz/a repülő indulása/ érkezése indulási idő/érkezési idő
A 7-es busz indulási idejei:

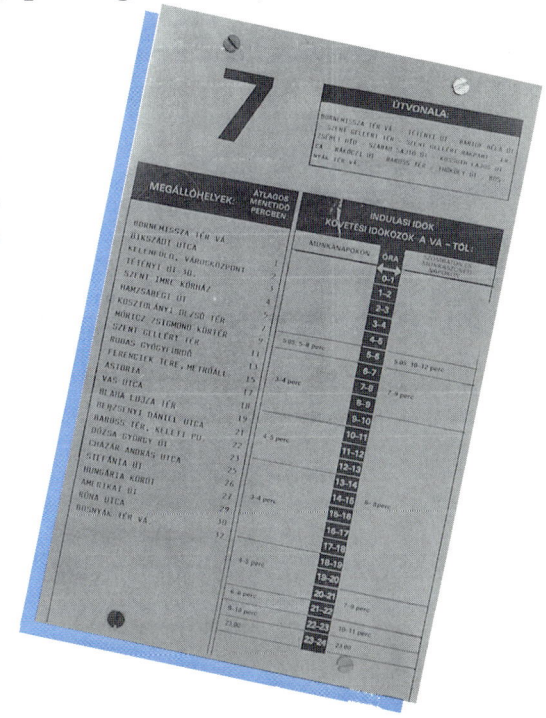

23C

2. Mennyiség *Quantität* **és minőség** *Qualität*

a bor mennyisége: 10 liter, minősége: nagyon jó

3. Vállalat ≈ cég ≈ gyár

vállalat *Betrieb, Unternehmen*;
ipari vállalat *Industriebetrieb*
cég *Firma*
A Parker-cég megvásárolta a golyóstoll szabadalmát.
Die Firma Parker kaufte das Patent für den Kugelschreiber.
gyár *Fabrik*
A munkások gyárban dolgoznak. *Die Arbeiter arbeiten in einer Fabrik.*

4. Kereset ≈ fizetés

kereset *Lohn, Gehalt, Verdienst*; havi kereset *Monatslohn*
keres *verdienen*: Mennyit keresel? *Wieviel verdienst du?*
fizetés *Lohn, Gehalt, Verdienst, Bezahlung*; fizetésemelés *Gehaltserhöhung*

5. A pályaudvaron

személyvonat — sebesvonat — gyorsvonat

6. **Gyógyszert, orvosságot a gyógyszertárban kapunk:**

Oft verwendet man auch anstelle des ungarischen Wortes **gyógyszertár** die Bezeichnung **patika**.

7. **Empfehlungen**

Unter der Überschrift „Mihez mit igyunk" (23A) finden Sie verschiedene Möglichkeiten, eine Empfehlung zu formulieren, z.B.:

– im Imperativ:
Étkezés előtt száraz fehér bort **igyunk**.
Vor dem Essen sollte man (wörtl.: trinken wir) einen trockenen Weißwein trinken.

– mit verschiedenen Formen des Verbs **ajánl**:
A leves után fehér borok **ajánlatosak**. *Nach der Suppe sind Weißweine zu empfehlen.*
A leves után fehér bort **ajánlok**. *Nach der Suppe empfehle ich Weißwein.*
Paprikás csirkéhez Soproni kékfrankos **ajánlható**.
Zum Paprikahuhn ist Soproner Blaufränkischer zu empfehlen.

– mit **illik** *passen* und **megfelel** *entsprechen*:
Marhahúshoz **illik** a rizling. *Zu Rindfleisch paßt Riesling.*
Édesség után Tokaji édes szamorodni **felel meg**.
Nach Süßigkeiten paßt (wörtl.: entspricht) Tokaji édes szamorodni.

8. *Prosit!* und Höflichkeiten bei Tisch

Je nachdem, wem man zuprostet, verwendet man:

Egészségedre! *Auf deine Gesundheit!*
Egészségére! *Auf Ihre Gesundheit!* (Sg.)
Egészségünkre! *Auf unsere Gesundheit!*
Egészségetekre! *Auf eure Gesundheit!*
Egészségükre! *Auf Ihre Gesundheit!* (Pl.)
Höflicher wirkt **Kedves egészségedre!**/usw.

Nach dem Essen bedankt sich der Gast bei den Gastgebern:

Köszönöm/köszönjük az ebédet/a vacsorát.
Ich danke/wir danken für das Mittagessen/das Abendessen.

Darauf erwidert der Gastgeber:

Váljon egészségedre/egészségére/egészségetekre/egészségükre!
Es gereiche zur Gesundheit!

9. Rektionen

> vki vkinek **az uralma alá kerül**
> *jmd. gerät unter die Herrschaft von jmdm.*

1526-ban Magyarország török uralom alá került.
1526 geriet Ungarn unter türkische Herrschaft.

> vki vkinek **az uralma alatt van**
> *jmd. ist unter der Herrschaft von jmdm.*

Magyarország kb. 150 évig volt török uralom alatt.
Ungarn war ca. 150 Jahre unter türkischer Herrschaft.

> vki **felszabadul** vkinek az uralkodása alól
> *jmd. befreit sich (wird befreit) von der Herrschaft von jmdm.*

1686-ban felszabadult Buda a török uralkodás alól.
1686 befreite sich Buda von der türkischen Herrschaft.

10. Több jelentésű szavak

vidék

Gebiet: borvidék   *Weingebiet*
Gegend: Győr vidéke   *die Gegend um Győr*
ländlicher Raum: Péter nem Budapesten él, hanem vidéken.
Peter wohnt nicht in Budapest, sondern auf dem Lande.

kilátás

Aussicht (konkr.): A hegyről jó a kilátás.   *Von dem Berg aus hat man gute Aussicht.*
Aussicht (abstr.): Erre kevés kilátás van.   *Es besteht wenig Aussicht darauf.*
kilátástalan   *aussichtslos*

műveltség

Kultur: Mátyás király uralkodása alatt felvirágzott a humanista műveltség és a művészet.
Unter der Herrschaft König Matthias' blühten Kunst und humanistische Kultur.
Bildung, Gebildetsein: az emberek műveltsége   *die Bildung der Menschen (gebildete Menschen)*

tönkremegy

kaputtgehen: Tönkrement a régi ruhám.
Mein altes Kleid(ungsstück) ist kaputtgegangen.
zugrunde gehen: A tatárjárás alatt tönkrement a magyar szőlő.
Während des Tartarenfeldzugs ging der ungarische Wein zugrunde.
Bankrott machen: Tönkrement a vállalat.   *Die Firma machte Bankrott/ging kaputt.*

megszűnik

aufhören: Megszűnt a zaj.   *Der Lärm hat aufgehört.*
eingestellt werden: A török megszállta vidéken a bortermelés erősen csökkent, de soha nem szűnt meg teljesen.   *In dem türkisch besetzten Gebiet ging die Weinproduktion stark zurück, wurde aber nie völlig eingestellt.*

megtart

bewahren: Erdély megtartotta a függetlenségét.
Siebenbürgen bewahrte seine Unabhängigkeit.
behalten: Megtarthatod az aprópénzt.   *Das Kleingeld kannst du behalten.*

23C/23D

beibehalten: A ruhaanyag megtartja a színét.
Der Kleiderstoff behält seine Farbe (ist farbecht).
aufheben: Ezt az ajándékot megtartom. *Dieses Geschenk hebe ich auf.*
(Wort) halten: Péter megtartja a szavát. *Peter hält Wort.*

11. Szócsaládok

tart *halten*	háztartás *Haushalt* csomagtartó *Kofferraum* gyertyatartó *Kerzenhalter* állattartás *Tierhaltung*
tart vmeddig *dauern bis*	hosszantartó *lang andauernd*
tart vmitől *etwas befürchten*	
tartozik vmihez *zu etwas gehören*	
megtart *bewahren*	
tartalmaz *beinhalten*	tartalom *Inhalt*
tartózkodik vhol *sich irgendwo aufhalten*	

felszáll *auf-/einsteigen*	
megszáll *besetzen; übernachten*	szálloda *Hotel*
szállít *transportieren*	

23D Gyakorlatok (Übungen)

✻ 1. Olvassa el a 23A alatti szöveget és feleljen a kérdésekre!

Mikor érkeztek a magyarok a Kárpát-medencébe?
Mikor volt Magyarországon a tatárjárás?
Mettől meddig élt IV. Béla király?
Mikor született Mátyás király, mikor halt meg?
Mikor kezdődött Magyarországon a török uralom?
Mikor szabadult fel Buda a török uralkodás alól?

23D

2. Nézze meg a képet és feleljen a kérdésekre!

   Mikor indul személyvonat Veszprém felé?
   Mikor indul személyvonat Budapest Déli pályaudvar felé?
   Mikor indul sebesvonat Budapest Déli pályaudvar felé?
   Mikor indul gyorsvonat Budapest Déli pályaudvar felé?
   Hányadik vágányról indulnak ezek a vonatok?

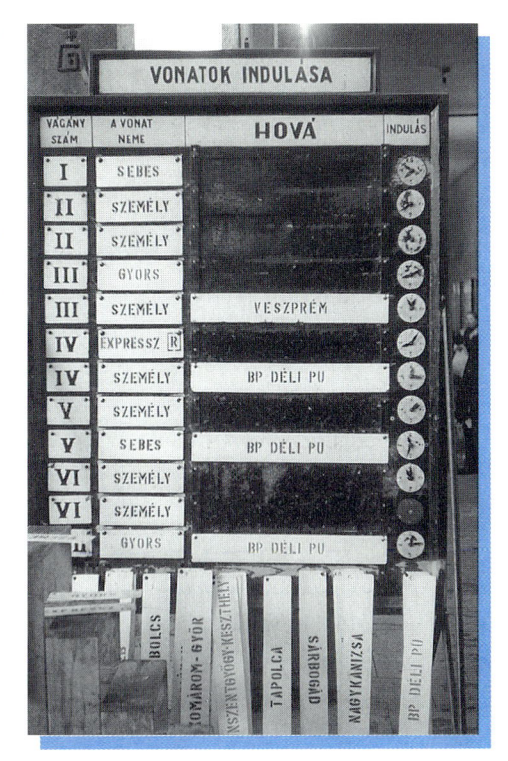

3. *Empfehlen Sie die Sehenswürdigkeiten von Budapest!*

   Példa: megnéz – vár
   Nézzétek meg a várat.

   felgyalogol – Bécsi kapu tér
   megtekint – Mátyás-templom
   sétál – Halászbástya

   pihen – gyógyfürdő
   megy – Margitsziget

4. *Empfehlen Sie Speisen und Getränke!*

   Példa: Milyen levest ajánl? (csontleves)
   Csontlevest ajánlok.

   Melyik főétel ajánlatos? (marhapörkölt)
   Milyen bor illik a pörkölthöz? (Egri bikavér)
   Melyik édesség ajánlható? (almás rétes)
   Milyen italt ajánlsz a réteshez? (kávé)

23D

5. *Bedanken Sie sich:*

   für das Mittagessen (in der 1. Pers. Sg. und Pl.),
   für das Abendessen (in der 1. Pers. Sg. und Pl.)!

❋ 6. *Fragen Sie ihren Gesprächspartner, ob er in der Stadt **(városban)** oder auf dem Lande **(vidéken)** lebt? Berichten Sie, wo Sie leben, ob Sie gern **(szívesen)** dort leben oder wo sie lieber **(inkább)** leben würden.*

❋ 7. *Fragen Sie Ihren Gesprächspartner nach seiner beruflichen Beschäftigung! Berichten Sie über Ihre Beschäftigung!*

8. Kik tartoznak a rokonsághoz?
   (Zählen Sie die Familienmitglieder auf, die Sie ungarisch benennen können!)

9. *Setzen Sie Wörter aus der Wortfamilie **tart** ein:*

   Meddig ... a nyári szünet? Attól ... (én), hogy nem fogunk találkozni. Szeretem ezt a kocsit, mert nagy a ... Hova ... ez a könyv? Mi a könyvnek a ...? Kovács Margit sok szép ... készített.

24A

24A Szöveg (Text)

Szecessziós építészet Magyarországon

(Forrás: Évszakok, művészeti naptárok, A Mezőgazda Kiadó, Budapest 1993)

A huszadik század kezdete és az első világháború között Magyarország ismét felzárkózott ahhoz az Európához, amelyhez mindig is tartozott, de amely újra és újra megfeledkezett róla. A századfordulós építészet azt az arcát adta a magyar fővárosnak, amely a legszebb európai városok egyikévé tette. Az ekkori magyar építészegyéniségek egy új magyar építészet megteremtését tűzték ki célul. Ehhez az új, úgynevezett szecessziós stílushoz a keleti (indiai, perzsa ...) kultúrákból, valamint a magyar népművészetből merítettek. Szecessziós építmények korunkig meghatározzák számos magyar város képét, pl. Kecskemét, Szeged és Budapest utcáit és tereit. Tulajdonképpen alig akad olyan nagyobb magyarországi település, ahol ne találkozhatnánk ezzel az építészettel.

Lakóház Székesfehérváron.   *Az Iparművészeti Múzeum Budapesten.*

277

24A

A szecesszió, mint művészeti forradalom, Bécsből indult, de voltak észak-amerikai, angol és skandináv úttörők is, akik Magyarországon példaképként hatottak. A magyar művészek nemcsak átvették az európai nagy műhelyek stílusát, hanem sokkal inkább gazdagították az európai kultúrát egy jellegzetes magyar építészeti és iparművészeti formanyelv megteremtésével. Úgy tűnik, hogy a mi korunkban ismét méltó helyére kerül ennek a két évtizednek a művészete, és újból tiszteljük azokat a művészeket, akik merészen keresték az újat és akiknek az eredményei uniformizált és túliparosított világunkat irigységgel vegyes csodálattal töltik el.

szecesszió (-t, -ja)	Sezession; Jugendstil	tűnik (-t, -jön, -ne)	(es) scheint
kezdet (-ek, -et, -e)	Beginn	méltó (-/a/k)	würdig
világháború	Weltkrieg	újból	von neuem
háború (-k, -t, -ja)	Krieg	tisztel (-t, -jen, -ne)	verehren
ismét	wieder	merész (-ek)	kühn
felzárkózik (-ott, -zon, -na)	Anschluß finden	uniformizált (-ak)	eintönig
		túliparosított (-ak)	überindustrialisiert
megfeledkezik vmiről (-ett, -zen, -ne)	etwas vergessen	irigység (-ek, -et, -e)	Neid
		csodálat (-ok, -ot, -a)	Bewunderung
főváros (-ok, -t, -a)	Hauptstadt	(el-)tölt (-ött, -sön, -ene)	(er-)füllen
egyéniség (-ek, -et, -e)	Persönlichkeit		
egyén (-ek, -t, -e)	Individuum	hír (-ek, -t, -e)	Nachricht
megteremtés (-ek, -t, -e)	Schaffung	belát	einsehen
teremtés (-ek, -t, -e)	Schöpfung	lenéz vkit	auf jmdn. herabschauen
kitűz (-ött, -zön, -ne)	(sich ein Ziel) setzen		
stílus (-ok, -t, -a)	Stil		
indiai (-ak, -t)	indisch; Inder(in)	elfelejt (-ett, -sen, -ene)	vergessen
perzsa (́-k, ́-t)	persisch; Perser(in)	lebeszél vkit vmiről	jmdm. etwas ausreden
merít (-ett, -sen, -ene)	schöpfen	irigyel (-t, -jen, -ne)	beneiden
meghatároz (-ott, -zon, -na)	bestimmen	késik (-ett, -sen, -ne)	sich verspäten
		telep (-ek, -et, -e)	Grundstück
számos (-ak)	zahlreich	irigy (-ek)	neidisch
alig	kaum	csoda (́-k, ́-t, ́-ja)	Wunder
akad (-t, -jon, -na)	vorkommen	csodálkozik (-ott, -zon, -na)	sich wundern
település (-ek, -t, -e)	Siedlung		
forradalom (forradalmak, forradalmat, forradalma)	Revolution	nyaral (-t, -jon, -na)	Sommerurlaub machen
		padló (-k, -t, -ja)	Fußboden
		kitalál (-t, -jon, -na)	herausfinden
skandináv (-ok, -ot)	skandinavisch; Skandinave/Skandinavin	eltalál (-t, -jon, -na)	(ein Ziel) treffen
		katona (́-k, ́-t, ́-ja)	Soldat
úttörő (-k, -t, -je)	Pionier, Bahnbrecher	megáll (-t, -jon, -na)	stehenbleiben
példakép (-ek, -et, -e)	Vorbild	megbeszél vmit vkivel	mit jmdm. etwas besprechen
hat (-ott, hasson, -na)	wirken		
átvesz (-vett, -vessen, -venne)	übernehmen	összevesz vkivel	sich mit jmdm. verzanken
műhely (-ek, -et, -e)	Werkstatt	felismer vmit/vkit	etwas/jmdn. erkennen
gazdagít (-ott, -son, -ana)	bereichern	elismer vmit/vkit	etwas/jmdn. anerkennen
iparművészet (-ek, -et, -e)	Kunsthandwerk	felhív vkit	jmdn. anrufen
		felad	aufgeben

24B Nyelvtan (Grammatik)

1. Das Suffix -ul/ül

Das Suffix **-ul/ül** kennzeichnet Adverbialbestimmungen, die einen Zustand oder eine Art und Weise zum Ausdruck bringen, z.B.:

    Mit tüztek ki cél**ul**?   *Was setzten Sie sich zum Ziel?*

Neben dieser, nur mit einem begrenzten Wortschatz verwendeten Adverbialbestimmung wird **-ul/ül** am häufigsten in Bezug auf die Bezeichnung von Sprachen verwendet, z.B.:

    Már jól beszélünk magyar**ul**.   *Wir sprechen schon gut Ungarisch.*
    (vgl. dazu 3B3)

2. Das Hervorhebungszeichen -ik

Es dient zur besonderen Hervorhebung eines Einzelnen, z.B. wenn der/die/das Größere oder Größte aus einer Menge herausgehoben werden soll, z.B.:

    A legnagyobb**ik**at kérem.   *Ich möchte das Größte (davon).*
    Ő a nagyobb**ik** lány.   *Sie ist das größte Mädchen (unter ihnen).*

Das Suffix **-ik** kommt auch in den bereits bekannten Wörtern **melyik?, amelyik, egyik, másik** vor. Als Objekt gebraucht verlangen **melyik?** und **egyik** die bestimmte Konjugation, vgl. 5B4.

Beispiele:

Melyiket kéred?   *Welche(n/s) möchtest du?*
Az **egyiket** elviszem.   *Den/die/das eine(n) nehme ich mit.*

3. Zusammenfassung der wichtigsten Verbalpräfixe (vgl. 4B6)

ki-	*hinaus-*	kimegy	*hinausgehen*
be-	*hinein-*	bemegy	*hineingehen*
le-	*hinunter-*	lemegy	*hinuntergehen*
fel-	*hinauf-*	felmegy	*hinaufgehen*
el-	*weg-*	elmegy	*weggehen*
	oft bedeutungsleer	elfelejt	*vergessen*
meg-	*bedeutungsleer*	megcsinál	*machen*
össze-	*zusammen-*	összejön	*zusammenkommen*

24B

szét-	*auseinander-*	szétmegy	*auseinandergehen (entzweigehen)*
oda-	*dorthin-*	odamegy	*(dort) hingehen*
vissza-	*zurück-*	visszamegy	*zurückgehen*
át-	*hinüber-/hindurch-*	átmegy	*hinübergehen*
félre-	*fehl-*	félrelép	*danebentreten; fremdgehen*

Daneben gibt es noch eine Reihe von Adverbien, die teilweise als eigenständiges Wort und teilweise als Verbalpräfix vorkommen, wie z.B.: **haza** *nach Hause* und **hazamegy** *nach Hause gehen*.

Das Verbalpräfix verleiht der vom Verb ausgedrückten Handlung den Charakter der **Vollendetheit**, während das unpräfigierte Verb den **Handlungsverlauf** als solchen in den Vordergrund stellt, z.B.:

> Házi feladatokat csináltam.
> *Ich machte Hausaufgaben. (ich war damit beschäftigt)*
>
> **Meg**csináltam a házi feladatokat.
> *Ich habe die Hausaufgaben gemacht. (und zwar vollständig)*

Präfigierte Verben im Präsens haben **Futurbedeutung**, z.B.:

> **Meg**csinálom a házi feladatokat.
> *Ich werde die Hausaufgaben machen.*

Im Präteritum kann mit Hilfe der Präfigierung ausgedrückt werden, daß zwei Handlungen nacheinander ablaufen, z.B.:

> **Meg**csináltam a házi feladatokat és **meg**hallgattam a híreket.
> *Ich machte die Hausaufgaben und hörte (danach) die Nachrichten.*
>
> Házi feladatokat csináltam és híreket hallgattam.
> *Ich machte Hausaufgaben und hörte (dabei) Nachrichten.*

Verbalpräfixe können der Bedeutung des Verbs eine Nuance hinzufügen oder sie aber auch völlig verändern:

lát *sehen* **meglát** *erblicken* **belát** vmit *(etwas) einsehen*
néz *schauen* **átnéz** vmit *(etwas) durchsehen* **lenéz** vkit *(auf jmdn.) herabschauen*

Durch Verdoppelung des Präfixes kann die mehrfache Wiederholung der Handlung zum Ausdruck gebracht werden, z.B.:

> **Meg-meg**álltunk. *Wir blieben immer wieder stehen.*
> Kovács Margit **vissza-vissza**térő motívumai
> *die immer wiederkehrenden Motive bei Margit Kovács*

24B

4. Zusammenfassung der Wortstellung (vgl. 4B6 sowie 16B4)

Das meistbetonte Satzglied (auch **Fokus** genannt) steht unmittelbar vor dem Verb, z.B. (Fokus unterstrichen):

> Az ekkori magyar építészegyéniségek <u>egy új magyar építészet megteremtését</u> tűzték ki célul.
> *Die damaligen ungarischen Architektenpersönlichkeiten setzten sich die Schaffung einer neuen ungarischen Baukunst zum Ziel.*
> Egy új magyar építészet megteremtését <u>az ekkori magyar építészegyéniségek</u> tűzték ki célul.
> *Die Schaffung einer neuen ungarischen Baukunst setzten sich die damaligen ungarischen Architektenpersönlichkeiten (und niemand anders) zum Ziel.*

Ist das Verb selbst in Fokusstellung, nimmt es den Platz am Satzanfang ein, z.B.:

> Volt egyszer ... *Es war einmal ...*

Fragewörter sowie **ne** und **nem** sind immer in Fokusstellung.

Ist ein präfigiertes Verb in Fokusstellung, bleibt das Präfix am Verb, z.B.:

> A magyar művészek **átvették** az európai nagy műhelyek stílusát.
> *Die ungarischen Künstler übernahmen den Stil der großen europäischen Werkstätten.*

Nimmt ein anderes Satzglied oder Wort die Fokusstellung ein, muß das Präfix den Platz vor dem Verb räumen, z.B.:

> A magyar művészek **nem** vették át az európai nagy műhelyek stílusát.
> *Die ungarischen Künstler übernahmen den Stil der großen europäischen Werkstätten nicht.*
> A magyar művészek **az európai nagy műhelyek stílusát** vették át.
> *Die ungarischen Künstler übernahmen den Stil der großen europäischen Werkstätten (und keinen anderen).*

Infinitivkonstruktionen präfigierter Verben folgen anderen Regeln:

> **Ki** akarunk **menni**.   *Wir wollen hinausgehen.*
> **Akarunk** kimenni.   *Wir wollen hinausgehen.*

Die Imperativform präfigierter Verben kann mit der Wortstellung verschiedene Stufen hinsichtlich der Nachdrücklichkeit der Aufforderung deutlich machen, z.B.:

> Menj be!   *Geh hinein!* (neutrale Aufforderung)
> Bemenj!   (strenger Befehl)
> **Be**menj!   *Geh hinein (und nicht hinaus)!*
> Ne menj be!   *Geh nicht hinein!* (neutrales Verbot)
> Be ne menj!   *Geh ja nicht hinein!* (nachdrücklich)

24C Nyelvhasználat (Sprachgebrauch)

1. Rektionen

> vki **megfeledkezik** vmiről/vkiről
> jmd. vergißt etwas/jmdn. (gehoben)

Európa újra és úja megfeledkezett Magyarországról.
Europa ließ Ungarn immer wieder in Vergessenheit geraten.

> vki **elfelejt** vmit/vkit
> jmd. vergißt etwas/jmdn. (neutral)

Elfelejtettem kenyeret venni. *Ich vergaß Brot zu kaufen.*

> vki **lekésik** vmiről
> jmd. verpaßt etwas

Lekéstem a vonatról. *Ich habe den Zug verpaßt.*

> vki **lebeszél** vkit vmiről
> jmd. redet jmdm. etwas aus

Rossz idő miatt lebeszéltük a gyerekeket a kirándulásról.
Wegen des schlechten Wetters redeten wir den Kindern den Ausflug aus.

> vki **irigyel** vkit vmiért
> jmd. beneidet jmdn. um etwas

Irigyellek érte. *Ich beneide dich darum.*

2. Úgy tűnik, ... Úgy érzem, ...

Úgy tűnik, hogy eső lesz. *Es scheint, als würde es Regen geben.*
Úgy érzem, hogy hideg lesz a tél.
Ich habe das Gefühl, daß es einen kalten Winter geben wird.

3. Szócsaládok

| telep | Grundstück | települ | (sich an-)siedeln | település | Siedlung |
| lakótelep | Wohngebiet | telepít | (jmdn.) ansiedeln | telepes | Siedler |

| irigy | neidisch | irigyel | beneiden | irigység | Neid |

| csoda | Wunder | csodálkozik | sich wundern | csodálat | Bewunderung |

4. A magyar rádióból

„Húsz óra van. Híreket mondunk."
*Es ist zwanzig Uhr. Sie hören Nachrichten (*wörtl.: *Wir sagen Nachrichten).*

5. **Tavaly** *voriges Jahr* – **idén** *dieses Jahr* – **jövőre** *nächstes Jahr*

Tavaly Magyarországon jártunk.   *Voriges Jahr waren wir in Ungarn.*
Az idén nem megyünk külföldre.   *Dieses Jahr fahren wir nicht ins Ausland.*
Jövőre megint Magyarországon szeretnénk nyaralni.   *Nächstes Jahr möchten wir wieder in Ungarn Urlaub machen.*

6. Anfang und Ende

a huszadik század **kezdetén**   *Anfang des 20. Jahrhunderts*
a huszadik század **végén**   *Ende des 20. Jahrhunderts*
az év **elején**   *am Jahresanfang*
az év **végén**   *am Jahresende*
a hét **elején**   *zu Wochenbeginn*
a hét **végén**   *am Wochenende*
a nyár **elején**   *am Anfang des Sommers*
a nyár **végén**   *am Ende des Sommers*

7. Beispiele für Bedeutungsänderung durch Präfigierung

ír: **leír**   *abschreiben*
     felír   *aufschreiben*
     felír (gyógyszert)   *(Medikamente) verschreiben*
     (az orvos) **kiír** vkit   *krankschreiben*

24C

mos:	**kimos** (ruhát) *(Kleider) waschen* **elmos** (edényt) *(Geschirr) spülen* **felmos** (padlót) *(Boden) wischen*
keres:	**kikeres** vmit *etwas heraussuchen* **felkeres** vkit *jmdn. aufsuchen* **megkeres** vmit *etwas suchen und finden*
talál:	**kitalál** *herausfinden* **feltalál** *erfinden* **eltalál** *(ein Ziel) treffen* **odatalál** *(sich) hinfinden*
áll:	**beáll** (katonának) *(Soldat) werden* **leáll** (a gép) *(die Maschine) bleibt stehen/fällt aus* **feláll** *aufstehen* **eláll** (a gyümölcs) *(das Obst) hält sich/bleibt haltbar* **megáll** (vki) *stehenbleiben* vki **megállja a helyét** *jmd. steht seinen Mann* **odaáll** *sich dort hinstellen*
jár:	**bejár** (országot) *(ein Land) durchstreifen*
kerül:	**kikerül** *herausgelangen* **bekerül** *hineingelangen* **(el)kerül** vmit/vkit *etwas/jmdm. aus dem Weg gehen, etwas/jmdn. meiden* **megkerül** *umgehen* **odakerül** *dort hingelangen*
beszél:	**lebeszél** vkit vmiről *jmdm. etwas ausreden* **megbeszél** vkivel vmit *mit jmdm. etwas besprechen*
vesz:	(gyógyszert) **bevesz** *(Medikamente) einnehmen* **felvesz** *aufnehmen* **elvesz** vmit vkitől *jmdm. etwas wegnehmen* **(meg)vesz** *kaufen* **összevesz** vkivel *sich mit jmdm. verzanken* **visszavesz** *zurückkaufen* **átvesz** *übernehmen*
ismer:	**kiismeri magát** *sich auskennen* **felismer** *erkennen* **elismer** *anerkennen* **megismer** *wiedererkennen*
hív:	**behív** *hereinrufen* **felhív** vkit *jmdn. anrufen* **felhívja a figyelmet** *aufmerksam machen* **meghív** *einladen* **összehív** *zusammenrufen*

24C/24D

késik: **lekésik** (a vonatról) *(den Zug) verpassen*
ad: (pénzt) **kiad** *(Geld) ausgeben*
　　　bead *einreichen*
　　　lead *abgeben*
　　　felad *aufgeben*
　　　elad *verkaufen*
　　　visszaad *zurückgeben*
　　　átad *übergeben*

24D Gyakorlatok (Übungen)

1. Mi ön szerint a világ legszebb városa és miért?

2. Setzen Sie **kezdet, eleje** oder **vég** in der jeweils richtigen Form ein!

   A huszadik század ... elterjedt a szecessziós építészet.
   A hét ... kirándulni szoktunk.
   Nyár ... még hűvös a Balaton vize.
   Nyár ... és őssz ... érik a szőlő.
   Az év ... van karácsony.

3. Feleljen a kérdésre!
   (Vergleichen Sie die Schreibweise der Städtenamen im Schlüssel.)

   Mi a fővárosa a következő országoknak: USA, Anglia, Dánia, Oroszország, Ausztria, Olaszország, Franciaország, Lengyelország, Csehország, Szlovákia?

4. *Übersetzen Sie; drücken Sie einmal den Verlauf der Handlung und einmal deren Vollendung aus:*

   > **Példa:　Ich schrieb einen/den Brief. –**
   > 　　　　**Levelet írtam. Megírtam a levelet.**

   Wir tranken (den) Wein (aus). Sie aßen (die) Suppe (auf). Er schrieb ein/das Buch. Anna füllte (die) Gläser. Ihr saht euch (die) Bilder an.

285

24D

5. *Lassen Sie zwei Handlungen zuerst parallel und dann nacheinander verlaufen:*

   Példa: **Megnéztem a tévét. Megettem a csokoládét. –
   Tévét néztem és csokoládét ettem.
   Mengéztem a tévét és megettem a csokoládét.**

   Elolvastam a könyvet. Meghallgattam a zenét.
   Megitták a kávét. Megették a süteményt.
   Megvacsoráztunk. Megnéztük a képeket.

6. *Setzen Sie das richtige Verbalpräfix ein:*

   Az orvos ...írt három napra és gyógyszert is írt ... Holnap ... kell mosni a ruhákat, ... kell mosni az edényeket és ... kell mosni a padlót.
   ...beszéltem Péterrel a hétvégi programot. Péter ...beszélte Annát a kirándulásról.
   Sokáig ...néztem ezt a cipőt és végre ... is vettem. Az öcsémet ...vették az egyetemre.
   A vonat késése miatt ...késtünk a repülőről.
   Ha valami nem sikerül, mégsem szabad ...adni. A régi autónkat ...adtuk. Csak egy blúzt akartam venni, de ...adtam az összes pénzemet.

7. *Bringen Sie die unterstrichene Wortgruppe in Fokusstellung:*

   Példa: A Balaton húszezer évvel ezelőtt keletkezett.
   Húszezer évvel ezelőtt a Balaton keletkezett.

   A Balaton legmélyebb pontja Tihany mellett található. Az északi parton vulkáni eredetű hegyek vannak. Ott terem a finom badacsonyi szőlő.

8. *Bringen Sie die unterstrichene Wortgruppe in Fokusstellung. Achten Sie auf die richtige Form des präfigierten Verbs!*

   Az újjáépült városok körül felvirágzott a szőlőkultúra. A törökök 1526-ban legyőzték a magyarokat. Az országot három részre osztották fel.

9. *Unterstreichen Sie die meistbetonten Wörter bzw. Wortgruppen!*

   A nemzeti park, amely Debrecen és a Tisza között terül el, 1973-ban alakult meg.
   Ezek az allenállóképes és igénytelen állatfajok, mint pl. a szürkemarha, a magyar ló és a pásztorkutya, szinte csak a Hortobágyon éltek meg.
   A Blaha Lujza térnél szálljanak fel a metróra és a Moszkva térnél szálljanak le.
   Merre van ez a híres Gellért-fürdő?

10. Alakítsa át: *(Formen Sie um:)*

    Példa: **Megfeledkeztem az ennivalóról. –**
    Elfelejtettem az ennivalót.

    Anna megfeledkezett a gyerekekről.
    A lányok megfeledkeztek az iskoláról.
    Péter megfeledkezett az apja tanácsáról.
    Megfeledkeztünk a délelőtti programról.
    A diákok megfeledkeztek a nyelvtanfolyamról.

11. Mi történt önöknél tavaly, az idén, és mit várnak jövőre? Írjon egy kis fogalmazást! ✻
    (Was passierte bei Ihnen im vergangenen Jahr, dieses Jahr, und was erwarten Sie im nächsten Jahr? Schreiben Sie einen kleinen Aufsatz!)

Langenscheidts Reise-Set Ungarisch

Das praktische Reise-Set besteht aus Sprachführer und Begleit-Cassette.

256 Seiten, Format 9,6×15,1 cm, gebunden.

Im Sprachführer sind alle wichtigen Fragen, Redewendungen und nützlichen Wörter für Reise und Urlaub enthalten, übersichtlich nach Sachgebieten geordnet. Besonders benutzerfreundlich durch ein farbiges Leitsystem und Griffleisten zur schnellen Orientierung. Mit zahlreichen Farbfotos und Reisewörterbuch mit ca. 4000 Stichwörtern, außerdem viele Infos über Land und Leute sowie Hinweise zur Grammatik. Die Cassette enthält die wichtigsten Sätze auf deutsch und ungarisch.

Langenscheidts Universal-Wörterbuch Ungarisch

448 Seiten, Format 7,2×10,4 cm, gebunden.

Das ideale Wörterbuch für unterwegs. Ungarisch-Deutsch/Deutsch-Ungarisch in einem Band. Mit rund 30 000 Stichwörtern und Wendungen auf 448 Seiten. Das Wörterbuch enthält den aktuellen Wortschatz aus allen Bereichen des modernen Lebens auf kleinstem Raum, zahlreiche Angaben zu Grammatik und Aussprache, benutzerfreundliche Typographie und nützliche Anhänge. Ideal für die Reise und den fremdsprachlichen Anfangsunterricht.

Langenscheidt L
...weil Sprachen verbinden